挖
內蒙古人民
革命黨

歷史證據
和社會動員

楊海英 主編

下冊

【內蒙古文革檔案】資料編輯委員會

01滕海清將軍有關內蒙古人民革命黨講話集
主編│楊海英
編者│Asuru、Orgen、Seedorjiin Buyant、Uljideleger

02有關內蒙古人民革命黨的政府文件和領導講話
主編│楊海英
編者│Asuru、Orgen、Seedorjiin Buyant、Uljideleger

03挖內蒙古人民革命黨歷史證據和社會動員
主編│楊海英
編者│Asuru、Orgen、Seedorjiin Buyant、Uljideleger

04內蒙古土默特右旗被害者報告書
主編│楊海英
編者│Asuru、Orgen、Olhunud Daichin、Archa

05內蒙古軍區被害者和加害者紀錄
主編│楊海英
編者│Asuru、Khuyagh、Altansuke、Tombayin、Delekei

1968年「關於『內蒙古人民革命黨』叛國案件的報告」手寫原件。

0949 第4頁

0950 第5頁

0951 第6頁

1968年「關於『內蒙古人民革命黨』叛國案件的報告」手寫原件。

呼和浩特市革命委员会挖肃指挥部
围歼"内人党"向一切阶级敌人发起全面总攻击

标 语 口 号

1、坚闷贯彻落实党的扩大的八届十二中全会公报精神！
2、全面落实毛主席一系列最新指示！
3、为完成十二中全会提出的各项战斗任务而奋斗！
4、誓跟毛主席伟大战略部署，夺取无产阶级文化大革命的全面胜利！
5、彻底清算刘少奇叛徒集团的资产阶级反动路线！
6、彻底批判刘少奇的资产阶级反动路线！
7、坚决肃清刘邓陶流毒！
8、彻底批判反动的资产阶级"多中心论"！
9、搞为扣押收立专政机器改过自下而上！
10、反破现，反伤产，反资本主义！
11、康大播由贪污和资本主义势的组织反扣警清"挖肃"斗争进行到底！
12、彻底摧毁右倾民族分裂主义，大民族主义，大汉族主义！
13、坚决支持坚持"挖肃"的无产阶级革命派——切革命行动！
14、狠把"挖肃"斗争与反二月逆流的黑线彻底清算二月逆流黑幕！
15、誓将有人把肃精斗争胜利成斗进行到底！
16、强迫震自化血，彻底摧毁反动隐蔽的"内人党"及其变种组织！
17、反动隐蔽的"内人党"两面分子不得挑升！电取一条！
18、坚决摧毁"内人党"的黑团反动分子——隐蔽"内人党"的黑团令行！
19、坚决打围火倒追，大内奸、大土匪刘少奇！
20、加速清算刘少奇及其同伙的反觉复辟的滔天罪行！
21、坚决打围反党反覆倒，民族分裂分子阴谋集团——鸟兰夫！
22、坚决打围隐藏至深在党内资本主义老当权派等——陈继平、赵庆翠！
23、坚决把一切隐藏坏人机械揭出来！
24、坚决把工厂、机关、学校、农村、物团各个方面的"挖肃"斗争进行到底！
25、坚决依靠发持"挖肃"的无产阶级造反者，团结广大革命群众，打一场"挖肃"斗争的人民战争！
26、"工人阶级要领袖一切"！
27、狠革命，促生产、促工作、促战备！
28、毛主席的无产阶级革命路线胜利万岁！
29、无产阶级文化大革命胜利万岁！
30、无产阶级专政万岁！
31、伟大的中国人民解放军万岁！
32、伟大的、光荣的、正确的中国共产党万岁！
33、伟大的领袖毛主席万岁！万岁！万万岁！

最 高 指 示

团结起来，争取更大的胜利。

呼和浩特地区无产阶级革命造反派关于目前形势的

战 斗 口 号

1、紧跟毛主席伟大战略部署，团结起来，争取更大的胜利！
2、冲破重重阻力，排除一切干扰，坚决不折不扣贯彻落实五·二二批示！
3、对抗毛主席五·二二批示的人决没有好下场！
4、弄翻批翻五·二二批示的人决没有好下场！
5、克服一切阻力，把挖肃运动推向纵深发展！
6、深挖党的叛变，给我省打开一缺，辣了的是一派，压一派！
7、为为自觉觉觉用批示中央，决议贯彻下去！
8、捨全国把内覆乌岛势引向第二阶段谁决设育有下！
9、坚决更狠狠打"九·五"命令、"六·六"通令、"七三"、"七、二四"布告！
10、对无产阶级斗敌风，严厉打八犯罪手！
11、坚决击退民族革命修正主义反扑！
12、中央为内覆办学习班的好处是很深的五·二二批示中的有力佐证！我们一千不倒扑，一万个拥护！
13、努力剩造条件，坚决办好学习班！
14、坚决支持内蒙，呼市西派革命委员会个谊的工作！
15、把学习好时增展锐，高翻锐等同志胜易批较玉、二二批示，下游是可感的！
16、把学斗时对敌锐扩广大军心就是对挂五、二二批示，决定有有下场！
17、坚决执行内覆165、158、178号文件！
18、加强组织性，革命觉万岁！
19、坚决反对修正主义，山洪主义，无政府主义和修正范主义！
20、高度警惕一切掀反革命分子的动乱活动和翻复活动！
21、工农业、军官队、各战军集金支持拥荐抓好得锦！
22、工人阶级统领顾头一切！
23、抓革命，促生产，促工作、促战备！
24、向解放军学习，向解放军致敬！
25、无产阶级专政万岁！
26、毛主席的革命路线胜利万岁！
27、伟大的中国人民军解放军万岁！
28、光大、光荣、正确的中国共产党万岁！
29、战无不胜的毛泽东思想万岁！
30、伟大领袖毛主席万岁！万万岁！

呼和浩特工代会、工宣队总指挥部
呼三司红代会大批判总指挥部、内蒙大学校
挺联总站，内蒙重教口校联丛站
呼扣浩特市批盈部结站
一九六九年七月十九日

文革時期常見的各種標語口號，時常是由官方發布的。

文革時期各種宣傳報刊。上面時常有毛澤東像。

序言

楊海英

中國文化大革命期間，共產黨在內蒙古自治區發動了大規模種族屠殺（genocide）。經中國政府操作過後的公開數據呈示，中國政府和中國人（即漢民族[1]）總共逮捕了346,000人，殺害27,900人，致殘120,000人。在內蒙古各地進行過社會調查的歐美文化人類學家們則認為被中國政府和中國人屠殺的蒙古人受害者總數達10萬人[2]。筆者曾經在日本編輯出版了兩本文化大革命（以下簡稱為「文革」）被害者報告書，通過用社會學抽樣調查方法探討自治區東部呼倫貝爾盟和基層人民公社的被害者情況，得出的結論與歐美文化人類學家的結論相同[3]。這些數據裡並不包括「遲到的死亡」，亦即致殘者120,000人的命運。蒙古人的民族集體記憶是：「文革就是一場中國政府和中國人合謀屠殺蒙古人的政治運動」。[4]

大量屠殺蒙古人的時候，中國政府設定的正式罪名為：蒙古人是「內蒙古人民革命黨成員」。內蒙古人民革命黨，於1925年10月在張家口（蒙古語：Batukhalagha，意即「堅牢的關隘」）成立。建黨時得到了前一年即1924年獨立不久的蒙古人民共和國執政黨「蒙古人民革命黨」和共產國際的組織性相

---

[1] 蒙古人認為所謂的「中國人」是只指漢民族，只有漢民族才是「中國人」。內蒙古自治區和新疆即東土耳其斯坦的維吾爾人，以及西藏的圖博人只是「中國籍蒙古人」、「中國籍維吾爾人」、「中國籍圖博人」，並非「中國人」。這一點亦是國際學術界共識。參見：Kuzmin, Dmitriev, S. V. 2015 Conquest Dynasties of China or Foreign Empires? The Problem of relations between China, Yuan and Qing, *International Journal Of Central Asian Studies*, Vol. 19, pp.59-91.

[2] 參見：Jankowiak, William，1988 The Last Hurraah? Political Protest in Inner Mongolia. *The Australian Journal of Chinese Affairs*, 19/20:269-288. Sneath, David，1994 The Impact of the Chinese Cultural Revolution in China on the Mongolians of Inner Mongolia. *Modern Asian Studies*, 28:409-430.

[3] 參見：楊海英編『モンゴル人ジェノサイドに関する基礎資料5—被害者報告書1』、風響社、2013年、1頁。楊海英編『モンゴル人ジェノサイドに関する基礎資料6—被害者報告書2』、風響社、2014年、78頁。

[4] 參見：楊海英著《沒有墓碑的草原：蒙古人與文革大屠殺》，八旗出版社，2014年。

助。[5]從黨名即可看出，二者為同一民族之兄弟黨。中華民國執政黨中國國民黨知道蒙古人成立了民族主義的政黨，而此時的共產黨則在南方割據革命。

「內蒙古人民革命黨」的蒙古語為「Öbür Mongγol-un arad-un qubisqaltu nam」。這裡的「人民」即「arad」一詞因其本身屬於帶有社會主義思想的新概念，中國知識分子在向蘇聯和世界上第二個社會主義國家（即蒙古人民共和國）學習時把「arad」有時翻譯為「人民」，有時則是「國民」。[6]

蒙古人的民族主義政黨「內蒙古人民革命黨」在其成立宣言中稱，「中國領土內，各民族各有其自決權」。[7]當時的中國共產黨也於1927年11月時在其「中共中央臨時政治局擴大會議關於中國共產黨土地問題黨綱草案」中特別提到：「中國共產黨認為必須宣言承認內蒙古民族有自決的權利，一直到分立國家，並且要激勵贊助內蒙古國民黨力爭自決的鬥爭」。翌年，「中共中央致內蒙特使指示信」也強調，「內蒙民族運動在民族運動上說是很有革命意義的，我們應當積極領導，並作擴大的民族獨立宣傳以喚起內蒙民族的獨立運動」。之後，中共中央又直接給蒙古工作委員會寫信明確區分「中國同志」即漢人和蒙古人。提到要進一步依照共產國際東方部的原則，「建立內蒙民族共和國，承認民族自決權」。[8]也就是說，中共支持內蒙古的蒙古人建立自己的共和國從而實現民族自決權。

當毛澤東率領紅軍離開中國南部長逃至北方黃土高原陝北延安後，於1935年12月20日向蒙古人頒佈了〈中華蘇維埃中央政府對內蒙古人民宣言〉。該宣言亦稱「三五宣言」。毛澤東宣稱：[9]

[5] ボルジギン・フスレ著『中国共産党・国民党の対内モンゴル政策 1945-49年』、風響社、2011年、33-40頁。

[6] 參見：札奇斯欽，〈二十年代的內蒙古國民黨〉，《中國邊政》第九十六期，1986年，9-17頁。

[7] 楊海英編『モンゴル人ジェノサイドに関する基礎資料2—內モンゴル人民革命党粛清事件』、風響社、2010年，575頁。

[8] 中共中央統戰部編《民族問題文獻匯編》，中共中央黨校出版社，1991年，83-102頁。

[9] 毛澤東文獻資料研究會編《毛澤東集》，北望社，16-17頁。中共中央統戰部編《民族政策文獻匯編》，1991，322-324頁。

內蒙古民族只有與我們共同戰鬥，才能保存成吉思汗時代的光榮，避免民族的滅亡，走上民族復興的道路，而獲得如土耳其，波蘭，高加索等民族一樣的獨立與自由。……內蒙古民族可以隨心所欲的組織起來，它有權按自己的原則，組織自己的生活，建立自己的政府，有權和其他的民族結成聯邦的關係，也有權完全分立起來。

在「三五宣言」裡毛澤東和他的蘇維埃政府強調的是蒙古人有「獨立與自由」權，至少可以和中國人「結成聯邦」。

中共執政後，毛澤東和他的同志們從中國內地大量移民前往內蒙古自治區凌駕於原住民蒙古人。大面積開耕草原而帶來沙漠化，但卻美其名為「幫助落後的蒙古人從原始的遊牧經濟轉向先進的漢族式農業而文明化」。在所謂的自治區，掌握實權者盡是中國人。對此，蒙古人領袖烏蘭夫從1965年起借中共「四清」運動而重新印發了過去中共自己公佈的「三五宣言」。烏蘭夫的意圖僅在於提醒中共不要忘記曾經承諾給蒙古人的「民族自決」權；但是北京當局則認為他有「民族分裂陰謀」，目的是獲取「獨立與自由」權或／和與中國人「結成聯邦」的政治目的。從此，中共在發動文化大革命之前就整肅烏蘭夫下臺。[10]

1966年春，文革開始不久中共即在內蒙古自治區首先打擊「烏蘭夫反黨叛國集團成員」成員，定義為「挖烏蘭夫黑線，肅烏蘭夫流毒」（簡稱「挖肅」）。中共認為「烏蘭夫反黨叛國集團成員」主要由自治區西部土默特地區和鄂爾多斯高原蒙古人組成。經1967年底，至1968年春後，北京當局進一步決定「挖內蒙古人民革命黨」。內蒙古人民革命黨在1925年成立之際，主要領導人和黨員多為東部出身知識分子。1968年7月開始，中共欽定自治區領導人烏蘭夫為「民族分裂主義政黨」內蒙古人民革命黨「頭目」之後，自治區東西部地區菁英和普通蒙古人一起遭殃。客觀講，1925年時的烏蘭夫才19歲，當時的他叫「雲澤」，他也確實加入了內蒙古人民革命黨，並被選派前往莫斯科留

---

[10] 參見：楊海英著《在中國和蒙古的夾縫之間：一個蒙古人未竟的民族自決之夢》，八旗出版社，2018年。

學，但還遠沒有擔當蒙古人民族主義政黨領袖的政治資格。[11]中共牽強將二者即「烏蘭夫反黨叛國集團成員」和內蒙古人民革命黨連在一起完全是為了整肅屠殺整個蒙古民族。

為了整肅整個蒙古人菁英並屠殺蒙古民族，中國政府和中國人故意混淆「內蒙古人民革命黨」和「內蒙古國民黨」，把蒙古人的民族主義政黨和它自己的宿敵「國民黨反動派」聯繫在一起加以打擊屠殺。1968年7月20日，中共內蒙古自治區革命委員會正式確定內蒙古人民革命黨為「民族分裂主義政黨」而開始對蒙古人加以大屠殺。[12]中共認為文革是「共產黨和反動的國民黨在大陸鬥爭的繼續」，在內蒙古自治區則是「共產黨和內人黨鬥爭的繼續」。文革時期，內蒙古人民革命黨被略稱為「內人黨」。

內蒙古人民革命黨在1947年5月被令停止活動並強行解散。中共建政後，有關該黨的重要資料和歷史檔案全被封存，當事人也無法開口講述蒙古人自己的民族自決歷史。中共開始整肅內人黨員後，為了搜索蒙古人「反黨叛國和民族分裂證據」而打開了檔案館，動員人力翻譯祕密封存多年的檔案。這一舉動，反而把歷史的真相擺在了廣大蒙古人和中國人面前。

本書主要收集了中國政府為了整肅內蒙古人民革命黨員而系統翻譯出的該黨原始文件和關於該黨活動情況的詳細資料，同時也收集了中國人如何整肅打擊蒙古人的資料。檔案和中國人整肅蒙古人的資料之日期從文革初期開始，下限至1981年內蒙古自治區爆發大規模學生運動期。1981年時在內蒙古自治區爆發的大學生運動之契機為中共進一步移民至草原從而迫害蒙古人，領導並參加該場學生運動的青年多數為被打成內人黨員的子女。[13]他們認為，蒙古人之所以被中國政府和中國人大量屠殺，就是因為其父母輩天真地相信了中共曾經承諾的民族自決權而簡單放棄民族獨立的歷史。青年一代蒙古人認為在中共體制下，民族問題無法得到根本解決。

---

[11] 同上註。

[12] 參見：楊海英著《沒有墓碑的草原：蒙古人與文革大屠殺》，八旗出版社，2014年。

[13] 參見：啓之著《內蒙文革實錄：「民族分裂」與「挖肅」運動》，天行健出版社，2010年，533-569頁。

　　本書所收全部文獻曾經以影印方式在2010年由日本風響社以『モンゴル人ジェノサイドに關する基礎資料2─內モンゴル人民革命黨肅清事件』形式出版。如果讀者願意目睹文革期間獨特的政府文件印刷方式和用筆，以及當時的蠟版刻印方式的話，可以直接參考日文影印版。此次重新電子輸入時，文革期間專用的簡體字和繁體字一律統一為現行繁體字。除明顯的錯別字以外，未作任何改動。

目次 │ CONTENTS

編輯書前註：

本書內容為史料檔案，有些文革時期的詞彙和現今我們所習慣的正確用字並不相同。例如「付主席」（副主席）；「揮午」（揮舞）等等。這些不同的用字，為尊重歷史、呈現特殊的文革文化，我們將予以保留。

14.烏蘭夫的幽靈在黨委大院徘徊
（1968.03.02）

黨委大院著火了，革命的烈火，燃燒起來了，內蒙古黨委的階級鬥爭舞臺上，又掀起了新的帷幕，叫人們何等歡欣何等鼓舞啊！

黨委大院並不大，區區一里見方，但是，不可小覷，廟小妖風刮得大，池淺烏龜王八多。二十年來，烏蘭夫反黨叛國的帥旗豎在這裡，烏蘭夫反革命黑司令部設在這裡，烏蘭夫首先在這裡精心部署出他的反革命陣線。什麼黨內頑固的「走資派」，什麼民族分裂主義分子，什麼間諜、特務、情報員，什麼叛徒、反黨檔口、蔣匪軍官……多種反革命實力，形成了一個黑網。這些烏蘭夫的死黨，有的已被揪出，有的時至今日，還裝得蠻像個人的樣子，鑽進造反派隊伍，甚至身居要津，蒙蔽著一大部分群眾。唯其如此。在黨委大院，一揪烏哈黑線，就有阻力，運動就有起伏，有曲折。在無產階級革命派進攻面前，敵人總是有一套應付自如的反動策略，總是有計劃、有領導地組織反撲，步步設防，步步為營，築起一道又一道的工事，組成一個又一個的地下司令部。現在王再天、特古斯、滕和被揪出來了，但是烏哈的指揮機構沒有垮，烏蘭夫的陰魂不散，烏蘭夫的幽靈依舊在黨委大院度來度去，糾合著他的死黨，重新修補地下司令部在這個司令部的指揮下，「當代王爺」的遺老遺少又向革命派大舉反攻了。

黨委大院的鬥爭，是自治區階級鬥爭的縮影；黨委大院階級敵人掀動的這次政變，正是目前烏哈勢力在新形勢下反撲的典型，很值得注意！

毛主席諄諄告誡我們：「各種剝削階級的代表人物，當著他們處在不利情況的時候，為了保護他們現在的生存，以利將來的發展，他們往往採取以攻為守的策略。」在挖黑線、清流毒的決戰關頭，敵人曉得公開彈壓，不行了，便另生奸計，採取了以攻為守，轉移鬥爭大方向的策略，立即披掛出戰，開闢第二戰場，嘴裡呼嘯著挖烏哈黑線，手裡卻揮舞著烏哈的黑槍，向革命領導幹部衝刺。有些群眾，只聽到敵人震耳欲聾的「革命」口號，卻看不見手裡掂著的是什麼傢伙，暫時隨了敵人向第二戰場殺去，敵人也就順水推舟，把一批很

好的群眾，推到第一線。方向早已定了，群眾已經有了，在一小撮丑類，利令智昏，歡喜雀躍，以為反革命的春天要降臨了，於是藉著反右傾之名，先發制人，脅迫紅旗總部的頭頭順著他們的指揮旋轉，否則便要撤換，圖謀踏著反右傾的跳板，跳過來奪取領導權，實現宮廷政變當時的勢頭，他們的陰謀就要得逞。局勢至此，還有些好心的同志，看不透這場鬥爭的實質，嘀咕什麼：「人家反右傾，鼓幹勁，還是很有革命氣魄的！」錯了，錯了，同志你錯了！君不見，敵人另開戰場，就是要來個逐個突破，層層削皮，從而把革命領導幹部依次搞掉，直取紅色政權；群眾和權是分不開的，沒有群眾，就沒有權。君不見，敵人的野心恰恰是要通過篡奪各級革命群眾組織的領導權，來挖無產階級專政的基礎。敵人是直奔「權」而來的，這個險惡的居心，他們遮遮掩掩不好意思出口，其中一個赤膊上陣的洩了天機：「烏蘭夫有十大功勞，烏蘭夫在民族問題上是馬列主義者，烏蘭夫的鐵拳要重新掌握內蒙古」。明明白白，他們要奪取政權，他們要為烏蘭夫翻案，復辟資本主義。一字一板，再清楚也不過的了！

就在反革命宮廷政變眨眼即成現實的時刻，黨委大院廣大無產階級革命派，迅速組織了反擊，點起了革命的烽火，一場驚心動魄的反政變鬥爭，旗開得勝。忽如一夜春風來，革命鮮花滿園開。如今的黨委大院，熱氣騰騰，群眾正在發動，敵人正在暴露。

敵人是不會自行消滅的，他們還要作最後的掙扎。我們吹起反擊的衝鋒號，我們殺上了疆場，烏蘭夫的幽靈又匆匆促促在黨委大院裡衝來撞去，重布陣腳，他們要變色了，他們又從反革命的武庫中恰報出三條鎮壓革命的大棒子。

《呼三司》第73期

呼三司內蒙古呼和浩特市紅衛兵第三司令部

本報編輯部

一九六八年三月二日

15.呼和浩特市革命委員會挖肅指揮部圍殲 「內人黨」向一切階級敵人發起全面總攻擊 標語口號

1、全面貫徹落實黨的擴大的八屆十二中全會公報精神！

2、全面落實毛主席一系列最新指示！

3、為完成十二中全會提出的各項偉大戰鬥任務而奮鬥！

4、緊跟毛主席偉大戰略部署，奪取無產階級文化大革命的全面勝利！

5、徹底清算以高錦明為代表的右傾機會主義路線！

6、徹底批判高增貴的右傾機會主義路線！

7、堅決擊退右傾翻案暗流！

8、徹底批判反動的資產階級「多中心論」！

9、誰為右傾機會主義路線翻案決沒有好下場！

10、反右傾、反保守、反復舊、反復辟！

11、迎頭痛擊右傾機會主義路線的猖狂反撲誓將「挖肅」鬥爭進行到底！

12、徹底粉粹右傾機會主義、右傾分裂主義、右傾投降主義！

13、堅決支持堅持「挖肅」的無產階級革命派的一切革命行動！

14、誰把「挖肅」鬥爭與反二月逆流對立起來誰就是為二月逆流翻案！

15、警惕有人把路線鬥爭和階級鬥爭對立起來！

16、緊急動員起來，徹底圍殲反動透頂的「內人黨」及其變種組織！

17、反動透頂的「內人黨」頑固分子不投降，死路一條。

18、堅決搗毀「內人黨」的黑司令部，堅決揪出「內人黨」的黑司令官！

19、堅決打倒大叛徒、大內奸、大工賊劉少奇！

20、徹底清算劉少奇及其同夥的反黨叛國的滔天罪行！

21、堅決打倒反黨叛國、民族分裂主義罪魁禍首──烏蘭夫！

22、堅決打倒烏蘭夫死黨分子李貴、陳炳宇、趙汝霖！

23、堅決把一切階級敵人統統挖出來！

24、堅決把工廠、機關、學校、農村、街道各個方面的「挖肅」鬥爭進行到底！

25、堅決依靠堅持「挖肅」的無產階級革命派，團結廣大革命群眾，打一場「挖肅」鬥爭的人民戰爭！

26、「**工人階級必須領導一切**」！

27、抓革命、促生產、促工作、促戰備！

28、毛主席的無產階級革命路線勝利萬歲！

29、無產階級文化大革命全面勝利萬歲！

30、無產階級專政萬歲！

31、偉大的中國人民解放軍萬歲！

32、偉大的、光榮的、正確的中國共產黨萬歲！

33、偉大的領袖毛主席萬歲！萬歲！萬萬歲！

16.內蒙古人民革命黨現行叛國罪行的報告（初稿）（1968.04.13）

內蒙古人民革命黨原名內蒙古國民黨，一九二五年十月在張家口成立。得到西北軍閥馮玉祥的全面支持。其主要成員都是蒙古族上層，白雲梯任委員長，郭道甫任委員兼祕書長，中央委員有樂景濤、金永昌、包悅卿、福明泰、李風崗。各盟旗支部負責人有旺丹尼瑪、悉尼喇嘛、金鶴年、博彥滿部等。該黨成立時，國民黨派李烈鈞、張之江，蒙古派丹巴、巴托敖其爾參加了大會，有材料說，當時的共產國際代表鄂吉洛夫（布里亞特蒙古）也出席了大會。

一九二五年正當我國第一次國內革命戰爭進入高潮階段，白雲梯、郭道甫之流，乘機建內蒙古國民黨，企圖建立一個所謂「全蒙古民族統一的國家」。一九二七年蔣介石叛變革命，白雲梯之流的反動面目已暴露無遺，白雲梯投靠國民黨蔣介石，搖身一變就成了國民黨中央議員，蒙藏委員會的主要負責人。同年八月，內蒙古國民黨在烏蘭巴托召開了第二次代表會議，撤換了白雲梯的領導，正式改名為內蒙古人民革命黨。一九二九年參加過內人黨第二次代表大會的朋斯克、特木爾巴根從蘇聯回國，打著第三國際的招牌，在內蒙古東部區從事內人黨的建黨活動。一九三一年冬，朋斯克、特木爾巴根通過哈豐阿進入日寇所武裝和操縱的「內蒙古自治軍」中任職。一九三二年春，發展了哈豐阿等內人黨員二十餘人。

日偽統治時期，哈豐阿之流，都成了賣國投敵的大蒙奸，從九一八事變到日本鬼子倒臺，他們充當了日本帝國主義侵略我國的最殘暴的幫兇，雙手沾滿了蒙漢人民的鮮血，他們中間有的當上了偽滿高級官員，有的成為法西斯軍官和日本間諜。（博彥滿都任偽滿興安總省省長，哈豐阿任參事官）

中國人民在中國共產黨和偉大領袖毛主席的領導下，經過長期的英勇奮鬥，一九四五年八月終於打敗了日本帝國主義，取得抗日戰爭的最後勝利，抗日戰爭的勝利就是毛澤東思想的偉大勝利。可是，國民黨蔣介石為了奪取抗戰的勝利果食，陰謀發動全國規模的內戰，哈豐阿等認為「內外蒙合併」的機會已經成熟，網羅社會上的牛鬼蛇神，又打出內人黨的破旗，捏造內人黨的所謂

「鬥爭歷史」。一九四五年八月十八，以內人黨東蒙黨部執委會的名義，發表了內蒙古人民解放宣言，宣言中說，「內蒙古根據內蒙古人民革命黨的指導，從此加入在蘇聯和蒙古人民共和國指導之下，成為蒙古人民共和國的一部分，以期完成解放。」哈豐阿等致喬巴山、澤登巴爾書中說：「因為內蒙二百萬同胞堅決有著合併與蒙古人民共和國……」「堅決相信全蒙古的合併，除現在的好機會而外其他無有好機會。」內人黨的黨章草案中又說內蒙「編入獨立的蒙古人民共和國合流共為自由和平富強新興國家的基典。」於是在四五年十月派以博彥滿郁、哈豐阿為首的代表團出國，與蒙古密談所謂「內外蒙合併」問題，同時，在內蒙東部區開展內外蒙合併的簽名運動，他們用最可恥的手段，叫一個蒙古人簽好幾個人的名字，虛報人數，向蒙古討好。代表團回國後，博彥滿都根據蒙古旨意公開宣揚在內蒙不搞階級鬥爭，哈豐阿說什麼「內蒙古沒有工人，所以建立共產黨不合適，按著蒙古人民革命黨的建黨原則，建立內蒙古人民革命黨。」他們煽陰風，點鬼火，按照內人黨的綱領建黨、建團、建軍。在王爺廟開辦了內人黨黨務學校培養黨徒，曾先後向東部各盟旗指派黨徒進行所謂建黨工作，軍隊裡也大量的發展了黨團員。在內人黨的直接策劃之下，自衛軍多次製造流血事件屠殺漢族同胞，舉行武裝叛亂，攻打我軍。如以莫德勒圖、王海山為首的自衛軍在王爺廟附近挑起王家窰事件，炸死炸傷我漢族貧下中農二十餘人，在哲盟以哈豐阿父親北霸天，特古斯的叔叔李天霸為首的自衛軍舉行武裝叛亂，圍攻我土改工作團，在昭盟以何子章為首的自衛軍多次襲擊我八路軍……

四六年一月，國民黨政府承認蒙古的獨立，並簽訂了條約。哈豐阿之流，一看內外蒙合併的願望暫時不能實現，於是改變了策略，把「內外蒙合併」分為兩步，第一步內蒙獨立，第二步在適當時機「內外蒙合併」。四六年一月十六日，在葛根廟召開了東蒙自治政府成立大會，緊接著哈豐阿等又出國去蒙古，根據蒙古內人黨應地下化的旨意，二月宣佈內人黨解散，三月成立了「新內蒙古人民革命黨」，哈豐阿、特古斯、戈更夫參加起草新內人黨的黨綱和黨章的工作，新內人黨的黨綱號召：「一切覺醒了的人民群眾和知識分子投入新內蒙古人民革命黨的行列，貢獻自己的力量。」並明確制定：「為實現蒙古民族的團結，統一和獨立，建立民主政權而進行鬥爭。」

　　新內人黨實際上成了蒙古的特務組織，積極地為「內外蒙合併」的罪惡目的效勞。一九四六年三月，新內人黨祕密改組，設立了東蒙黨部。哈豐阿任祕書長，博彥滿都、特木爾巴根為副祕書長，選出十三名執行委員。鮑音扎布、特古斯、木倫、紀錦濤、義達嘎等人擔任執委。

　　同時，他們積極地和國民黨掛勾，哈豐阿早在四五年八月二十八日王爺廟慶祝中（國民黨政府）蘇友好同盟條約儀式上的講演詞中就說：「我們深切的信任中華民國政府是為人民群眾服務的革命政府，尤其我們看到蔣介石先生的關於民族政策的聲明後，我們內蒙民眾感到自己的未來前途有無可限量的光明，並以萬分的熱誠向偉大的蔣介石的革命精神致以謝意。」同年九月二十九日，內人黨東蒙黨部「致在東北國民黨黨員書」中說：「我們曾積極地活動和國民黨取得密切的提攜。更承貴黨許多偉大的同志給我們很大的援助與深刻的同情，這實在是值得欽佩與感謝的。」又說：「內蒙人民革命黨和國民黨有著同樣的目標」「所以我們可以說內蒙古人民革命黨和國民黨是有著朋友關係的黨。從此我們更應該緊密起來。」隨後哈豐阿親自率領特古斯等人前往長春見國民黨東北黨部要員吳煥章密談，四六年二月，又派以瑪尼巴德拉為首的代表團，去重慶向蔣介石請願，這個代表團到達北京後，得到國民黨北平行管會主任熊式輝的接見，沒去成重慶，加入了國民黨特務組織，攜帶一部電臺返回王爺廟，組成國民黨軍統特務機構，進行反共活動。

　　日寇投降後，我們偉大領袖毛主席派林副統帥率領十萬大軍二萬名幹部開闢東北解放區，四五年十二月二十八日毛主席指示中共中央東北局，建立鞏固的東北根據地。東北根據地的建立，對於全國局勢來說具有特別重大意義。而哈豐阿為首的新老內人黨直接和我們林副統帥唱對臺戲，破壞東北根據地的建立，幹了許多罪惡勾當。

　　一九四六年四月三日，內蒙古東西部代表到承德參加了會議，會議由烏蘭夫主持。會上決定：（一）內蒙古人民革命黨停止活動，不得發展黨員；（二）內蒙古由中國共產黨領導，在內蒙古地區發展中國共產黨組織；（三）取消東蒙自治政府，成立內蒙古自治運動聯合會東蒙總分局。哈豐阿任總分局主任。

　　這個會議以後，烏蘭夫極力推行所謂「從舊到新」的路線，首先將新內人

黨改編成共產黨，從哈豐阿開始，幾乎將新內人黨的黨魁及骨幹分子全部拉進黨內。將內人黨青年同盟改編為新民主主義性質的內人團。將日偽興安騎兵、鐵血部隊（內人黨的武裝部隊內蒙人民自衛軍的前身）改編成了人民解放軍。烏蘭夫用「從舊到新」的政策，將日特、蒙奸、法西斯黨徒、劊子手、反動軍官、新內人黨的黨魁和骨幹全部包庇下來，他們在中國共產黨內得到合法身分後，更是變本加利的進行反革命活動。從此出現了許多內人黨的變種——幾十個反動組織。

一九四七年五月六日在哈豐阿、阿思根之流的一手策劃之下，張尼瑪、拉格沁華力格等人在烏蘭浩特北山舉行會議，組織了內人黨「勞動農牧民前進會」，黨員約三百多人。妄圖陰謀策劃武裝暴亂，殺害共產黨負責人，進而實現內外蒙合併的罪惡目的。同年，在扎蘭屯成立了「第三正義黨」，主要成員有鄂范五、鄂秀峰等人。目的：趕走中國共產黨，主張呼盟獨立。他們妄圖在牙克石建立地主武裝根據地，伺機組織反攻，計劃未成，於是四七年六月在扎蘭屯舉行暴亂。四三會議以後，日偽特務、警察署長、官僚、貴族達瓦敖斯爾、溫都蘇、那木海扎布等人，在扎蘭屯又組織了博派人民革命黨，由哈爾濱攜款一千五百萬元作活動經費，猖狂地進行內外蒙合併的活動。緊接由國民黨員、三青團扎蘭屯書記長敖慶學等四十餘人，也在扎蘭屯組織「反共興蒙黨」。他們公開提出反對中國共產黨，趕走八路軍，妄圖建立以博彥滿都為首的內外蒙合併的蒙古大帝國，準備在扎蘭屯、烏蘭浩特、張家口等地陰謀活動。

一九四七年，也是在扎蘭屯建立了「第三黨」，額爾登、騰和太為首的一小撮，發展了數十名黨員，他們反對共產黨，擁護博彥都滿，主張呼納盟獨立。還主張把「漢化」的蒙古人開除蒙古籍，建立純蒙古人的國家。四三會議以後，以哈達為首的一夥人，在海拉爾成立了「哈爾圖巴特爾黨」，又名為哈達派。他們在「溶化共產黨，取而代之」的口號下進行特務活動，企圖搞垮內蒙古地區的中國共產黨組織。四七年，由敖慶祥、敖達吐、德廣奇、鄂嫩勒圖（蘇修特務）組成「布爾什維克黨」。他們反共排漢，主張第一步實現「內蒙古獨立」，第二步實現內外蒙統一。等等……

新內人黨黨魁和骨幹，玩弄兩面派伎倆，四三會議以後，表面上宣佈停

止活動，暗地裡大搞陰謀活動外，還大抓輿論工具，製造分裂祖國的反革命宣傳。新內入黨的中央執行常委特古斯，四三會議後在他把持下的群眾報和自治報上連篇累牘的發表內外蒙合併的叫戰書。一九四六年十二月，連續發表哈豐阿的《內蒙古解放的道路》中，就宣揚：「根據過去內蒙解放鬥爭的經驗和外蒙革命成功的經驗來說，本身主觀力量薄弱，要得到解放非得和外部革命勢力密切結合不可。」還說：「八一八宣言提出要將內蒙和外蒙合併成立統一的蒙古人民共和國。並派代表到外蒙去接洽，當時為什麼這樣提呢？這是根據過去很長時期的一貫要求。」「一個是統一」「另一個要求便是獨立，這一宣言內容的提出，主觀願望是很好……」哈豐阿在這篇長篇報告中號召：以成吉思汗為榜樣，走外蒙的道路，千方百計的擺脫中國共產黨和毛主席的領導。

一九四六年十一月十九日發表的《內蒙古人民革命青年團東蒙本部誕生周年紀念日告東蒙青年書》中說：「我們民族主義解放，必須走外蒙的道路，而且最終要實現統一的蒙古人民共和國。」一九四七年四月十五日，在這張報上又發表了哈豐阿的工作報告提綱，號召學習外蒙是怎樣獨立的。一九四六年十一月十九日發表的《告東蒙青年書》中說：蒙古青年「毫不動搖地」「跟著內蒙古人民革命黨」走，「跟著內蒙古自治運動聯合會所領導的道路前進。」

為了達到分裂祖國的罪惡目的，新內人黨在群眾報和自治報上，以大量篇幅用成吉思汗來煽動民族情結。一九四六年十一月十九日發表的《告東蒙青年書》中說：「我們是成吉思汗的子孫，富有革命戰鬥傳統的卻伊巴桑的弟兄。」發表在一九四七年四月二十六日的烏蘭夫在內蒙古人民代表會議上的開幕詞中說：「成吉思汗在前期為了民族統一和反抗異族侵略，曾經立下了不可磨滅的功跡……長時期以來，我們的祖先和我們為了追求自由幸福的生活，為了徹底求得民族的解放是曾經毫不吝惜自己的血肉，前赴後繼地作英勇的鬥爭。」

一九四七年下半年，烏蘭夫、哈豐阿共同合謀泡製的大毒草，〈內蒙古民族解放之歌〉出籠，在這首合唱中高歌，「太陽從西北面照過來」「卻伊巴桑的子弟們團結在一起。」後來改為「烏蘭夫的子弟們團結在一起。」但是仍唱「太陽從西北面照過來。」這是內人黨綱領的形象的體現，在這裡毫不含糊的

暴露出烏蘭夫、哈豐阿叛國的醜惡嘴臉。

新內人黨的黨魁和骨幹，為了達到分裂祖國的罪惡目的，大肆美化，歌頌反黨叛國投修分子烏蘭夫和哈豐阿，在報刊上，在演出中，公開吹捧烏蘭夫、哈豐阿是「內蒙古人民的救星」「草原上的太陽」「前進的旗幟」「勝利的象徵」「革命的領袖」等等。一九四七年二月十六日，烏蘭夫到達王爺廟（烏蘭浩特）時、在報上公開發表「擁護內蒙古人民領袖烏蘭夫主席」「堅持執行雲主席的號召——成吉思汗的子孫大團結。」在報上還大喊，「雲主席萬歲！」「烏蘭夫主席萬歲！」。在《為歡迎雲主席致王爺廟軍政幹部書》中說：「誰料到我們最仰慕渴望的偉大領袖，竟然來到了王爺廟。」「雲主席偉大的力量，就是蒙古全體的力量。」一九四七年二月二十二日的《偶成》一組詩中說：「今天歡迎內蒙人民領袖雲澤主席，在雲主席的紅亮旗幟下，定成內蒙古的空前統一。」一九四七年十二月十七日的報紙上發表的《警衛營全體戰鬥員給烏蘭夫的致敬信》中說：「我們自衛軍今後在你英明領導下，將成為不可戰勝的真正勞苦大眾的武裝。」「雲司令員萬歲！」。一九四七年一月十日，在報紙上刊登的《歌唱十二月》中寫道：「臘月裡來開梅花，內蒙古人民擁護哈豐阿……」

新內人黨吹捧叛國分子烏蘭夫、哈豐阿的同時，他們極力反對我們的偉大領袖毛主席，他們反對蒙漢人民張貼「毛主席萬歲！」等革命標語口號，哈豐阿在新內人黨報群眾報上稱呼我們偉大領袖毛主席為「毛澤東先生」。

新內人黨黨魁和骨幹，在四三會議以後不僅猖狂地反共排漢，而且極盡獻媚討好之能事，繼續與國民黨勾結。一九四六年逢「九一」記者節之際，特古斯主辦的報紙上公開刊登國民黨黨旗。一九四七年四月，報導慶祝烏蘭夫來東蒙的消息中寫道，「會場上懸掛著青天白日旗」即國民黨黨旗。

四三會議後，新內人黨在烏蘭夫、王再天之流的包庇之下，與蒙修接觸更加頻繁，蒙修前後派來了幾批特務，進駐烏蘭浩特等地進行活動，如第一批特務是班斯日格其等人，以蒙古《真理報》記者身分，攜帶兩部電臺，住在哈豐阿小院，主要搜集我黨漢族老幹部配備情況。第二批是，以達瓦扎布為首的特務，一九四七年初潛入海拉爾地區，有的以商販身分出現，有的住在盟公安處，直接得到內人黨骨幹德禮格爾和嘎儒布僧格的保護，把電臺架設在盟公

安處進行特務活動。內蒙古自治區成立後不久，烏蘭夫親自去外蒙要幹部，蒙修借機所派遣進來一批特務，其中，就包括一九四七年十月回到海拉爾的以杜古爾扎布為首的反動「內人黨」集團。該集團的成員，是一九四五年十月蒙修中央宣傳部長拉哈木蘇榮第二次來呼盟時，精心挑選的六名學生，東新巴旗二名，杜古爾扎布（呼盟副盟長）、達蘭太（內蒙師院教師）、西新巴旗二名，朋斯克達西（呼盟農牧處處長）、達木丁扎布，鄂溫克旗二名，芒來（錫盟衛生處）、索岳勒扎布。他們由拉哈木蘇榮於十月五日親自率領，十月十日到達烏蘭巴托，直接送入蒙古人民革命黨中央幹部高等學院學習。學習期間，蒙修中央情報當局（內防部）及蒙修中央一些部長經常設宴，招待他們，並與他們密謀，如一九四六年六月下旬，在臨近畢業的一次座談會上，拉哈木蘇榮就對他們說：「你們回國後，如何開展工作，黨的工作首先要抓宣傳，要宣傳我們內外蒙古的兄弟關係，血肉關係，但是宣傳要看對象……」。四七年的又一次座談會上，拉哈木蘇榮說得更露骨：「今年你們要回去了，根據當前內蒙古的形勢，開展工作可能有很多困難，但我們相信你們碰到困難或挫折的時候，一想起蒙古人民革命黨中央，就會產生出勇氣來的。」四月間，蒙修中央組織部長都格爾蘇榮向他們公開佈置：「過去，你們內蒙古曾有過內蒙古人民革命黨，黨部曾設在烏蘭巴托。我們對他們給了很多援助，但是他們的工作沒有搞好，以後就解散了。現在我們考慮，你們回去以後，可以建立內蒙古人民革命黨，黨部不要設在這裡，應該設在那裡，設在這裡對工作不利。我們可以幫助你們。」

四七年七月結束了學業，杜古爾扎布之流根據其蒙修主子的旨意，籌建內蒙古人民革命黨。在七月十九日下午，杜古爾扎布等五個人圍在一起寫了一個「宣誓書」，由杜古爾扎布用蒙文起草，內容是條條文式的，模仿蒙古人民革命黨首創人蘇和巴托、喬巴山等人建黨初期「宣誓十條」一樣。緊接著，一九四七年七月十九日，杜古爾扎布之流就在烏蘭巴托成立了「內人黨」。在醞釀中，納‧賽音朝克圖參與了這一活動，由杜古爾扎布、芒來起草，制定了黨綱、黨章，並寫了「宣誓書」簽字後遞給澤登巴爾等人，並在蒙修內防部登記，表示衷心為蒙修效勞。

據蒙修特務達蘭太供認，當時組織起來的「內人黨」組織情況如下：

　　黨主席：杜古爾扎布，政府主席：朋斯克達西，公安部長：達蘭太，文教部長：芒來，軍事部長：達木丁扎布。

　　杜古爾扎布叛國集團回國後，不久，吉雅泰也從外蒙回國，並將杜古爾扎布、朋斯克達西、達木丁扎布拉入黨內，委任要職。於是，這批特務，在蒙修直接指揮下，與整個烏蘭夫、哈豐阿反黨叛國集團勾結起來，猖狂地進行特務活動，進行反黨、叛國、民族分裂的罪惡活動。一九四八年大特務、大叛徒烏蘭夫又親自接見了該集團核心人物，更加助長其反動氣焰，繼續按著蒙修當局的指示，按照其反動綱領，有組織有計劃地妄圖進行反革命政變。一九四八年以後，他們又詳細佈署了該黨的活動，幾次在海拉爾等地召開祕密會議，並開始大批地發展黨徒。例如，四八年在海拉爾一中（達蘭太當時在該校教書）召開了一次重要會議。會議是在杜古爾扎布的指示下，由芒來和達木丁扎布主持。參加者有納・賽音朝克圖、德力格道爾吉、嘎日迪、朋斯克達西、烏力吉道爾吉等人。會上重新作了分工：

　　杜古爾扎布，仍任該黨主席，管政府工作；納・費音朝克圖，負責出版新聞等工作，同時兼管錫盟工作；達蘭太，負責文教，分管學校；芒來負責政治工作；朋斯克達西，負責東新巴旗工作；烏力吉道爾吉，負責西新巴旗工作；德力格爾道爾吉，負責婦女工作；巴圖合喜格（不詳）、嘎日迪（職務不詳，可能是騰和）。這次會上，達蘭太還談到建黨問題，蘇軍撤退問題，建立軍隊、學校、出版社問題。會後，達蘭太本人曾三次到呼盟邊境向蒙修投送重要情報，以後又多次通過人轉送情報。接著杜古爾扎布、達木丁扎布又開始與哈豐阿、特古斯取得聯繫，哈豐阿在五〇年還親自找達蘭太談話，讓他擔任蒙文教材的編輯工作。

　　這些特務，與蘇修的塔木斯克遠東情報局相勾結，在內蒙古東部地區發展了特務組織——阿米道爾拉。吸收在阿米道爾拉組織中的成員，絕大部分是內人黨的骨幹，總負責人是內人黨的骨幹阿民布和，其他一些人，也都是內人黨的顯要人物，如張尼瑪、保吉熱（木倫）、嘎儒布僧格、貢嘎、斯布吉德（戈更夫）、巴嘎牙、恩和森等等。據阿民布和一九六八年一月二十五日交待，他們直接向蘇聯塔木斯科遠東情報處負責人伊克那特布中校投遞情報，還派人去蘇聯專學收發電報技術，阿說：「一九四七年一月底或二月初斯布吉德和干柱

爾扎布（斯的警衛員已死）可能還有一個人記不清了，去塔木斯克一方面彙報現有情況，並聯繫還有新的任務沒有，二月下旬斯布吉德回來了，把送去學習電臺的四個學生一起都帶回來了。」這個組織直接得到哈豐阿的支持，哈還介紹阿發展特務的對象。

　　一九四六年八、九月間，烏蘭夫逃避國內戰爭，曾去蒙古，隨後王再天也以尋找烏蘭夫為藉口，也跑到蒙古邊界與蒙修人員會晤。經過密謀策劃之後，將劉春的老婆尹力，王鐸的老婆周吉，王再天的老婆張暉等十三戶家屬遷入蒙古境內。內蒙古自治區人民政府建成後，烏蘭夫、王再天之流利用內蒙公安部，背著黨中央和毛主席，直接與蒙古內防部互通情報。蒙修特務納·賽音朝克圖交待，一九四七年十一月初帶任務從蒙古回來：「內蒙古領導頭一次接見我們五個人的是王再天。」中華人民共和國建立後，一九五零年蒙古內防部長東賀爾扎布來內蒙與王再天密談，隨後蒙修派來一大批以旺丹為首攜帶電臺和家屬的所謂「顧問」團，住在張家口內蒙公安部大院裡，明目張服的大搞情報活動，搜集我國黨、政、軍、經濟、文化等各方面的情報，並參加公安廳的絕密會議，提審重要案件，一九五二年才撤走，而撤走時將他們發展的特務組織及情報員名單全部帶走，沒有移交給我們。可見烏蘭夫、王再天也是蘇、蒙修大特務。

　　在烏蘭夫反黨叛國集團的包庇下，哈豐阿的幹將勞布侖、瑪尼扎布、哈爾巴拉（內人黨黨徒）之流從一九五三年開始在內蒙古日報蒙文版上大量選登蒙修《真理報》《紅星報》《勞動報》《蒙古青年真理報》等報刊的文章，宜揚蒙修的「三大自由」「內外蒙合併」等崇蒙思想。勞布侖等十八人於一九五五年給烏蘭夫的一封信中說：「蒙古人民共和國的書籍報刊可以直接成為內蒙古人民的財富……。」同時蒙修的歌舞「三座山」「肯特山」「祖國頌」「牧人舞」等毒草統治了內蒙舞臺。

　　赫魯曉夫和澤登巴爾上臺後，適應國內外階級鬥爭的需要，烏蘭夫反黨叛國集團繼續指使他們從事叛國的罪惡活動。內人黨的活動更加猖狂了，這些內入黨的黨魁和骨幹，成為烏蘭夫反黨叛國集團的一支龐大的部隊，與烏蘭夫一唱一合，亦步亦趨，在叛國投修方面效盡犬馬之勞。

　　烏蘭夫反黨叛國集團將內入黨的書記長、日本和蒙修的高級特務哈豐阿，

由原內蒙古自治區副主席提拔為內蒙黨委委員，又兼教育廳長。將內人黨的青年部長、兼蒙修特務特古斯提拔為內蒙古黨委委員、內蒙古黨委宣傳部副部長，將內人黨中央執委、蘇、蒙修、日本特務朋斯克提拔為內蒙古自治區副主席，將內人黨中黨執委、蒙修特務特木爾巴根提拔為內蒙古高級人民法院院長，將內人黨創建人，中央執委烏力吉敖喜爾提拔為建設廳長，將內人黨中央執委鮑蔭扎布提拔為內蒙古軍區政治部副主任，將內人黨中央執委、蘇、蒙修特務木倫提拔為內蒙古醫學院黨委書記兼院長，將內人黨骨幹、蘇、蒙修特務貢嘎提拔為內蒙古農牧學院院長，將內人黨中央執委巴圖提拔為內蒙古大學黨委副書記兼副校長，將內人黨中央執委、蒙修特務義達嘎提拔為內蒙古衛生廳廳長，將蒙修特務納·賽音朝克圖提拔為作協內蒙分會主席，將內人黨骨幹都古爾扎布提拔為畜牧廳廳長，將內人黨的幹將烏爾圖提拔為民政廳廳長，將蒙修特務內人黨骨幹額爾敦陶克陶、內人黨骨幹日偽少將鐵血部隊司令部郭文通任命為語文研究所副主任，將蘇、蒙修特務內人黨骨幹嘎儒布僧格任命為人委副祕書長、外事辦公室副主任。其他的一些黨徒，諸如昂如布、德禮格爾、旺丹、色音巴雅爾、傑爾格勒、王海山、王海峰等分別把持了內蒙古廣播電臺，內蒙古日報、烏盟、哲盟、呼盟、呼盟軍分區、烏盟軍分區領導大權，這些內人黨黨徒掌權之後，為蒙修的文化侵略繼續大開綠燈，大搞叛國投修活動。

一九五五年哈豐阿的幹將勞布侖等十八人給烏蘭夫的信中又說：「要想使內蒙古的文學語言強有力起來，高度的發展起來，其最可靠的辦法是和蒙古人民共和國取得一致。」

於是，一九五六年七月，在烏蘭夫的授意下，哈豐阿、特古斯指派原人民革命黨骨幹、蒙修特務額爾敦陶克陶為首的四個民族分裂主義分子去蒙修，名為研究內外蒙語言文字統一，實為密謀內外蒙合併。在額出國前，烏蘭夫夥同特古斯確定了一個投降主義原則：「如果內外蒙名詞術語統一問題上雙方發生矛盾，要服從外蒙。」蒙修部長會議第一副主席曾德接見額爾敦陶克陶時曾問：「我們內外蒙何時才能合併呀？」額回答：「現在咱們不是正在搞文化上的統一嘛。」同額一同出國的清格爾泰日記上記載：「我們同蒙古高級官員，極其熱情地討論了內外蒙合併問題。」回國後，額爾敦陶克陶向烏蘭

夫、特古斯彙報內外蒙合併問題時，烏蘭夫卻極感興趣地說：「往哪一邊合併呀？」

一九五七年，額爾敦陶克陶等從蒙古回來後，急忙的成立了所謂「內外蒙名詞術語委員會」即四十三人委員會。蒙修十七人，內蒙古二十三人，主任委員和副主任委員三人，這個組織實際就是內蒙古人民革命黨的變種，也是蒙修顛覆我國的文化特務組織。烏蘭夫一直向中央守祕，後來還是失密了，烏蘭夫懷疑是特古斯搞的，便大發雷霆：「特古斯的蒙古情報員事，還沒有交待呢。」

在新聞出版界哈豐阿、特古斯靠著烏蘭夫的勢力安插其黨羽德禮格爾、瑪尼扎布、索德那木和特布信等人，繼續分別把持內蒙古日報（蒙漢文版）和內蒙古人民出版社的大權。一九六一年十二月在內蒙古日報上公開宣揚蒙古大帝國的版圖說：「東至太平洋岸（塔達爾灣），西至天山山脈，南至萬里長城，北至西伯利亞大草原的廣闊地區。其中心在色楞格河（按：即烏蘭巴托）、諾彥山（按：現屬蒙古人民共和國）附近。」一九五七年，內蒙古日報蒙文版出版了《怎樣安排半農半牧區農農業生產》《為使用發展蒙古語言文字而堅決鬥爭》的兩個毒草專欄。在這個專欄裡，公開講：「漢人侵佔蒙古人的土地，使我們遭受困難……漢族農民不但不聽蒙族幹部的話，而且要捆起來。」此外，還公開發表：「因為語言不通，軍隊可以單獨成隊」「歷史上少數民族有被同化的現象，現在仍有類似的現象。」內蒙古日報（蒙文版）一九六一年，蒙修建國四十周年時，在特古斯操縱下，出八大版歌頌蒙修，騰出這樣大的版面歌頌蒙修的活動中，有意地隻字不提中國對蒙古的幫助，在中國共產黨建黨四十周年時，只刊登十幾條消息，他們的叛國投修面貌暴露得十分清楚了。尤其不能容忍的是，一九六二年，蒙修頭子澤登巴爾來中國劃中蒙邊界時，內蒙古日報（蒙文版）上喊：「英明領袖澤登巴爾萬歲！」並稱蒙修「祖國在飛躍前進！」。從一九五九年下半年到一九六二年末，內蒙古日報蒙文版，發表了近百篇民族分裂的文章。內蒙古人民出版社大量出版、蒙修書刊和歌頌內外蒙合併的作品。在家文書刊中公開宣揚：「內外蒙人民的首都烏蘭巴托。」「我們的首都烏蘭巴托。」……

在語言文學界，哈豐阿、特古斯借烏蘭夫之勢，把他們的黨羽額爾敦陶

克陶、納‧賽音朝克圖和敖德斯爾安插在內蒙古語委、內蒙古文聯、《花的原野》編輯部。這些人把持語委和《花的原野》後，實際上把這兩個語言文學陣地，變成了烏蘭巴托分部。額把我國許多珍貴資料偷偷地送給蒙修，一九五九年，額以「特邀代表」的身分去烏蘭巴托參加世界蒙古語言文字科學討論會，在這個會上，額與特古斯等人合謀拋出一篇民族分裂「尹湛納希」的論文，得到帝、修、反的喝彩，納‧賽音朝克圖和敖德斯爾等六人，背著中央給蒙修文化特務達木丁蘇榮祝壽，贈送禮品，發賀信。當蒙修作家曾格死時，背著中央在《花的原野》上大發悼念文章，私通電話，向蒙修暗送秋波。在《蒙文語言、文學、歷史》和《花的原野》等刊物上宣揚民族分裂的文章，舉不勝舉。一九五七年，老牌民族分裂分子尹湛納希誕生一百二十周年時，《蒙古語言、文學、歷史》上發表了一組文章，而把本期雜誌的封面明目張膽的畫成了成吉思汗軍旗的顏色。在《花的原野》上公然刊「從來就是親兄弟的澤登巴爾和烏蘭夫擰緊了最後一顆螺絲釘。」「幸福的太陽從而升起了，我們的友誼鋼鐵般地鞏固了。」

哈豐阿、特古斯不僅指使其黨羽為內外蒙合併效勞，他們還親自揮斧上陣。一九五七年，當資產階級右派向黨進攻時，哈豐阿、特古斯迫不及待地跳出來說什麼「內蒙古的漢族和蒙古族的比例是七比一，這與蒙古族為主體民族有矛盾。」「蒙古族主而不主。」進而特古斯卻提出「蒙古民族當主人，漢族當僕人」的反動謬論。尤為嚴重的是，哈豐阿和特古斯夥同王再天，利用他們的職權，一再包庇內蒙古大學和師範學院附中的叛國投蒙的案件。這樣，文化教育界叛國投罪活動就越來越猖狂了。

在烏蘭夫和王再天的直接庇護下，內人黨黨魁和骨幹也紛紛鑽進了公檢法掌握了政法大權。蒙修特務內人黨的黑後臺畢力格巴特爾，掌握內蒙古公安廳後，公安廳有的處室也被人民革命黨黨徒所控制。這些內人黨黨徒與王再天、畢力格巴特爾等勾結在一起，明目張膽包庇錫盟、呼盟、烏盟等地的反黨叛國集團和蘇、蒙修情報網。一九六二年，錫盟副盟長松岱、法院院長那木吉拉朋斯克、軍分區副司令員陶克陶等人的反黨叛國集團的案件揭露後，王再天說：「這是一種民族主義思想活動……。」就這樣放過了。特木爾巴根、烏爾圖、嘎儒布僧格等內人黨核心人物們的子女組織了一個所謂「真理黨」，王再天也

放過了。這樣公檢法卻成了反黨叛國集團、民族分裂分子、蘇、蒙修特務的防空洞、避風港。

外事部門被內人黨幹將嘎儒布僧格和德力格爾所控制，與王再天共同出謀劃策，在外事工作上推行了一系列投降主義路線。如中蒙劃界時，嘎儒布僧格夥同烏蘭夫、王再天背著中央，把富饒美麗的貝爾湖劃給了蒙修，把具有軍事價值的××制高點劃給了蒙修，又把一個鉻礦區的大部劃給了蒙修。喪權辱國，作盡了壞事。

內人黨在四三會議後，黨魁和骨幹披上了共產黨員外衣，依著烏蘭夫、王再天、哈豐阿、特古斯的權勢，進行合法活動。當我國連續遭受自然災害，三年暫時困難時期，他們認為時機已到，重新集結力量，有的地區恢復了原來的組織，有的地區重新組織隊伍，進行地下活動。

據公安廳在集寧地區破獲的發往蒙修的反動信件稱：「一九六三年二月三日」「有四十三人參加的」「蒙古人民革命黨」「召開了第二次會議」。一九六四年文藝整風中，文教界揭露出一個「民族統一革命黨」，這個黨實際上就是重新組合的內人黨。這個黨的操縱者都是過去的內人黨的黨魁和骨幹，其中的核心人物大部分是蘇、蒙修特務。（有材料證明這個黨在烏盟達茂旗一帶也有活動。）

據我們掌握的材料，一九四五年蘇、蒙軍分四路進入我國對日作戰時，帶進了九個情報系統。其中蘇聯六個，蒙修三個。

蘇聯的情報系統：一、蘇聯國家情報系統；二、蘇聯軍事情報系；三、蘇聯國家機密局情報系統；四、蘇聯邊防軍人情報系統；五、蘇聯外貿信報系統；六、蘇聯科研情報系統。蒙修的情報系統：一、蒙古邊防軍人情報系統；二、蒙古中央情報系統；三、蒙古郵電情報系統。挖烏蘭夫黑線，肅烏蘭夫流毒的群眾運動，開展四個月來，據各地揭發的材料統計，在全區共有蘇、蒙修七十餘情報點，一百餘叛國集團。（尚待進一步落實）

這些情報系統與叛國集團和內人黨都有聯繫，或內人黨裡頭的人就是情報員，在蘇、蒙修情報系統的大特務烏蘭夫、吉雅太、畢力格巴特爾、王再天等人的直接包庇下，在我區形成叛國集團，蘇、蒙修情報系統，內人黨及其它反動黨三為一體的反革命網，直到現在仍猖狂活動。

內蒙古揪叛國集團聯絡站

一九六八年四月十三日

17.徹底粉碎右傾機會主義

——內蒙直屬單位和呼市無產階級革命派召開全市有線廣播大會,對內蒙古右傾主義路線總代表當面進行了批判(1968.12.04)

【本報訊】為了全面貫徹十二中全會的精神,為了立即落實毛主席「**歷史的經驗值得注意**」的最新指示,為了響應以毛主席為首、林副主席為副的無產階級司令部的戰鬥號召,迅速掀起學習兩條路線鬥爭歷史的高潮,為了把挖肅鬥爭進行到底,內蒙各大專院校、內蒙直屬機關、內蒙古日報社、文藝界和呼市無產階級革命派一百多個單位於十一月二十九日下午聯合召開了徹底粉碎內蒙某領導人推行的右傾機會主義路線有線廣播大會。呼市各會場萬餘名革命群眾以對右傾機會主義路線極大的革命義憤參加了批判大會。會議自始至終洋溢著高昂的戰鬥氣氛。

大會勒令內蒙右傾機會主義路線的總代表和呼市右傾機會主義路線的頑固進行者高××、楊××到會接受批判。

工學院《井岡山》負責同志致開幕詞。他首先指出:偉大領袖毛主席的最新指示「**歷史的經驗值得注意。一個路線,一種觀點,要經常講,反覆講。只給少數人講不行,要使廣大革命群眾都知道。**」和兩報一刊重要社論《認真學習兩條路線鬥爭的歷史》,是我們徹底粉碎我區某領導人右傾機會主義路線的最好的指南,最銳利的武器,我們一定要認真學習,堅決貫徹。他說,內蒙某領導人的右傾主義雖然已經被衝垮,但在不少單位,右傾機會主義路線還以各種形式進行反撲,對敵鬥爭處於停滯狀態。我們必須集中力量,集中目標,徹底粉碎這條右傾機會路線。

內蒙古日報社,內蒙師院、林學院、農牧學院、醫學院、工學院、內蒙古大學,內蒙直屬機關毛澤東思想大學校一分校等單位的代表在會上發了言,他們揭露了內蒙某領導人在文化大革命中一貫進行右傾機會主義路線,破壞文化大革命的罪行。以大量事實證明,這個內蒙最大的右傾機會主義者,是烏蘭夫反黨叛國集團的保護傘,是右傾翻案的總根子,是破壞挖肅鬥爭、破壞鬥、

批、改的罪魁禍首。呼三司內蒙古林學院等四院校的聯合發言還指出：我們的路線是毛主席的革命路線，我們的觀點是階級和階級鬥爭的觀點，是無產階級專政條件下繼續革命的觀點。誰擁護毛主席的革命路線，我們呼三司戰士就和他親，誰反對毛主席的革命路線，我們就和他拼。現在內蒙右傾機會主義路線的總代表站在毛主席革命路線的對立面，我們就堅決批判，堅決鬥爭。

內蒙革命委員會負責同志參加了批判大會，他在講話中指出：這次徹底粉碎內蒙某領導人的右傾機會主義路線有線廣播大會，是一個革命的、戰鬥的大會！這個大會開得好！他代表自治區革命委員會政治部表示最堅決的支持。

大會最後發出通告，指出內蒙古右傾機會主義路線的總代表的幾次檢查，根本不觸及靈魂，不涉及問題的實質，不暴露靈魂深處的骯髒東西，避重就輕，狡辯抵賴。大會勒令他繼續做出書面檢查，並於十二月五日前後交到工學院。

《紅衛兵》第151期
內蒙古呼三司紅代會
一九六八年十二月四日

18.徹底殲滅反革命組織「內人黨」
（1968.12.04）

聲勢浩大的「挖肅」鬥爭正以排山倒海之勢，迅猛發展。在這場鬥爭中，我們要把烏蘭夫反黨叛國集團及其社會基礎統統挖出來，肅清其流毒。徹底殲滅反革命組織「內蒙古人民革命黨」（下稱「內人黨」），則是我區「挖肅」鬥爭的一項極重要的內容。

「內人黨」是一個有組織、有計劃、有綱領，統一領導、統一指揮，規模龐大、組織嚴密、活動猖獗的反革命組織，是烏蘭夫大搞反黨叛國活動的暗班子。這個黨，在一九四七年「五‧一」大會後名為解散，實際上其中大部分骨幹分子被烏蘭夫拉入共產黨內，並在烏蘭夫的包庇下，轉入地下，組織變種組織，繼續推行其反動政綱，進行反黨叛國、民族分裂的罪惡活動。這個黨，在解放以來一刻也沒有停止其反革命活動，而是更加施展了反革命兩面派手法，**「公開的是『不要去碰』，『可能的地方還要順著』黨和人民；而暗中卻更加緊地『磨我的劍』，『窺測方向』，『用孫行者鑽進肚皮去的戰術』，來進行反革命活動」**。這個黨，與國際階級敵人遙相呼應，緊密配合，它同蘇、蒙修勾結在一起，圖謀顛覆我國的無產階級政權。這個黨，是蘇、蒙修的一個龐大的特務情報機關。這個黨，在無產階級文化大革命中，反革命活動極度緊張起來，他們仇恨共產黨，仇恨人民，仇恨革命的反革命氣焰達到了瘋狂的程度；他們大搞黑串聯，進行現行反革命活動；他們打著「紅旗」反紅旗，鑽入我們的造反派隊伍，有的甚至鑽入我們的新生紅色政權內部。挑動群眾鬥群眾，鎮壓無產階級革命派，直到今年六月間，他們還在發展黨徒，擴張勢力。

毛主席一九五五年在給《關於胡風反革命集團的材料》所加的按語中說過這樣一段話：**「過去說是『小集團』，不對了，他們的人很不少。過去說是一批單純的文化人，不對了，他們的人鑽進了政治、軍事、經濟、文化、教育各個部門裡。過去說他們好像是一批明火執仗的革命黨，不對了，他們的人大都是有嚴重問題的。他們的基本隊伍，或者帝國主義國民黨的特務，或是托洛茨基分子，或是反動軍官，或是共產黨的叛徒，由這些人做骨幹組成了一個**

隱藏在革命陣營的反革命派別，一個地下的獨立王國，這個反革命派別和地下王國，是以推翻中國人民共和國和回復帝國主義國民黨的統治為任務的。他們隨時隨地尋找我們的缺點，作為他們進行破壞活動的藉口。那個地方有他們的人，那個地方就會生出一些古怪的問題來，這個反革命集團，在解放以後是發展了，如果不加制止，還會發展下去」。毛主席的這段話，不僅深刻地揭露了胡風反革命集團的真面目，而且也揭露了一切反動組織的反革命本質。「內人黨」也是這樣一個反革命派別和地下王國。他們的基本隊伍就是由民族分裂主義分子、蒙奸、反動日偽軍官、共產黨的叛徒、蘇蒙特務所組成的。這些人分別鑽進了政治、軍事、經濟、文化、教育等部門裡。他們有黨委，有支部，有領導小組。有些地方表面上是共產黨，實際上是內人黨。一旦時機成熟。他們就會推翻無產階級專政，恢復帝國主義國民黨的統治，就會專我們的政，殺我們的頭。一切革命同志，我去各族革命人民，千萬不要小看了這個「內人黨」！一定要把這個烏蘭夫反黨叛國的暗班子堅決、乾淨、全部挖出來，把它徹底砸爛。

史無前例的無產階級文化大革命揪出了烏蘭夫反黨叛國的明班子，暴露了烏蘭夫的暗班子。在「挖肅」鬥爭中，我區廣大無產階級革命派和各族革命人民緊跟偉大領袖毛主席，狠抓階級鬥爭，在搗毀烏蘭夫反黨叛國集團明、暗班子的鬥爭中，取得了很大成績。一批「內人黨」的黨魁和骨幹分子紛紛落網，重大的案件相繼破獲。但是由於我區個別領導人推行右傾機會主義路線，極大地阻礙和破壞了這一鬥爭的順利進展，致使「內人黨」的活動空前猖獗起來。他們威脅投案自首的「內人黨」分子，殺人滅口；他們策劃於密室，訂立攻守同盟，互相包庇，極力對抗「挖肅」鬥爭。「挖肅」運動以來，由於個別領導人推行了右傾機會主義路線，造成一些老大難單位，諸如二毛、製藥廠、藝校等。那裡的運動為什麼不得進展？就是因為那裡有「內人黨」在活動，甚至篡奪了一部分領導權，鎮壓堅持「挖肅」的革命同志。種種跡象表明，「內人黨」的黑指揮部就在呼市地區！隨著運動的深入，人們越來越認識到這條右傾機會主義路線的危害性，越來越認清了那個推行右傾機會主義路線的「龐然大物」的「廬山真面目」。在揪出烏蘭夫之後，這個龐然大物就玩弄了一套舍將帥保車馬的反革命兩面派手法，他死保烏蘭夫的死黨分子，「內人黨」徒，

鎮壓革命群眾。他的罪惡企圖就是要取烏蘭夫的王位而代之，做「當代第二王爺」，把內蒙古重新變成一個針插不入、水潑不進的獨立王國。面對著嚴酷的階級鬥爭現實，我們決不能任憑這條右傾機會主義路線興妖作怪，我們要在狠抓對敵鬥爭的同時，繼續批判這條右傾機會主義路線，在大批判中，提高兩條路線鬥爭的覺悟，進一步用毛主席關於無產階級專政下繼續革命的學說武裝起來。不這樣，圍殲「內人黨」的人民戰爭就不能開展，「挖肅」鬥爭就不能進行到底，無產階級文化大革命就不能取得徹底勝利，我們的已成之功，就會毀於一旦。一句話，只有徹底粉碎這條右傾機會主義路線，把反革命組織「內人黨」和一切階級敵人統統挖出來，才能鞏固我們的無產階級專政。

當前，我區一千三百萬人民正在黨的八屆擴大的十二中全會精神的鼓舞下，在奪取無產階級文化大革命全面勝利的道路上奮勇疾馳。形勢大好。右傾機會主義路線及其在我區的代表已經處於四面楚歌之地。一個全面出擊、圍殲「內人黨」及其變種組織的人民戰爭正在形成。在這場鬥爭中，我們要廣發深入地發動群眾，檢舉揭發，加強無產階級專政，充分發揮黨的政策威力。只有掌握黨的政策，才能充分發動群眾，只有掌握黨的政策，才能不斷地把群眾運動引向深入發展的階段。「**只有黨的政策和策略全部走上正軌，中國革命才有勝利的可能。**」我們要切實執行毛主席歷來所倡導的對敵鬥爭的穩、準、狠的原則，把鬥爭矛頭始終指向一小撮階級敵人，粉碎階級敵人從右的或極「左」方面的干擾。我們要切實執行黨的「**坦白從寬，抗拒從嚴**」，「**首惡必辦，脅從不問，立功者受獎**」的政策，分化瓦解敵人，孤立一小撮死硬分子，打好這一仗。

向「內人黨」及其變種組織發起全面總攻擊！

徹底殲滅反革命組織「內人黨」！

《紅衛兵》第151期

內蒙古呼三司紅代會

一九六八年十二月四日

19.徹底粉碎右傾機會主義路線，迎頭痛擊右傾機會主義路線的反撲（1968.12.04）

在毛主席革命路線的光輝照耀下，在黨的擴大的八屆十二中全會公報的鼓舞下，一個鬥批改的高潮正席捲全國。當前，我區的形勢同全國一樣，一派大好。廣大無產階級革命造反派在自治區第四次全委擴大會議精神推動之下，正在進一步落實黨的擴大的八屆十二中全會提出的各項戰鬥任務，內蒙某領導的右傾機會主義路線正在被衝垮。「挖肅」鬥爭的偉大洪流滾滾向前，勢不可擋，內人黨及各種反動組織正陷於人民戰爭的汪洋大海之中。在很短的時間裡我區大部分地區的「挖肅」鬥爭出現了新的局面，揪出了一大批右傾機會主義路線包庇下來的叛徒、特務、民族分裂主義分子。

毛主席最近指出：「**歷史的經驗值得注意。一個路線，一種觀點，要經常講，反覆講。只給少數人講不行，要使廣大革命群眾都知道。**」毛主席這一最新指示，使我們徹底揭露、堅決粉碎內蒙某領導人的右傾機會主義路線的強大思想武器。我區一年來「挖肅」鬥爭的歷史證明。我們的路線是毛主席的革命路線，內蒙某領導人的路線是破壞「挖肅」、包庇敵人、對抗無產階級司令部的右傾機會主義路線；我們的觀點是毛主席關於階級、階級鬥爭的觀點，是在無產階級專政下繼續革命的觀點，是堅決把「挖肅」鬥爭進行到底的觀點，而內蒙某領導人的觀點，就是他「九‧二五」黑報告中「挖肅到底論」、「挖肅過火論」、「再挖上當論」的觀點，就是他長期以來站在剝削階級立場上鼓吹的「階級鬥爭熄滅論」的修正主義觀點，就是取消無產階級專政的觀點。是大搞反動的「多中心論」、大搞「以我為核心」的觀點。對於他這些和平演變，復辟資本主義的路線和觀點，我們必須高舉革命大批判的旗幟，堅決批判，徹底粉碎，「**決不能讓它們自由氾濫**」。

內蒙那個最大的右傾機會主義者，他根本不是一個革命者，他的靈魂深處充滿著個人野心家、陰謀家的極端反動、極端腐朽的資產階級貨色。

在前門飯店會議上，他只打烏蘭夫，而死保烏蘭夫的左右丞相奎璧、吉雅泰，把烏蘭夫反黨叛國死黨分子包庇下來。他為了當內蒙「第二代王爺」，又

網羅這些反黨叛國分子大加重用。我們偉大領袖毛主席親自發動親自領導的文化大革命轟轟烈烈地開展起來以後，他又大打出手，瘋狂地推行劉、鄧資產階級反動路線。內蒙籌備小組成立之後，他在各盟市挑動資產階級的派性，破壞革命大聯合，包庇烏蘭夫的死黨分子。他死保巴圖巴根、暴彥巴圖、高萬寶扎布等等。偉大的「挖肅」鬥爭開展以來，他又死保特古斯、王再天、郭以青等一夥烏蘭夫死黨分子，死捂階級鬥爭蓋子，繼續挑動群眾鬥群眾，大搞反動的「多中心論」，極力破壞干擾我區轟轟烈烈的「挖肅」鬥爭。九、十兩個月是他破壞挖肅鬥爭，干擾毛主席偉大戰略部署達到登峰造極地步的兩個月，是他長期以來鼓吹「階級鬥爭熄滅論」、推行右傾機會主義路線的總暴露、總表演。他的「九・二五」黑報告是典型的代表作，是復辟資本主義的反革命綱領。

鐵的事實說明，他是我區三右主義的總根子，右傾勢力的總代表。

《公報》指出：「對於剝削階級及其代理人的破壞活動，必須繼續提高警惕。」內蒙某領導人的右傾機會主義路線，雖然受到粉碎性打擊，但並不甘心失敗，這條路線還在以各種形式進行反撲，我們必須集中力量，擊中目標，予以徹底揭露，徹底粉碎。

當前，呼市地區一小撮階級敵人及其代理人，以極「左」面目出現，大搞形「左」實右，打擊一大片，保護一小撮，極力混淆革命和反革命、「延安」和「西安」的界限，企圖來一場大混戰，渾水摸魚。

更為惡毒的是，這些壞傢伙採取以攻為守的手段，把鬥爭的矛頭指向積極搞「挖肅」的革命老造反派和革命群眾，千方百計地在這些革命群眾組織中突破缺口，妄圖把這些革命同志、革命群眾組織扼殺在搖籃裡，達到全面反奪權，全面鎮壓革命，繼續捂階級鬥爭蓋子的目的。

還有的人挑起造反派內部的資產階級派性，挑動群眾鬥群眾，製造武鬥，大搞打、砸、搶、抄、抓。

還有曾經積極進行內蒙某領導人的右傾機會主義的人，目前以極「左」面目出現，把自己打扮成挖肅積極分子，把革命造反派、革命群眾，特別是受右傾機會主義路線打擊陷害的同志，打成「×式人物」，把一切罪名強加在他們身上，來個豬八戒倒打一耙。

在某些壞人掌權、好人受氣，老保掌權、造反派受氣的單位裡，大搞階級

報復，瘋狂鎮壓革命造反派，使右傾機會主義路線一直得不到批判。

　　還有一股反軍的暗流在活動，他們暗地組織力量，伺機反撲，這股暗流是楊、傅、余事件後內蒙出現的那股反軍暗流的繼續。

　　在個別地區、部門和單位，《無產者》、《紅衛軍》的頑固分子，有的公開跳出來為二月逆流翻案，有的暗地活動。

　　呼市有的同志錯誤地理解領導同志的講話，把對敵鬥爭和路線鬥爭對立起來，分割開來。說要先搞對敵鬥爭，再搞路線鬥爭。由於有這樣的糊塗認識，開始放棄和鬆懈對右傾機會主義路線的鬥爭。一小撮階級敵人和右傾頑症患者，也借此為右傾機會主義路線翻案，妄圖繼續死捂階級鬥爭蓋子，繼續鎮壓革命反動派。

　　凡此種種，都是內蒙某領導人右傾機會主義路線的翻版。對這些謬論，我們廣大革命造反派和革命群眾必須徹底揭露，徹底批判，使我區的運動更加健康地向前發展。

　　我們認為當前粉碎內蒙某領導人的右傾機會主義路線的鬥爭，就是「挖肅」鬥爭的深入和繼續，就是對敵鬥爭的重要組成部分。搞好路線鬥爭，是搞好對敵鬥爭的前提和基礎。

　　毛主席《在中國共產黨第七屆中央委員會第二次全體會議上的報告》這一光輝著作和《人民日報》、《紅旗》雜誌，《解放軍報》「認真學習兩條路線鬥爭的歷史」這一重要社論中傳達的毛主席的最新指示，使我們徹底粉碎我區某領導人右傾機會主義路線、認真搞好鬥、批、改的最好教材，最好指南，最好武器，是我對我們開展批判右傾主義路線最大的支持，最大的鼓舞，最大的鞭策，最大的推動。我們一定緊緊團結在以毛主席為首、林副主席為副的無產階級司令部周圍，發揚大無畏的革命造反精神，徹底清算內蒙某領導人的右傾機會主義路線，奪取無產階級文化大革命的全面勝利。

內蒙古工學院《井岡山》

《紅衛兵》第151期

內蒙古呼三司紅代會

一九六八年十二月四日

20.徹底粉碎右傾機會主義路線的新反撲
（1968.12.18）

　　閃電裏著驚雷轟鳴，暴風卷著驟雨怒吼！內蒙地區，一個徹底粉碎右傾主義路線與深挖深批烏蘭夫反黨叛國集團的革命運動，正在激烈地、蓬勃地向縱深發展。形勢大好，越來越好！但是階級鬥爭仍很尖銳複雜。

　　「樹欲靜而風不止」，這是階級鬥爭的客觀規律。高錦明、高增貴的右傾機會主義路線正在向我們進行猖狂反撲，右傾翻案、右傾投降、右傾分裂，這是內蒙地區當前的主要危險。呼市地區，是右傾機會主義路線的「樣板田」，同樣，也是右傾機會主義新反撲的橋頭堡。很值得我們無產階級革命派和革命同志警惕！

　　最近，在呼市地區出現了兩個包圍圈。一個是廣大無產階級革命派和革命同志殲滅烏蘭夫反黨叛國集團的包圍圈；一個是陷於滅頂之災的階級敵人，進行垂死掙扎，挑動群眾鬥群眾，繼續推行右傾機會主義路線，從右和形「左」實右的方面扼殺「挖肅」鬥爭，圍剿真正「挖肅」的積極分子的反革命包圍圈。兩個包圍圈鬥爭的中心是政權問題。兩個包圍圈的鬥爭實質上是奪權與反奪權、復辟與反復辟的鬥爭。

　　偉大領袖毛主席諄諄教導我們：「**各種剝削階級的代表人物，當著他們處在不利情況的時候，為了保護他們現在的生存，以利將來的展發，他們往往採取以攻為守的策略。……我們革命黨人必須懂得他們這一套，必須研究他們的策略，以便戰勝他們，切不可書生氣十足，把複雜的階級鬥爭看得太簡單了。**」正當無產階級革命派在黨的八屆十二中全會的鼓舞下，衝破右傾機會主義路線的羈絆全線出擊，把烏蘭夫反黨叛國集團層層包圍起來，全殲他們的時候，李、陳、趙暗班子的新主帥高增貴，在他的黑後臺高錦明策劃與支持下夥同烏哈死黨，「內人黨」骨幹，李、陳政變老班底以及叛徒、特務、頑固不化的走資派等階級敵人，在他們公開執行右傾機會主義路線失敗之後，為了擺脫他們徹底覆滅的命運，利用他們手中暫時握有的權利，密謀策劃，又使出其主子劉少奇的另一招，以極「左」的面目出現，推行「保護一小撮，打擊一大

片」的資產階級反動路線，製造反革命包圍圈，妄圖利用各個擊破、釜底抽薪的辦法，扼殺偉大的「肅清」鬥爭，保護敵人。這就是當前右傾主義路線新反撲的突出表現。

李、陳、趙暗班子的核心人物，握有大權的烏蘭夫死黨分子高增貴之流，不是在全委會上嬉皮笑臉、支吾搪塞，而是暗中又操作一小撮至今頑抗的烏哈死黨、極右勢力開黑會。搞黑串聯，組織力量，向無產階級革命派反攻倒算嗎？那些躲在陰暗角落的「內人黨」骨幹，李、陳、趙王爺廟的牛鬼蛇神，不也正在蠢蠢欲動，狂犬吠日似嚎叫什麼「我們堅持『挖肅』大方向完全正確」嗎？他們不是不甘心於被無產階級革命派包圍，而每時每刻妄圖捲土重來，伺機反包圍嗎？

在高增貴之流的預謀策劃下，某些地方那些頑固堅持右傾機會主義路線、死捂階級鬥爭蓋子的右傾力量，不正在聲嘶力竭地指著積極「挖肅」的革命同志叫嚷著：「你們跳吧，跳出來省得挖，用筐子撿」，並緊湊反革命小集團，組織「刀子隊」，圖謀對積極「挖肅」的革命同志進行階級報復嗎？反革命氣焰何等囂張！在有的單位裡，還有人公開跳出來為右傾機會主義路線翻案。他們說什麼：「你們批來批去，高增貴還不是人民內部矛盾？」「×××過去大方向正確，現在不正確了」等等，並親自上陣，指使心腹，挑動一些不明真相的群眾圍攻、壓制並企圖吃掉積極「挖肅」的革命派，保護一小撮階級敵人，破壞偉大的「挖肅」鬥爭。這難道不是各個擊破、釜底抽薪製造反革命的包圍圈嗎？

那些鑽進各級紅色政權內部的一小撮階級敵人也按捺不住，赤膊上陣，跳了出來，惡毒地攻擊革命委員會是「某某人一手遮天」、「某人的天下」、「故意製造分裂」等等。更有甚者，某些反革命混蛋，不是散佈了極其反動的流言蜚語，歇斯底里地狂叫什麼「十一月二十三日市革委會核心小組的決定是掐住高增貴的脖子表態」，「批判右傾機會主義路線就是保劉少奇」嗎？真是惡毒之極，混蛋透頂！

在那些「壞人掌權，好人受氣」的老大難單位，已經被揪出來的烏哈死黨，叛徒，特務，「內人黨」骨幹和地富反壞右分子，也乘著右傾機會主義路線的新反撲，得意忘形地蹦了出來，大搞形「左」實右，混淆兩類不同性質的

矛盾，攪亂階級陣線，故意製造混亂，以求一逞。他們公然地「控訴」無產階級革命派對他們的批判鬥爭是什麼「資產階級反動路線」，明目張膽地覆蓋他們的大紙報、大標語，而且搖身一變，鑽進什麼「專案組」，「材料組」，四處調查，肆意捏造事實，千方百計地尋找藉口，企圖把積極「挖肅」的革命同志置於死地。在這些單位裡，大搞實用主義，順我者昌，逆我者亡。順著我，捂蓋子，進「五七幹校」就是連、排長，逆著我，揭蓋子，就給扣上各種帽子大整特整；順著我，叛徒特務反革命也可以進「專案組」，逆著我，就搞人人頭上摸一把；順著我，就搞無階級論，不管出身如何反動，社會關係如何複雜也可以派他外出調查；逆著我，就搞唯一成分論，直屬親屬沒問題，就查旁系，查不出問題，就無中生有，把一般問題擴大為敵我問題，想方設法把你搞臭。總之，在這些單位，只要捂蓋子，只要保烏哈黑路線就行，一旦站出來揭蓋子，挖烏哈黑線，就會遭到打擊、迫害。事實上，在這些單位，造成了積極「挖肅」的革命同志任然受壓，階級敵人逍遙舒服的局面。說到底就是資產階級專了無產階級的政。值得注意的是，一些搞這種形「左」實右的人，正是一貫右傾的人，正是開始積極抵制批判高錦明右傾機會主義的人，他們由右跳到形「左」實右，實際上是以右反右。他們這樣幹，就是企圖從反面證明高錦明的「再挖就挖到群眾頭上」的反動論調。

列寧說，「馬克思主義在理論上的勝利，逼得他的敵人裝扮成馬克思主義者，歷史的辯證法就是如此。」階級敵人除了公開惡毒地攻擊，無恥造謠，明目張膽地破壞「挖肅」鬥爭，更主要的是隱藏在陰暗角落，研究對付我們的策略，煽陰風，點鬼火，造謠言，放暗箭。高增貴之流正是這樣，他們在呼市全委會上得不到什麼東西，撈不到半根稻草，已被廣大無產階級革命派團團圍住，處於挨打地位。他們為了擺脫即將滅亡的命運，一方面在會上哭笑無常地假檢討，矇混過關，另一方面又暗中策劃，扶植各單位的右傾勢力，陰謀用反革命包圍圈，把堅持「挖肅」的無產階級革命派一口一口吃掉，把我們圍殲一小撮階級敵人的包圍圈逐步攻破，然後來個釜底抽薪，把堅持毛主席革命路線的領導同志孤立起來，使他們沒有群眾基礎，變成「光桿司令」，進而繼續復活李，陳，趙老班底，實現其李，陳，趙暗班子的一統天下。高增貴玩弄這套障眼法的目的是十分惡毒的。所以我們的同志，絕不可掉以輕心，高枕無憂。

　　有些人忘記了階級鬥爭，忘記了無產階級專政，沒有把路線鬥爭覺悟提的高高的，光講「老保翻天」，不講階級鬥爭和路線鬥爭，看不到當前鬥爭的特點是階級敵人利用我們某些統治的右傾思想和資產階級派性，大搞右傾分裂和大搞形「左」實右。這樣就使一小撮階級敵人有可乘之機，配合社會上的右傾翻案暗流，瘋狂地向無產階級革命派反攻倒算。他們叫喊「老造反派受壓」，其實是為牛鬼蛇神颳起翻案的妖風；他們別有用心地提出「今年全國反擊二月逆流，內蒙在幹什麼？」其實是為高錦明，高增貴推行的右傾機會主義路線翻案。他們瘋狂地咒罵廣大積極「挖肅」的革命同志是「一群壞蛋」。看樣子，只有將堅持「挖肅」的革命同志置於死地而後快！

　　無產階級革命派的戰友們，革命的同志們，我們面對著這嚴酷的階級鬥爭現象能視而不見，聽而不聞嗎？我們能允許這條右傾機會主義路線繼續反撲嗎？我們能容忍這個反革命的包圍圈圍剿廣大無產階級革命派和革命同志嗎？一千個不能！一萬個不能！我們無產階級革命派要以戰鬥的姿態行動起來，挺身而出，勇敢戰鬥，堅決摧毀反革命包圍圈，堅決打退右傾機會主義路線的新反撲，向一切階級敵人不停頓地進攻，為奪取「挖肅」鬥爭的徹底勝利掃清道路，用我們的鮮血和生命保衛無產階級文化大革命的勝利果實。誓死保衛毛主席，誓死保衛毛澤東思想，誓死保衛毛主席的革命路線，誓死保以毛主席為首，林副主席為副的無產階級司令部。

　　徹底粉碎右傾機會主義的新反撲！

　　毛主席的無產階級革命路線勝利萬歲！

《紅衛兵》第155期

內蒙古呼三司紅代會

一九六八年十二月十八日

21.乘勝追擊　全殲「內人黨」及其變種組織（1968.12.18）

　　本報訊：呼市地區廣大無產階級革命派和革命群眾，在黨的八屆十二中全會公報精神的鼓舞下，在清算高錦明右傾機會主義路線滔天罪行的同時，把轟轟烈烈的圍殲「內人黨」及其變種組織的群眾性運動推向了一個新高潮。廣大無產階級革命派和革命群眾窮追猛打，節節勝利，直搗敵人巢穴。「內人黨」及其變種組織上天無路，入地無門，面臨滅頂之災。

　　為推動呼市地區圍殲「內人黨」及其變種組織的鬥爭更加深入的發展，十二月十四日上午，在紅色劇場召開了圍殲「內人黨」及其變種組織經驗交流大會。呼市地區各單位革委會和工宣隊的負責同志參加了這次大會。

　　這次大會主要由駐內蒙古醫學院工宣隊的負責同志介紹了醫學院工宣隊革委會、工宣隊在圍殲「內人黨」及其變種組織的鬥爭中的經驗。

　　駐醫學院工宣隊負責同志，在介紹經驗時指出：活學活用毛主席著作，用毛澤東思想武裝廣大革命群眾的頭腦，是取得這場鬥爭勝利的根本保證；相信群眾，依靠群眾，深入廣泛地發動群眾，始終用毛澤東思想來指導這場鬥爭，就能克敵制勝。

　　他說：我們能夠突破醫學院的「內人黨」及其變種組織，關鍵在於革委會、工宣隊狠抓階級鬥爭和路線鬥爭不轉向。狠反右傾，才能使這場圍殲「內人黨」及其變種組織的鬥爭順利開展。他憤怒地控訴了高錦明右傾機會主義路線鎮壓群眾、包庇階級敵人的罪行。高錦明的右傾機會主義路線就是烏蘭夫反黨叛國集團的最好的保護傘。

　　他還談到了正確貫徹執行黨的政策的必要性和重要性，批判了把放手發動群眾和貫徹執行黨的政策對立起來的錯誤觀點。無數階級鬥爭事實證明，忽視黨的政策不僅收不到發動群眾的效果，而且總是給這場圍殲「內人黨」及其變種組織的鬥爭帶來損失。

　　呼市公安機關軍管會副主任員文庫同志也做了講話。

　　員文庫同志肯定了醫學院經驗對當前運動的指導意義，並就呼市地區的圍

殲「內人黨」及其變種組織的運動開展情況發表了看法。

他指出，「內人黨」及其變種組織是一個龐大的反革命集團，是烏蘭夫反黨叛國集團的暗班子。當前呼市地區開展的這場群眾性的圍殲「內人黨」及其變種組織的偉大鬥爭，是和批判高錦明的右傾機會主義路線緊密相連的，是一場政治鬥爭，是一場關係到內蒙和呼市地去文化大革命能否取得徹底勝利的你死我活的階級鬥爭。

員文庫同志說，在這場鬥爭中，必須高舉毛澤東思想偉大紅旗，狠抓根本不轉向；必須及時總結經驗教訓，不斷提高階級鬥爭和路線鬥爭覺悟；必須堅決貫徹執行黨的政策，不斷提高鬥爭藝術和鬥爭策略。只有這樣才能徹底孤立一小撮階級敵人，才能穩、準、狠地打擊「內人黨」及其變種組織，才能制頑敵於死命。

《紅衛兵》第155期

內蒙古呼三司紅代會

一九六八年十二月十八日

22.一是要抓緊、二是要注意政策（1969.01.08）

　　毛主席最近指示我們：「**清理階級隊伍，一是要抓緊，二是要注意政策。**」這是我們搞好清理階級隊伍工作的綱領。

　　「抓緊」和「注意政策」絕不是兩回事，而是清理階級隊伍這一碼事的兩個方面，缺一就不能獲得對敵鬥爭的徹底勝利。「抓緊」，就是要堅決對敵，對一小撮階級敵人持續地不停地打進攻戰，它是我們制定清理階級隊伍政策和策略的立腳點；為了團結一切可以團結的力量，共同對敵，穩、準、狠地打擊階級敵人，加快清理階級隊伍的步伐，就必須「注意政策」。只有第一抓緊，第二注意政策，才能搞好清理階級隊伍的工作，把極少數隱藏的敵人挖出來，使階級陣線分明，從而推動鬥、批、改的各項任務順利發展。這裡的「一是」、「二是」，不是「第一步是」、「第二步是」的意思。認為第一步是抓緊，不分青紅皂白一律抓，第二步才是講政策，區分敵我，這種觀點是錯誤的，有害的。任何把兩個方面割裂開來，對立起來的做法，都是違反毛澤東思想的，它們往往會被敵人利用。

　　八屆十二中全會以後，在毛主席最新指示的指引下，我區嚴肅地批判了右傾機會主義路線，使「挖肅」鬥爭躍進到了一個嶄新階段。短短的二個多月，形勢喜人，清理階級隊伍的工作取得了輝煌成績。烏蘭夫反黨叛國集團搞民族分裂、復辟資本主義，有一套齊全的班底，有一幫烏七八糟的「群眾」，有一個反動透頂的「政黨」，有一些「胡說八道、滿口謬論」的「領導」。叛徒、特務、死不悔改的走資派、地富反壞右、牧主、反動民族上層，就是它的「群眾」；「內人黨」及其變種組織，就是它搞反革命政變的「政黨」；烏蘭夫及其它反黨叛國的頭目，就是它的所謂「領導」。這個集團在那些「胡說八道、滿口謬論」的人的統領下，以那些烏七八糟的傢伙為社會基礎，通過那個反動透頂的黨，有組織、有計劃地幹了許多反黨叛國活動。這一次人民戰爭對他們實行了全線的致命的打擊，初步廓清了這個集團的主要頭頭的真面貌，尤其是其中打入紅色政權的陰險分子挖了出來，割除了隱患；一個規模較大擁有一定實力的反革命「內人黨」及其變種組織，空前地暴露在我們的各路兵馬的圍剿

中；從陰溝裡刨出來一些從前一直沒有接觸的隱藏得極深極深的反革命分子；破獲了一些重大的反黨叛國和集團性的現行反革命案件……列數戰績，實在振奮！這一段驚濤駭浪的革命實踐，提高了廣大群眾的毛澤東思想的覺悟，兩條路線鬥爭和階級鬥爭的覺悟，提高了政策水平。這一段「挖肅」鬥爭的勝利，就是堅決對敵和正確掌握政策的勝利。

我們已經大踏步地前進了！我們要更加意氣風發地前進！

清理階級隊伍的工作取得了偉大勝利，但任務還很重，必須抓緊。我們一方面要高舉革命大批判的旗幟，狠批劉少奇的以「階級鬥爭熄滅」論、「馴服工具」論為中心的黑「六論」，繼續清算右傾機會主義路線，同時要勇敢戰鬥，主動進攻敵人。「挖肅」鬥爭的經驗和教訓教育了我們：手軟就要吃敗仗！對敵鬥爭就是你死我活的搏鬥，來不得溫良恭儉讓，你不鬥他，他就鬥你。你攻，他就退。你退，他就攻。你一被動，他就主動。有一部分頭腦糊塗的人，錯誤地以為清理階級隊伍要「注意政策」，就得放鬆或放棄「抓緊」。這些人壓根兒就不曉得無產階級的政策是用來幹什麼的，它就是搞階級鬥爭的，就是鎮壓敵人、保護人民的，就是鞏固無產階級專政的。如果不去抓緊進攻敵人，指示空喚「政策，政策」，那政策必定不會是無產階級司令部的政策，必定不會是對人民有利的政策，只能是患右傾頑症者的蒙面紗。按照這種據說也叫「政策」的玩意兒行事，到頭來必然會滾到階級敵人的衣帶下，犯右傾投降主義的錯誤！

毛主席最近指示我們：「**對反革命分子和犯錯誤的人，必須注意政策，打擊面要小，教育面要寬，要重證據，重調查研究，嚴禁逼、供、信。對犯錯誤的好人，要多做教育工作，在他們有了覺悟的時候，及時解放他們。」「政策和策略是黨的生命」**。我們一定要不折不扣地落實偉大舵手的最新指示。

毛主席的無產階級政策貫穿有兩項重要精神：一是教育和團結絕大多數的群眾和幹部；一是要對敵人實行區別對待，分化瓦解。我們要高舉毛澤東思想偉大紅旗，在路線鬥爭和階級鬥爭的革命過程中，堅決依靠決心把無產階級文化大革命進行到底的積極分子，逐步地盡快地團結百分之九十五以上的群眾，組成一支浩浩蕩蕩的革命隊伍，殺向敵陣。「孤家寡人」的政策，是剝削階級思想意識的表現。這裡比較難於掌握的是下面兩種類型的人：犯過錯誤的好人

和可以教育好的青少年子女。對於前者，只要他們願意接受教育改正錯誤就要排除一切私心雜念，及時地解放他們，並給予工作，讓他們到火線上去鍛鍊。對於後者，也要多做思想教育工作，爭取其中大多數人逐步接受工農兵的再教育，使其少數堅持與人民為敵者孤立起來。**即使是反革命分子的子女和死不改悔的走資派的子女，也不要稱他們為「黑幫子女」，而要說他們是屬多數或大多數可以教育好的那些人中間的一部分（簡稱「可以教育好的子女」），以示他們與其家庭有所區別。實踐結果，會有少數人堅持頑固態度，但多數是肯定可以爭取的。**不要把「多數」一股腦地推到敵人一邊去。對鬥爭對象，要採取**「利用矛盾，爭取多數，反對少數，各個擊破」**這個馬克思主義的策略。區別對待，分化瓦解的政策，是積極地，對人民有利，對敵人有害的。我們有個基本觀點，認為敵人不會是鐵板一塊，剝削階級代表了歷史潮流的反動，必然要失敗，而階級敵人又要謀求生路，他們之間又是勾心鬥角，矛盾重重。所以在人民群眾的強大的攻勢面前，在無產階級專政的鐵拳下，一定可以瓦解，改造其中可以改造的部分，從而最大限度地孤立和打擊一小撮頑固的階級敵人。把敵人看做不可分割，正是看不到人民的力量和不懂得階級敵人本性。我們既要反對不加區別，一律對待的形「左」而實右的傾向，又要反對放虎歸山的右的錯誤。

　　政策上犯不犯錯誤，很重要的一關是對待「內人黨」的問題。對「內人黨」我們必須明確四個觀念。第一，它是一個搞民族分裂的有現行活動的組織，作惡多端，危害極大，不把它徹底摧垮，內蒙古復辟資本主義的危險將隨時可能出現。因此，必須大動干戈，充分放手發動群眾，把「內人黨」和盤挖出。第二，「內人黨」是階級鬥爭的產物，不是某個民族的組織。「內人黨」的產生和發展，是適應一小撮叛徒、特務、叛國分子、民族分裂主義分子、牧主、反動民族上層等剝削階級的利益和政治需要。萬萬不可以把廣大蒙族群眾都看作是「內人黨」。把蒙族革命群眾拒於挖「內人黨」運動門外的做法是不符合毛澤東思想的，是極端錯誤的，千萬要提防階級敵人借題發揮，用「民族問題」掩蓋階級鬥爭的實質，攪亂我們的階級陣線。第三，廣大群眾是好的，廣大蒙族群眾是革命的。要充分相信廣大工農兵和幹部是聽毛主席的話、跟共產黨走的。勞動人民中即使有參加「內人黨」的，一旦他們清楚了它的反動實

質，一旦他們覺悟了，一定會回到毛主席革命路線一邊來，所以在貧下中牧、貧下中農除了查明有據，確系「內人黨」首要分子者外，一般應從教育入手。在農村、牧區和一般群眾中搞「內人黨」，應該與搞「內人黨」的上層有所區別。對出身好，在「挖肅」鬥爭中表現好，但過去曾失腳落水參加了「內人黨」現在又交代並有改正行動的人，一般不應批鬥。「內人黨」的家屬和子女，要教育，爭取其中的大多數，不要把他們無證據地打成「內人黨」黨徒。第四，「內人黨」完全可以分化瓦解。關鍵在於我們能不能既堅決打擊，又正確地區別對待他們。要把它的骨幹分子和一般成員區別開來，把坦白交代有立功表現的和頑固到底的分子區別開來，把現在沒有現行活動的和仍然破壞文化大革命的死硬分子區別開來，各個擊破，使它到處是缺口，堵不及，堵不住，徹底孤立和堅決打擊一小撮最主要最頑固的罪大惡極分子，將「內人黨」一舉搞毀。

逼、供、信，是違反毛主席最新指示的行為。對因持有糊塗認識而參與逼、供、信的同志，應該進行教育，用黨的政策去引導他們，腳踏實地地通過調查研究的渠道掌握敵人的罪惡事實。值得特別提出的是敵人需要逼、供、信。他們利用逼供的機會，殺人滅口，毀滅人證，斬斷線索，企圖保護同夥。他們採取先入為主的手段，利用竊取著一部分領導權的便利，把積極挖敵人的好同志，嚴刑拷打，要他們承認是「內人黨」，以此鎮壓群眾運動。已經抓出來的和尚未落網的敵人，配合行動，一個「逼」，一個「供」，然後就煽動群眾「信」，用這樣的伎倆殘酷地打擊清理階級隊伍的積極分子，向我們反攻。嚴峻的階級鬥爭現實，生動地說明敵人利用逼、供、信，敵人大搞逼、供、信，我們隊伍中某些迷信逼、供、信的同志，可要止步，小心不知不覺中給敵人幫了工！

毛主席關於對敵鬥爭的最新指示，是我們克敵制勝的法寶，讓我們懷著無限忠於偉大統帥的豪情，把毛主席的指示變成堅決的革命行動，奪取新的更加光輝燦爛的勝利！

《紅衛兵》第161期

本報編輯部

內蒙古呼三司紅代會

一九六九年一月八日

23.緊跟毛主席偉大戰略部署勝利前進
（1969.01.08）

　　正當光輝的一九六九年到來之際，兩報一刊元旦社論，傳達了我們偉大領袖毛主席的最新指示：「**清理階級隊伍，一是要抓緊，二是要注意政策。**」「**對反革命分子和犯錯誤的人，必須注意政策，打擊面要小，教育面要寬，要重證據，重調查研究，嚴禁逼、供、信。對犯錯誤的好人，要多做教育工作，在他們有了覺悟的時候，及時解放他們。**」

　　毛主席這一最新指示說出了我們醫學院廣大革命群眾的心裡話。回憶前一段清理階級隊伍的鬥爭，我們深深地感到，我們幹革命，做工作的過程，都是實行黨的政策的過程。只有堅定不移地執行黨的政策，在對敵鬥爭中才能無往而不勝。我們醫學院在清理階級隊伍過程中所以能夠取得一些成績，完全是正確執行黨的政策的結果。

　　毛主席教導我們：「**辦學習班，是個好辦法，很多問題可以在學習班得到解決。**」群眾是真正的英雄。把政策交給群眾，使群眾自覺地執行黨的政策，是落實黨的各項無產階級政策的根本保證，革委會在清理階級隊伍的過程中，在工人毛澤東思想宣傳隊的幫助下，舉辦了各種類型的毛澤東思想學習班，組織廣大群眾，認真學習、堅決落實以毛主席為首、林副主席為副的無產階級司令部的各項政策。這樣做的結果，武裝了廣大群眾的頭腦，使黨的政策發揮了巨大的威力。

　　毛主席教導我們：「**政治路線確定之後，幹部就是決定的因素。**」把好政策關的關鍵就是幹部。哪裡群眾有了活思想，哪裡的鬥爭出現了違背黨的政策的行為，幹部就到哪裡去，和群眾在一起學習黨的各項無產階級政策，幫助群眾大憶不執行黨的政策的苦頭，大思執行黨的政策的甜頭，從而不斷地對階級敵人破壞黨的政策的陰謀做了無情的揭露，這樣大大提高了幹部和群眾的政策水平。大家都深有體會地說：「對敵鬥爭就是政策攻心，就是執行政策的過程和歸宿。」

　　在黨的政策的感召下，一些受蒙蔽而加入「內人黨」及其變種組織的一般

成員，放下了包袱。反戈一擊，有人還感動地流下眼淚說：「我真沒有想到黨會這樣寬大我，是毛主席給了我重新做人的好機會。」從而分化了敵人，杜絕了逼、供、信，做到了穩、準、狠，孤立和打擊了一小撮最頑固的階級敵人。鬥爭進展得很快，現在基本弄清了我院「內人黨」及其變種組織和他們的反革命罪惡活動。

　　一九六九年元旦社論明確地指出了新的一年的奮鬥方向。我們醫學院革委會一定要認真學習、深刻領會、熱情宣傳、堅決執行無產階級司令部的各項政策。在工人階級的領導下，再接再厲，在學習和落實黨的政策上進一步狠下功夫，把清理階級隊伍的工作，抓緊再抓緊，做得好上加好，以更加優異的成績，迎接「九大」的召開。

《紅衛兵》第161期

內蒙古醫學院革委會

內蒙古呼三司紅代會

一九六九年一月八日

24.黨的政策威力無窮（1969.01.08）

呼市六中召開了「政策兌現大會」，影響很大，效果很好，體現了黨的政策威力無窮

自從黨的八屆十二中全會公報發表後，呼市六中全體革命師生在公報的指引下，在工宣隊的領導下，狠抓階級鬥爭和路線鬥爭不轉向，在短短兩個月的時間裡，又挖出漏網地主分子、歷史反革命分子及其他壞傢伙多人，使六中的「挖肅」鬥爭出現了蓬蓬勃勃的新局面。

正在這時，中央下達了毛主席親自批發的《北京新華印刷廠革委會在對敵鬥爭中堅決執行黨的「**給出路**」政策的經驗》。毛主席對這個經驗的英明批示，像光芒四射的指路明燈一樣進一步給我們指明了道路。六八年十二月二十六日，我們拿出了「樣板」召開了第一次「政策兌現大會」，影響很大，效果很好。

會前，我們現在革命師生中進行反覆醞釀討論，統一思想，首先是統一了領導核心的思想，克服了認為實行政策兌現後，可能「被動」，可能被認為是「右傾」等糊塗認識，使大家受到了一次深刻的政策教育。

會上，我們對經過充分放手發動群眾，並進行了大量內查外調工作的基礎上揪出的漏劃地主分子翟××和歷史反革命分子張盡德作了處理。翟××，是解放前呼市赫赫有名的翟家花園的大少爺，解放前親自管家、收租、放帳，解放後於五〇年又搞假分家，逃避土改鬥爭，長期隱瞞了其地主分子的身分。歷史反革命分子張盡德，是閻匪反動「同志會」的骨幹，解放前曾在美、德帝國主義開班的「斑疹傷寒實驗室」任職，用中國活人餵蝨子，進行細菌實驗。根據這一情況，我們決定以他們為重點進行工作。

翟××初步交代了自己的一些問題後，又有數次反覆。承認了一點，又想推翻。之後，承認了是漏劃地主分子，但又不承認具體情節，以後又在分家的時間上兜圈子。針對這種情況，我們一方面組織群眾對其進行堅決地鬥爭，及時揭露了他的每一個陰謀詭計，使他看到頑固到底只有死路一條；另一方面

又反覆向其講明政策，指明出路，針對各種或思想實行政策攻心，並對其家屬做了大量耐心細緻的工作，終於使翟××能夠較好地交代自己的罪行，並揭發了別的壞人，表現出一定的悔過自新的願望。而張盡德，儘管我們對其進行了大量的工作，他卻一直堅持反動立場，拒不交代自己的罪行，對抗群眾，態度十分惡劣。因此我們就在政策兌現大會上宣佈對翟××實行寬大處理，不予專政，以觀後效。對張盡德，則當場宣佈實行群眾專政，交革命師生批判，一寬一嚴，對全校震動很大。會後我們一鼓作氣，立即召集牛鬼蛇神，進行集訓，要求他們進一步交待問題，爭取寬大處理。同時我們還組織這些人的家屬學習文件及毛主席的批示，進行討論。有的家屬在會上說：「坦白從寬，抗拒從嚴，道路完全由自己選擇，我一定要揭發自己男人的問題，並動員他老實交代。」有個家屬則當場就揭發了父母的一個重要問題。

廣大教師也進行了座談，不少人主動交代了自己過去隱瞞的或未交代清楚的各種不同性質的問題。僅就會後兩天之內的統計，共有二十五人（占全校教工總數百分之三十五）交代了各種問題三十多個。其中有的還屬重大問題重要線索。一系列的事實證明，**「政策和策略是黨的生命」**，黨的政策威力無窮。只要我們能夠正確執行以毛主席為首、林副主席為副的無產階級司令部的各項政策，就會大大加速「挖肅」鬥爭的進程。

《紅衛兵》第161期
呼六中工宣隊革委會
內蒙古呼三司紅代會
一九六九年一月八日

25.我們是怎樣組織群眾圍殲「內人黨」的？（1969.01.11）

　　烏蘭察布盟原盟公署機構共有七十九人，文化大革命前是內蒙反黨叛國集團罪魁禍首烏蘭夫在烏盟的代理人李文精（原盟長）、旺丹（原盟委副書記）一直盤踞的根據地，也是烏盟反革命組織「內人黨」的黑指揮部和大本營。

　　該單位的特點是：「三多、一少、一難」。「三多」：一、中層幹部中有問題的人多，二、被揪出的人多，三、有政治歷史問題的人多。「一少」：我們的骨幹少。「一難」：階級鬥爭蓋子始終揭不開，是個「老大難」的單位。該單位的情況是：反黨叛國集團頭頭李文精、李景山、包音畢力格（正副盟長）和走資派張九德（副盟長）沒有批倒鬥臭；達瓦（副盟長兼祕書長）雖已批鬥，但「內人黨」、×叛國投修案件問題均未觸動。被揪出的特務、叛徒、歷史反革命分子急待深查清楚，為烏蘭夫翻案的聯社分子也必須就出來。

　　千頭萬緒，究竟先抓什麼？我們和工宣隊帶著這些問題從毛主席著作中找到了答案。毛主席教導我們說：「**如果存在著兩個以上矛盾的複雜過程的話，就要用全力找出它的主要矛盾。捉住了這個主要矛盾，一切問題就迎刃而解了。**」遵照毛主席的教導，我們終於找出了公署對敵鬥爭的主要矛盾是以烏蘭夫為首的反黨叛國集團的反革命組織「內人黨」。只有突開「內人黨」，×案件才能破獲，特務才能挖出，公署階級鬥爭蓋子也就可以徹底揭開。但是，當把鬥爭引向搞「內人黨」的時候，群眾中出現了各種糊塗看法：有的認為「公署已挖出四分之一，差不多了」。有的散佈「對蒙族幹部人人頭上都要摸一下呀！」「矛頭對準群眾，新的資產階級反動路線又來了。」還有認為「這傢伙（指『內人黨』）不好辦。」「×案件五、六年也沒破了，兩年文化大革命連個頭緒也沒有摸著。」還有的怕說鬧派性，打擊報復。怕鬧不好再犯錯誤，怕受苦受累沒好結果等等。針對這些活思想，我們組織廣大革命群眾，學習了毛主席「**無產階級文化大革命，實質上是在社會主義條件下，無產階級反對資產階級和一切剝削階級的政治大革命。是中國共產黨及其領導下的廣大革命人民**

群眾和國民黨反動派長期鬥爭的繼續，是無產階級和資產階級鬥爭的繼續。」和「**人民靠我們去組織。中國的反動分子，靠我們組織起人民去把他打倒，凡是反動的東西，你不打，他就不倒。這也和掃地一樣，掃帚不到，灰塵照例不會自己跑掉**」的教導，使大家認清了搞「內人黨」這場戰鬥就是共產黨和國民黨鬥爭的繼續，是無產階級和資產階級鬥爭的繼續，是一場奪權和反奪權、復辟和反復辟的你死我活的鬥爭。大家認識到：黑線不除，國無寧日，能否挖出「內人黨」，是關係到文化大革命能否取得全面勝利的大事；是關係到內蒙一千三百萬人民命運前途的大事；不搞「內人黨」就是對毛主席不忠，就是對毛澤東思想不忠，就是對毛主席的無產階級革命路線不忠。經過反覆學習，階級鬥爭覺悟有了進一步提高。革命群眾憤慨地說：不挖出「內人黨」，他們的陰謀一旦得逞，祖國就要遭到分裂，我們就要吃二遍痛苦，受二茬罪，千百萬人頭就要落地。廣大群眾階級鬥爭、路線鬥爭覺悟提高了，勇敢也有了，幹勁也來了，充滿了必勝的信心。公署的廣大革命群眾在工宣隊的領導下，在解放軍支左人員的堅決支持下，組織戰鬥小組向「內人黨」發起猛烈的攻擊。正如林副主席指示的：「人民群眾掌握了毛澤東思想，就變得最聰明，最勇敢，就能發揮無窮無盡的力量！」僅四天時間就打開了「內人黨」的突破口，並依一舉攻下三個「內人黨」黨徒的，其中兩個是骨幹分子。國慶節後，我們再次發動了更加猛烈的進攻，形成了圍殲「內人黨」的一場人民戰爭，經過反覆的鬥爭，到十月二十日「內人黨」登記期滿時，終於把烏盟「內人黨」組織的祕書長，李、旺反黨叛國集團的黑高參××及其同夥攻下來了。現在已登記的有××人，其中頭頭和骨幹×人。現在在組織上公署「內人黨」基本上摧垮了。這是毛澤東思想的偉大勝利。

我們圍殲「內人黨」的做法是：

選好突破口 集中兵力打殲滅戰

我們遵循毛主席的「**先打分散和孤立之敵，後打集中和強大之敵**」，「**不打無準備之仗，不打無把握之仗**」，「**集中優勢兵力，各個殲滅敵人**」等作戰原則，以先易後難，先弱後強，先掃外圍後攻頑固堡壘的方法，向「內人黨」

發動進攻。我們體會，向敵人發動進攻時，必須選好突破口，這是很快取勝的關鍵。我們發動群眾選擇既是薄弱環節又是要害者，作為進攻「內人黨」的突破口；使不打則已，打則必勝；只要突破口一打開，就能迅速向縱深發展，擴大戰果。經過群眾醞釀、討論，最後選準了「內人黨」骨幹分子××。大家認為：其一、××在烏蘭巴托上學受蒙修特務訓練，根據已掌握材料判斷他是「內人黨」骨幹分子。其二、他早已被揪出，氣焰早被打下，神情恐懼，與別的重點人相比是個薄弱環節。我們加強了突破口戰鬥小組的力量，向××展開了強大的政治攻勢，用毛澤東思想攻心，反覆向他交代黨的政策，指出坦白從寬的道路，並掌握動向，指揮作戰，實施政治領導。上下緊密配合，很快打破了對峙局面，第三天敵人就動搖了，第四天就破口交代了問題。在突破重點的同時，次要方向，我們又選了從學校分配來的蒙漢文翻譯××作為側偏突破口。因這個人年輕，社會經歷少，弱點比較多，所以我們採用由支左人員和工宣隊進行個別攻心，反覆交代政策，指出出路的方法。僅兩天就突破了，戰鬥進展打破了我們原來的設想。

初戰的勝利使戰鬥人員受到了鍛鍊，鼓了士氣，摸到了經驗，也從而掌握了更多的「炮彈」。國慶節後我們組織了更加強大的力量，發動了全面出擊。從十月十五日到十月二十日進入圍攻強敵即被軍管的「內人黨」頭頭和主要骨幹分子。戰鬥方法是配備強手，任務到組、分組包打，有分有合，各個擊破，經過一場反覆的較量忠於迫使最頑固、最狡猾的烏盟「內人黨」祕書長×案作案分子××，在十六日晚上交代了。自殺未遂「內人黨」骨幹分子××也在二十日作了交代。至此，公署「內人黨」組織基本上土崩瓦解了。

認真掌握政策，向階級敵人發動強大的政策攻心戰

「政策和策略是黨的生命」。正確執行黨的政策是取得鬥爭勝利的保證。我們支左人員和工人宣傳隊遵照毛主席**「只有黨的政策和策略全部走上正軌，中國革命才有勝利的可能」**的教導，又重新學習了毛主席親自批發的《北京新華印刷廠軍管會發動群眾開展對敵鬥爭的經驗》。隨後，我們利用大小會，對全體參加人員宣傳執行黨的對敵鬥爭政策的重大意義，並專門組織學

習了北京軍區支左辦公室轉發的六四六廠和北京東城區自行車修配廠發動群眾對敵鬥爭的經驗及內蒙革委會第三次全委擴大會議紀要中的關於認真貫徹黨的政策的問題，提高了對執行穩、準、狠地打擊一小撮階級敵人的這原則的認識。

我們向階級敵人發動政策攻心的方法是：

一，開好動員會。九月十八日召開了公署及所屬單位的大會，包括已揪出的黑幫在內。會上支左人員和工宣隊宣傳交代了內蒙古革委會關於「內人黨」的處理意見和黨的政策，並且宣佈了盟革委會規定的九月二十日到十月二十日是「內人黨」自首登記的期限，指出「內人黨」黨徒坦白登記是唯一的出路，抗拒交代死路一條，使敵人受到震動。

二，廣泛宣傳，大造聲勢，到處張貼大幅標語從樓外到樓內，從宿舍到廁所，從被看管的房間到市場，處處都有「坦白從寬，抗拒從嚴」、「自首登記是唯一的出路，狡猾抵賴死路一條」等標語。把整個環境變成了攻心戰場，使敵人到處都受到黨的政策的壓力。

三，個別談心，小會鬥爭，交代黨的政策，開展面對面的攻心戰。如對××採用了戰鬥小組攻，支左人員和工宣隊個別談等形式，即進行會上大力攻擊，使其落魄喪膽，又在會後講形勢，說利害，指出路，使他沒有詭辯的餘地，並給予爭取寬大處理的機會。

對敵鬥爭實踐使我們懂得，對敵人不能抱有任何幻想。事實就是如此。當送他到登記站登記時，就又一下推翻了所交代的問題。當晚戰鬥小組開會研究原因，有的同志埋怨登記站沒做好工作，我們就組織大家學習了毛主席的教導：「**帝國主義者和國內反動派決不甘心於他們的失敗，他們還要作最後的掙扎。**」使大家認識到敵人交代了問題又推翻，這不是什麼怪事，我們只要按毛主席的「**凡是反動的東西，你不打，他就不倒**」的指示去辦事，就一定能把敵人攻下來。於是我們又發動進攻，繼續用毛主席思想和黨的政策攻心，堅持小會鬥，個別談，指出反覆抵賴只會給某個人造成傷害。最後××交代了比以前更詳細更真實的問題，並老老實實到登記站進行了登記。

四，及時總結經驗，隨時變換戰術。這個單位的「內人黨」組織發展是單線關係，控制非常嚴密，如果誰暴露了組織就可能遭到暗殺。從公署「內

人黨」黨徒交代問題的過程看，絕大部分開始都是負隅頑抗，擠牙膏式的交代問題。針對這種情況，我們就給戰鬥人員提出要求：既要對敵人作死打硬拼的戰鬥，又要善於跟敵人鬥智，魔高一尺，道高一丈。他們交代問題的共同規律是：一抗、二滑、三拖、四交代。我們的對策是：一鬥、二揭、三攻、四孤立。他們交代時一般特點是：只交代加入的一般情況，不交代組織和具體活動；只交代人員，不交代具體事實和罪證；只交代問題的現象，不交代問題的實質；只交代遠的，不交代近的。有時他們真真假假，混淆陣線，企圖蒙混過關。針對這種情況，我們就和戰鬥人員一起自習研究，認真分析，謹慎對待，找出問題，繼續深問。對已登記的還需要做深入的思想工作，不能讓其封口，不能對其放鬆不管，否則就會上當。每個階段對每個人的具體情況要作分析，隨時變換戰術，方能收到比較好的效果。如××交代登記後，放出空氣說：「我知道自己登記了沒完，還要進一步追，什麼時候也不會相信我的。」他打算封口，這時我們發現他有思念家眷之意。我們就實現做好其家屬和小孩的工作，讓其家人會見了倆小時。他的老婆孩子就對他進行了勸說，有力地促進了他繼續交代問題。××老婆給他送衣服時，轉告了××已交代了問題得到寬大處理的消息，使他震動較大。這時戰鬥人員就動員××給××寫信，說明自己受到寬大處理的情況，並勸說××交代問題。××看了信後，也就下決心交代了問題，收效很大。為了及時掌握敵情，隨時變換戰術，各戰鬥小組在交接班時堅持了三交制度：交敵人的活思想；交作戰的方法；交經驗或體會。這樣就做到了情況明，決心大，方法對，效果好。

五，坦白從寬，政策兌現。為發揮黨的政策的無比力量，公署曾於十月十六日召開了一次《深挖「內人黨」圍殲××誓師大會》。這個會我們讓黑幫也參加，並讓坦白交代較好的××等四人在會上發了言，表示決心徹底交代揭發問題。同時由工宣隊發佈了對這四個人分別不同的寬大處理。頓時震動很大，×××當場要求發言，上臺表示決心，要很好的交代問題。大會一結束，×××就找支左人員要求交代問題。××也在黨的政策的感召下，當晚交代了加入「內人黨」的問題。連參加大會的外單位的××、××等人在大會後都交代了「內人黨」的問題。廣大群眾鬥讚揚這次大會開得好。

目前，在黨的八屆擴大的十二中全會公報的鼓舞下，革命群眾對敵鬥爭的

士氣正旺，我們決心對公署的階級敵人不停頓地發動進攻，深挖「內人黨」，圍殲×，不獲全勝，決不收兵。

《紅衛兵》第162期
京字四一二部隊駐烏盟原盟公署支左小組
內蒙古呼三司紅代會
一九六九年一月十一日

26.緊跟毛主席偉大戰略部署，認真搞好鬥、批、改，奪取農村牧區無產階級文化大革命全面勝利

——李廷樹同志在全旗貧下中農（牧）毛澤東思想宣傳隊會議開幕式上的動員報告（1969.01.17）

最高指示

　　這次無產階級文化大革命，對於鞏固無產階級專政，防止資本主義復辟，建設社會主義，是完全必要的，是非常及時的。

　　沒有貧農，便沒有革命。若否認他們，便是否認革命。若打擊他們，便是打擊革命。

貧下中農（牧）同志們，貧宣隊員同志們：

　　首先，讓我們懷著無限深厚的無產階級感情，衷心祝願偉大領袖、我們心中最紅最紅的紅太陽毛主席萬壽無疆！萬壽無疆！萬壽無疆！

　　祝願毛主席的親密戰友，我們最敬愛的林副主席身體健康！永遠健康！永遠健康！

　　察右旗革命委員會1969年貧下中農、貧下中牧毛澤東思想宣傳隊會議，今天正式開幕了！這次會議是在國內外一派大好形勢下召開的，是在我國無產階級文化大革命取得偉大的、決定勝利的大好形勢下召開的、是在全國億萬軍民認真學習、熱情宣傳、堅決貫徹、全面落實黨的八屆十二中全會《公報》和元旦《社論》的如火如荼的群眾運動高潮中召開的，是在我旗無產階級革命派和各族革命人民緊跟著毛主席的偉大戰略部署，堅決貫徹執行毛主席的一系列最新指示，按照上級革委會既定部署乘勝前進，奪取「挖肅」鬥爭和無產階級文化大革命全面勝利的大好日子裡召開的！這是我旗有史以來前所未有的具有重大政治歷史意義的會議，是一次自我旗革委會成立以來最富有無產階級革命朝

氣和戰鬥風格的會議，是一次立即掀起我旗廣大農村、牧區以革命大批判和清理階級隊伍為中心的鬥、批、改高潮的動員會議，是奪取我旗「挖肅」鬥爭徹底勝利、把無產階級文化大革命進行到底的誓師大會，同時，也是一次活學活用毛澤東思想，全面落實毛主席一系列最新指示的毛澤東思想學習班。

在這次會議的開始，我想首先和同志們講四個問題。第一，講講形式；第二，擺擺社情；第三，談談任務；第四，提提要求。

一、形勢。

當前，國際國內形勢大好。目前，世界革命進入了一個偉大的新時代。全世界各國人民的革命運動，正乘著浩蕩東風勝利前進，出現了蓬蓬勃勃的空前大好局面。由於以美國為首的帝國之一野心勃勃，到處搞侵略，搞壓迫，搞殖民主義，所以遭到了全世界越來越多的革命人民的強烈反對。那裡有壓迫，那裡就有反抗；那裡壓迫最凶，那裡反抗就最激烈。這是一個不以人們意志為轉移的階級鬥爭的客觀規律。美帝國主義每侵略一地，就是在自己的脖子上套上了一根絞索。美帝國主義在越南被打得焦頭爛額，泰國人民的武裝鬥爭又給美帝國主義以沉重打擊。美國國內的反暴力、反迫害的鬥爭也是此起彼伏，接二連三，特別是美國黑人的抗暴鬥爭，人數之多，規模之大，在美國的歷史上是空前的。尤其是毛澤東思想、毛主席的人民戰爭的思想，越來越多地被世界各國革命人民所接受，所傳播，毛澤東思想對世界革命的影響越來越大。毛澤東思想普照全球，世界各國人民紛紛起來革命，走武裝奪取政權的道路。他們把毛主席的書當作無價之寶，毛澤東思想所到之處，革命轟轟烈烈，不斷取得勝利。現在，毛澤東的人民戰爭思想深入人心。亞非拉地區的武裝鬥爭的烈火熊熊燃燒，人民戰爭的勝利凱歌到處頻傳，資本主義國家內部人民的革命運動，猛烈的衝擊著腐朽沒落的帝國主義制度，美帝國主義和各國反動派的日子很不好過，美帝國主義的頭號幫兇蘇修叛徒集團妄想和美帝搞「蘇美合作」，瓜分世界的陰謀已徹底破產。蘇修武裝侵佔捷克斯洛伐克是修正主義總破產的大暴露。修正主義叛變革命投降帝國主義的欺騙手法越來越多的被世界革命人民所看穿，所識破。各國人民正在向修正主義展開鬥爭。蘇聯「斯大林小組」正在

積極展開鬥爭，改開號召蘇聯人民起來推翻以勃列日涅夫、柯西金之流為首的蘇修叛徒統治。修正主義的叛賣政策，人民是絕對不會答應的。修正主義的日子也不好過。以美帝為首的帝國主義陣營，矛盾重重，內外交困，一籌莫展，以蘇修為中心的現代修正主義集團，互相傾軋，四分五裂，分崩離析。美帝蘇修統治下的各國人民正在起來造反，他們的反動統治已經遙遙欲墜，他們是「泥菩薩過河，自身難保了」，正像偉大領袖毛主席指出的那樣「敵人一天天爛下去，我們一天天好起來」，國際形勢從來沒有像今天這樣有利於各國人民。

國內形勢也是大好。偉大領袖毛主席總結了世界革命和中國革命的歷史經驗，親自發動和領導了震撼世界的無產階級文化大革命，這是古今中外前所未有的偉大創舉。必然在全世界產生巨大影響。波瀾壯闊的無產階級文化大革命，空前廣泛、深入地發動了群眾已經取得了偉大的、決定性的勝利。黨的八屆廣大的十二中全會決定把大叛徒、大內奸、大工賊、帝修反的大走狗劉少奇永遠開除出黨，撤銷其黨內外的一切職務，宣告了以劉少奇為首的資產階級司令部的徹底垮臺。工人階級和貧下中農登上上層建築鬥、批、改的政治舞臺，使上層建築各個領域發生了和發生著深刻的革命變化，社會主義的先進事物不斷湧現，革命群眾的創造和智慧，如爛漫的山花，開遍了祖國的各個角落。無產階級文化大革命煥發出來的革命精神已經結出了豐碩的果實，工農業生產熱氣騰騰，社會主義的科學文化不斷發展，我國新的氫彈爆炸成功，是我國無產階級文化大革命的又一豐碩成果。它標誌著我國核武器發展又有了新的飛躍，又一次沉重的打擊了美帝、蘇修的核威脅、核訛詐政策，對於英勇的越南人民把抗美救國戰爭進行到底，對於世界各國人民反擊帝、修、反的革命鬥爭，是一個很大的支持和鼓舞。全國除臺灣省以外，二十九個省市自治區全部建立了革命委員會，實現了全國山河一片紅。我們的黨更加團結，更加堅強，我們的無產階級政權更加鞏固，更加生氣勃勃，我們社會主義的魅力更加強大。現在，我們的社會主義建設正在出現新的飛躍。

我旗也和全國全區一樣，形勢一片大好，而且越來越好。形勢大好的主要標誌是：

第一，毛澤東思想得到了空前廣大的大學習、大宣傳、大貫徹、大落實。

活學活用毛澤東思想的群眾運動從來沒有像今天這樣廣泛、深入、扎實。廣大革命群眾在階級鬥爭的大風大浪中讀毛主席的書，聽毛主席的話，照毛主席的指示辦事，越來越多的人感受到毛澤東思想的威力。各種類型的毛澤東思想學習班如雨後春筍，遍及全旗。全旗各族人民，懷著對我們偉大領袖毛主席無限深厚的階級感情，廣泛、持久地開展了「三忠於」，「四無限」活動。從城鎮街道到農村、牧區、從機關學校到廠礦商店，人人手捧紅彤彤的毛主席語錄，各個佩戴金光閃閃的毛主席像章，家家懸掛毛主席像，處處都有毛主席語錄。雄偉高大的紅太陽燈塔屹立在土牧爾台鎮中心，更是我旗十五萬人民熱愛偉大領袖毛主席的崇高象徵。無論是城鎮或是農村、牧區、到處都能聽見歌唱《東方紅》，無論機關團體和家庭都能舉行敬祝活動。不管是集體或是個人，都做到了工前學、工中用，工後評。在學習班上，廣大革命群眾鬥私批修，消除派性，空前加強了團結，階級鬥爭和路線鬥爭覺悟大大的提高了。出現了心往忠字上想，話往忠字上說，事往忠字上做，勁往忠字上使的新風尚，新局面。特別是廣大農村牧區，出現了許多動人事蹟。如：阿貴圖公社四王萬村生產隊貧農、共產黨員張富，懷著對毛主席無限深厚的無產階級感情，把自留地的糧打下來，領著大的十四歲、小的六歲的四個孩子，徒步二十里背著送到旗裡，向毛主席敬獻「忠」字糧。廣大貧下中農說：「豐收不忘毛主席，分配服從毛主席，行動緊跟毛主席，交糧為著毛主席。」充分表現了廣大貧下中農對毛主席的無限忠誠，無限熱愛。毛澤東思想一旦為廣大群眾所掌握，就會變成無窮無盡的力量，變成威力無比的精神原子彈。在反右傾、頂暗流以及大會戰等一系列對敵鬥爭中，都出現了許多生動事例，在黨的八屆十二中全會公報發表後，特別是毛主席關於「清理階級隊伍，一是要抓緊，二十要注意政策。」的最新指示下達以後，廣大革命群眾聞風而動，抓住戰機，主動進攻，運用毛主席的一系列戰略技術，充分的發揮了無產階級的政策威力，向階級敵人發動了強人的攻勢，收到了立竿見影的效果。如政法機關，在過去的六個月中，僅搞出四個「內人黨」分子，其中還死了一名；用毛澤東思想打攻心仗，短短的六天中，就有25名「內人黨」分子自動請罪、投降，其中還有總頭目局長。文衛系統學習班四連，在舉辦學習班展開對敵鬥爭的頭二十多天，僅搞出「內人黨」分子十個，在他們充分用毛澤東思想發動群眾，向敵人展開進攻之後，僅50個

小時，就有24個內人黨分子主動坦白交待投降，其中有70歲的「三朝元老」武建綱，長期負隅頑抗，多次寫過《保證書》的丁秀雲，還有一向被我們信用、當學習班連指導員的曹晉等，都自動的交待了問題。目前，全旗正在出現一個人人講政策，個個出主意，促使有問題的人自動坦白，向毛主席交心的高潮。在《公報》發表以後短短一個月中，就揪出各種壞人1334個，其中絕大多數都是毛澤東思想、黨的政策的感召下主動投誠的。隨著運動的深入和發展，我旗學習毛澤東思想的群眾運動必然會出現更新的局面，學出新水平，用出新水平，將會進一步掀起更廣泛、更深入、更大的高潮。「無產階級文化大革命是使我國社會生產力發展的一個強大的推動力。」它必然促進經濟戰線上和生產戰線上建設的新飛躍、新發展。

第二，廣大革命群眾充分發動起來了。由於無產階級敵人的長期控制和壓迫，不甘心受壓的廣大革命群眾內心裡早已不斷的醞釀著革命，文化大革命的號角就像烈火一樣點燃了這個一觸即發的「油城」。廣大無產階級革命派和革命群眾懷著對毛主席的無限熱愛，對革命事業的赤膽忠心，向階級敵人展開了聲勢浩大的大掃蕩、大進攻。從來的群眾運動都沒有像今天這麼廣泛，這麼深入，人人關心國家大事，個個參加清理階級隊伍的鬥爭，特別是挖肅運動以來，從城鎮到農村，從幹部到社員，人人爭當對敵鬥爭闖將；從機關到街道、城鎮到鄉村，處處都是圍殲敵人的戰場。現在還不僅廣大幹部職工參加了戰鬥，而且廣大農、牧民社員也參加了戰鬥；不僅從事各行各業的工作人員參加了戰鬥，而且家屬、老人和小孩也都參加了戰鬥。全旗上下，真正形成了人民戰爭的汪洋大海，使的一小撮階級敵人陷於內外交困、眾叛親離得滅頂之災。廣大無產階級革命派和革命群眾勁頭從來沒有像今天這樣足，熱情從來沒今天這樣高，精力從來沒有像今天這樣旺。過去，由於兩排對立，派性作怪，不但工作、學習坐不到一起，就連開會也坐不到一起。每到開會，很多人不參加。會場冷冷清清，人員稀稀拉拉。有些人即便有時參加了，中途也要溜走，現在呢？每當開會，人們都提前搶著去，不僅我們通知的人員積極按時到會，而且好多沒有通知的機關、街道的人都爭先恐後地搶著參加，大禮堂放不下還得設分會場。有時在露天廣場內開幾千人的大會，一開五、六個小時，廣大革命群眾，連老人，小孩都頂風冒寒參加到底，而且情緒飽滿，秩序井然。這也是群

眾充分發動起來，人人關心國家大事的具體表現。另外我旗工人毛澤東思想宣傳隊開進了知識分子成堆和沒有搞好鬥、批、改的單位，使上層建築各個領域發生了和發生著深刻的變化。在農村，前一階段，雖然沒有工宣隊，也沒有軍宣隊，但有好些地方的廣大貧下中農在毛主席一系列最新指示的鼓舞下，自動組織起來，在農村主動向階級敵人發起了猛攻。韓勿拉公社廣大貧下中農對敵鬥爭堅決，行動快，在旗二次全委會義後，聞風而動，在短短的一個月的時間內，就挖出150多名敵人，充分敵體現了廣大貧下中農（牧）對毛主席最忠，對階級敵人最狠得固有本色。

第三，以革命大批判和清理階級隊伍為主要內容的挖肅鬥爭，取得了決定性的勝利。二年多的無產階級文化大革命，特別是「挖肅」鬥爭以來，我旗廣大無產階級革命派高舉毛澤東思想偉大紅旗，按照毛主席一個實質，兩個繼續，三個根本區別的偉大教導，艱苦奮鬥，狠狠地打擊與消滅了劉少奇的代理人，內蒙「當代王爺」烏蘭夫在我旗畜謀已久、大搞反黨叛徒國的黑勢力。「挖肅」鬥爭的第一戰役我們初戰告捷就取得了重大勝利。在黨的八屆廣大的十二中全會公報精神的鼓舞下，我們乘勝追窮寇，在旗直屬機關又組織了五個連隊一千多人的大會戰，向階級敵人發動了更加猛烈的強大攻勢，取得了更大的勝利。現在都、關、青苦心經營的反黨叛國集團的大本營早已被搗毀了；察右後旗「內人黨」總部所屬的總支、支部已被我們基本掌握，並大部挖出來了；他們的有生力量已被我們基本消滅了，那些骨幹分子已經矛盾重重，眾叛親離，空前孤立，也越來越多地向我們投降了，不僅他們自己投降了，而且還能夠向他們的同黨分子進行勸降，就連青格勒的老婆也早已登臺揭發了青格勒的問題；絕大多數受蒙蔽的群眾紛紛覺醒，與都、關、青反黨叛國集團劃清界限，狠殺了回馬槍，堅決和廣大革命群眾站在一起，向一小撮階級敵人展開進攻；混進各級領導班子的壞人已被廣大革命群眾逐步識破，第一戰役，全旗揪出了混進各級各級革委會以來關、陶、白為首的壞人23名，按照革命群眾稱法，這叫「都、關、青的第二套人馬」；第二戰役，在旗革委會我們又揪出了劉、楊、趙，其他旗屬機關和各公社也揪出了不少壞人，這叫「第三套人馬」。據瞭解，有的公社在整頓中揪出了百分之七、八十的壞人和蛻化變質分子。把混進各級革命委員會（組）的壞人堅決揪了出來，這不是革命委會的減

弱，相反更加證明新生的紅色政權更富有生命力和戰鬥力。各級革委會更加得到了純潔和鞏固。據不完全統計，到目前為止，挖出，各種壞人3218個。當前，全旗上下結合，內外結合，城鄉結合，「挖肅」鬥爭又興起新的高潮，戰果正在不斷擴大，「人民大眾開心之日，就是反革命分子難受之時。」正如一個特務分子在給他們的叔父的信中所說的那樣：「看來今冬明春咱們的日子是不好過了。」一小撮階級敵人被徹底消滅的日子為期不遠了。

第四，抓革命，促生產。革命推動了生產，廣大革命群眾，活學活用毛澤東思想，不斷破私立公，在很抓革命的同時，猛促生產，以大寨為榜樣，戰天鬥地，敢想敢幹，做出了顯著成績。在農業上，雖然遭受了旱、雹、凍、風等自然災害，但是我們除自給以外，還向國家交售了一千四百萬畝糧食。牧場工作比去年提前完成了任務，糧食入庫的進度比去年同期提高16%。工業生產也很不錯，機械廠工人三天三夜生產值達六千多元，相當於六七年、六六年一個月的產值。石灰廠、磚廠、提前一個月超額完成全年生產計劃。牧業生產大豐收，大小畜共達三十三萬一千二百六十七頭（隻），比去年增加九萬九千六百一十頭（隻），總增率達到28.3%。稅收工作進展也很快，除農業欠收稅尚未收清之外，工業稅、牧業稅、商業稅等都已超額完成。

第五，軍民關係比以往任何時候都好。由於人民解放軍同廣大革命群眾用毛澤東思想武裝自己的頭腦，促使了廣大革命群眾階級鬥爭和路線鬥爭覺悟大大提高，戰鬥團結大大加強，軍民一起，並肩戰鬥，頂黑風，戰惡浪，粉粹了階級敵人一次又一次的瘋狂反撲，取得了「挖肅」鬥爭的決定性勝利。在共同的戰鬥歲月中，軍民結下了深厚的、牢不可破的戰鬥友誼和階級感情。軍愛民，民擁軍，軍民團結如一人。在猖獗一時的九月暗流中，一小撮階級敵人曾把矛頭惡毒地指向人民解放軍，妄圖破壞軍民關係，但曾幾何時，他們就像幾隻砸壁蒼蠅，只落得「幾聲淒厲，幾聲抽拉」，遭到了可恥的失敗。

綜上所述，在我旗，毛澤東思想從來沒有像今天這樣掌握群眾，深入人心；廣大無產階級革命派從來沒有像今天這樣意氣風發，鬥志昂揚；一小撮階級敵人從來沒有像今天這樣狠狠不堪，驚恐萬狀；軍民團結從來沒有像今天這樣魚水深情、牢不可破。所有這一切，都是戰無不勝的毛澤東思想的偉大勝利，都是毛主席革命路線的偉大勝利，都是億萬革命群眾掌握了毛澤東思想的結果。

二、社情。

上面我們講了大好形勢，形勢確實是大好。但是，越是在大好形勢下，越是在勝利面前，越需要保持清醒頭腦，「千萬不要忘記階級鬥爭」。我們說，我們已經取得了偉大的決定性的勝利，但還沒有取得全面的、徹底的勝利；我們說形勢大好，但形勢大好不是天下太平。毛主席教導我們說：「誰要是只看見光明一面，不看見困難一面，誰就會不能很好地為實現黨的任務而鬥爭。」我們雖然在城鎮取得了對敵鬥爭的決定性勝利，但這僅僅就像解放戰爭的渡江戰役那時，蔣介石在江南還有半壁河山，現在敵人在農村還有相當勢力，如果我們滿足現狀，就此收兵，敵人就會利用農村，包圍城市，伺機反撲，東山再起。所以，全體同志必須對我旗複雜的社情進行調查研究，引起足夠重視。據我的瞭解，我旗的社情是「雜、多、廣、老」四個字的特點，提供同志們研究。

雜：地區複雜，民、社情複雜。所謂「地區複雜」，就是我旗地處國防邊境，面對蘇、蒙，是反修防修的前哨，是祖國的北大門、集二線縱貫全旗佔據全線的十分之一，敵修反歷來就很「重視」這個地方，也是我們的設防重地。這裡又是蒙漢雜居區、「當代王爺」烏蘭夫把我旗當成他獨霸內蒙、培植私人勢力的黑據點，當作投修叛國的跳板。所謂「民、社情複雜」，就是這裡不僅建旗晚，解放晚，而且是和平解放，是屬於掃帚基本沒有到過的地方，加上土改不徹底，有的地方根本就沒有土改，據瞭解全旗還有一百六十四個生產隊沒有進行土改，占全旗的24%，其中6112戶，26637人。再加上劉少奇、烏蘭夫推行「三自一包」，「四大自由」、「三不兩利」的反革命修正主義、民族分裂主義政策，農村又發生了變化。解放前，這裡是日本、國民黨、蒙古軍、長鬍子統治的地方。曾經住過五、七、八師、十路軍、十二旅等敵偽部隊。日本、國民黨不僅在這裡設立了行政機構，而且還設立了黨、團組織，警察署、情報站等特務組織。解放後，這些殘渣餘孽在劉少奇，烏蘭夫反革命修正主義，民主分裂主義路線的包庇下，不僅保存下來，而且還收到重用。如糧食局有一個國民黨的少校副團長，他曾親自用鍘刀鍘了我們一個連長、一個排長，還槍殺

了我們兩名戰士，在他支使下殺的人那就更不計其數了，但就是這樣一個血債累累的歷史反革命，卻被重用，安插在糧食局的業務股工作，旗裡的都、關、青支流還說「這個人很有才能，要信任，要重用。」當然，他們這樣說現在看來是不奇怪的，他們不重用這樣的壞人，他們就不是壞人了。這裡，既有烏蘭夫一手泡製的「內人黨」、「統一黨」、「黑虎廳」等反黨叛國組織，又有日、美、蔣、蒙、蘇特務；既有隱藏多年的老牌特務，又有新派遣來的特務；既有坐陣指揮的，又有到處流竄，造謠破壞的，既有電臺、照相機，又有各種武器。這些敵人和社會上的階級敵人明來暗去，互相勾結，一遇風吹草動，就蠢蠢欲動，破壞無產階級專政。另外，還有相當一些人，和外蒙、臺灣、香港、美國、新加坡、瑞比利亞等六個國家和地區有密切社會關係，並有書信來往，特別是有些蒙族人與外蒙不但有密切的民族親戚關係，而且有政治關係，他們利用走親訪友的形式，搞特務活動。

多：五類、六專分子多，特務、叛徒多，反黨叛國分子多，反動道會門和封建迷信信徒多，政治、刑事案件多，外來戶多，據不完全瞭解，全旗有五類、六專分子四千多人；日美蔣蒙特務組織四十個，專門從事特務活動的成員三百多人；反黨叛國組織有烏蘭夫一手泡製的「內人黨」及其變種組織五種，已挖出一千二百多人，骨幹一百七十七人；有一貫道、萬國會、青紅幫等十三種反動會道門，一千二百九十名信徒，有天主教、喇嘛教共六種宗教迷信團體，八處教堂，三千七百多信徒，其中活佛四人，其他喇嘛、道徒專門從事宗教活動的職業人員八、九十名；1960年以來，出現的各種政治、刑事案件四百八十三起，平均每週有一起；外來戶三個階段（45-47年，48-51年，52年以後）共有一萬另四百二十八戶，占全旗總戶數的32.5%，人口四萬四千六百二十三人，其中沒有遷移證明的就有四千三百七十八戶，人口一萬八千七百另六人。這些人來自山西、河北、北京、四川、安徽、東北等十七個省市、幾十個縣。裡面有相當一部分人出身、歷史不清、來路不明，據現在已經掌握的，裡面就有逃亡惡霸地主、歷史反革命分子、特務嫌疑分子。

廣：就是階級敵人分佈的面廣。從單位講，上至首腦機關，中到局、科、股、站，下至社、隊之間；從人員上講，有男有女，有蒙有漢，有幹部職工、有蒙、漢社員，真是無孔不入，既廣又全。我旗的黨、政、財、文、軍大權基

本上被壞人把持。

老：敵人反革命的班底子老，社會經驗多，潛伏的時間長，反革命的資格老。他們依仗老上級、老同事、老同鄉、老同學，以及老親故友等私人關係，結黨營私，安插親信，組織成一個比較頑固的反革命核心。其中有些是「三朝紅」，「三開人物」，他們老奸巨猾，頑固不化，善於使用打著「紅旗」反紅旗和坐山觀虎鬥等反革命伎倆。因此，人們輕易發現不了，就是發現了，你用一般的方法也戰勝不了他們，仗著那又粗又長又神又毒的老根子，也輕易的不會繳械投降。

在文化大革命中，他們利用群眾中存在的資產階級和小資產階級派性，挑動群眾鬥群眾，施展「鷸蚌相爭，漁人得利」的反革命伎倆，妄圖達到鎮壓群眾、破壞革命、保護自己的目的。革委會成立以後，雖然全旗實現了一片紅，但由於階級鬥爭的複雜，他們有一部分有削尖腦袋鑽進了各級革委會，控制了一部分權力，據不完全暸解到目前為止，旗革委會各辦事組副部長以上的鑽進了各種壞人70%，旗直單位領導班子鑽進各種壞人50%，公社領導班子鑽進各種壞人50%，大隊領導班子鑽進各種壞人40%。我們可以肯定地告訴同志們，上至旗級機關，下到隊，不管那個單位，都沒有「太平天國」，不要以為取得決定性勝利了，就鬆勁了，我們鬆一鬆，敵人就要攻一攻。農村的政權是國家政權的基礎，農村的政權不鞏固，國家政權還是不能鞏固的。在階級鬥爭問題上不能打防禦仗，打防禦仗，就是修正主義。我們必須打進攻仗，並且是不間斷地主動進攻，才能有效地鞏固紅色政權。因此，我們必須在思想上引起高度重視，把清理階級隊伍工作抓緊再抓緊，搞深搞透搞徹底！這是關係到建設反修防修前哨、鞏固祖國北大門的大問題，是關係到全旗十萬五人口的政權的大問題。

三、任務。

上面擺了那麼多敵情，目的是把情況說明，要大家引起重視，並不是長敵人的志氣，滅我們的威風，說敵人有什麼了不起。目的是要大家暸解敵情，掌握敵情，研究敵情，採取對策，消滅他們。敵人再多再凶也是一小撮，我們要

在戰略上藐視它，在戰術上重視它，因為一小撮敵人是存在於廣大群眾之中，革命群眾就是天羅地網，他們早已是落網之魚了，只要我們把廣大革命群眾充分發動起來，把網繩拉得緊緊的，就可以把他們一網打盡。

毛主席說：「沒有貧農，便沒有革命。若否認他們，便是否認革命。若打擊他們，便是打擊革命。」貧下中農、貧下中牧對毛主席最忠，接受毛澤東思想最快、最深，無產階級革命堅定性和徹底性最強，階級鬥爭和路線鬥爭覺悟最高，旗幟最鮮明，立場最堅定，愛憎最分明，最瞭解農村情況，最有能力領導農牧區的無產階級文化大革命。工人階級、貧下中農登上上層建築鬥、批、改的政治舞臺，是二十世紀六十年代的偉大創舉，是毛澤東思想的偉大發展，是時代的要求，是歷史的必然。貧下中農是工人階級最可靠的同盟軍，在農村，貧下中農不但必須領導一切，而且能夠領導一切。我們的任務是什麼？就是宣傳毛澤東思想，就是抓階級鬥爭。具體說，就是「一個緊跟，三個狠抓」。

「一個緊跟」是：緊跟毛主席的偉大戰略部署，緊跟毛主席的每個最新指示，緊跟無產階級司令部的各項戰鬥號令，時時緊跟，事事緊跟，處處緊跟，步步緊跟，毛主席的最新指示已下達，無產階級司令部的戰鬥號令一發出，就要聞風而動，雷厲風行，忠實貫徹，堅決執行，說幹就幹，幹就幹好。

「三個狠抓」：

1、狠抓根本不轉向。這個「根本」就是活學活用毛澤東思想，用毛澤東思想統帥一切，用毛澤東思想「統一認識，統一政策，統一計劃，統一指揮，統一行動」。要把活學活用毛澤東思想放在高於一切，大於一切，先於一切，重於一切的首要地位，做到學習毛澤東思想，一分一秒不放鬆；宣傳毛澤東思想，一時一刻不間斷；貫徹毛澤東思想，一絲一毫不走樣；捍衛毛澤東思想，一生一世不動搖。要用毛澤東思想宣傳群眾，發動群眾，組織群眾，武裝群眾，不斷幫助群眾提高階級鬥爭和路線鬥爭覺悟，用毛澤東思想去佔領農村、牧區每一個人的靈魂，每一寸土地。打擊敵人，鞏固農村、牧區的社會主義陣地。

2、狠抓一個「權」字。毛主席說：「革命的根本問題是政權問題。」政權是工人、貧下中農（牧）和廣大革命群眾的生存權，生命權。農村牧區的問

題千條萬條，條條連在「線」上；千線萬線，線線連在「權」上。農村牧區
兩條路線鬥爭的中心是領導班子問題，解決好領導班子問題，是今冬明春農
村牧區鬥、批、改的重點的重點。千抓萬抓權不在我們手裡就是瞎抓。政權政
權生命相連。我們過去所以受剝削、受壓迫就是因為沒有權，今天我們所以能
夠得到自由幸福，就是因為我們有了權，對階級敵人實行了無產階級專政。有
了權，就有了一切，沒有權就喪失一切。因此必須狠抓一個「權」字。貧宣隊
就是毛澤東思想的宣傳隊，捍衛無產階級政權的戰鬥隊，「人民得到權力，絕
不允許輕易喪失，必須用戰鬥來保衛。」這個「權」字又集中的表現在領導班
子上。林副主席說：「領導班子很重要、領導班子就是政權。」什麼樣子的班
子，決定著舉什麼樣的旗，走什麼樣的路，實行什麼樣的階級專政。「歷史的
經驗值得注意」，我們看問題必須看實質、不能看他的形式。對政權問題也是
如此，要看權掌握在什麼人的手裡？執行什麼路線？不能單看叫什麼。林副主
席說「國家機關用什麼名義，那不是實際的問題、如巴黎公社、蘇維埃、中華
人民共和國，要看政權掌握在誰的手裡，如果掌握在劉少奇的手裡，他也可能
叫中華人民共和國，赫魯曉夫也叫蘇維埃嘛，但他們用和平演變的辦法，潛移
默化，偷梁換柱，政權實質就變了，變成了資本主義復辟。」革命委員會是在
兩個階級、兩條道路、兩條路線的激烈搏鬥中誕生的，因此，不可避免地要混
進不等數量的壞人和不同程度的蛻化變質分子。所以我們對各種類型的領導班
子要求採取不同的方法來鞏固和加強。「革命委員會好」就好在「革命」二
字上，如果被壞人篡權，那就得奪過來，絕對不能讓敵人革我們的命，專我
們的政權。

　　下面，我想就三種領導班子，談談貧宣隊進駐後怎樣對待，怎樣工作的
問題。

　　①領導班子是好的和比較好的，即領導班子比較純潔，高舉毛澤東思想
偉大紅旗，突出無產階級政治，緊跟毛主席的偉大戰略部署，狠抓根本不轉
向，狠抓階級鬥爭不轉向，核心團結，作風深入、聯繫群眾，能夠很好地「抓
革命，促生產」。對於這樣的領導班子，貧宣隊要信任、尊重、幫助、支持、
要幫助進一步實行一元化領導，用毛澤東思想及時總結經驗，以推動農村牧區
的鬥、批、改。要搞好團結，互幫互學，彼此促進，共同提高，並肩戰鬥。個

別思想上、工作上、作風上有一點毛病和缺點的同志，要通過辦學習班，用批評和自我批評的方法來解決，在毛澤東思想的原則基礎上「統一認識，統一政策，統一計劃，統一指揮，統一行動」，用毛澤東思想掌握好權，用好權，達到鞏固、發展的目的。

②領導班子是中間狀態，即領導班子基本純潔，主要權還是掌握在好人手裡。但有不同程度的蛻化變質分子和不等數量的壞人，團結不夠好，學習、工作一般化。對這類領導班子首先要團結和依靠其中的革命領導幹部和革命同志，要充分發動群眾，深入瞭解情況，搞好調查研究，通過辦學習和大批判的方法，揭開階級鬥爭的蓋子，要用階級分析的方法，分清那些是好人，那些是壞人，對那些好人犯了錯誤甚至是嚴重的錯誤，即要嚴肅地批評和教育，又要熱情幫助，認識錯誤和改正錯誤要有個過程，要給予改正錯誤的時間和機會，「在他們有了覺悟的時候，及時解放他們。」根據其表現，酌情留用或分配其他工作。對那些混進領導班子證據確鑿的壞分子要堅決把他們清理出去，從政治上、思想上「吐故納新」，更新領導班子。

③領導班子是差的，即領導班子嚴重不純，大部分或全部權力在壞人手裡，死捂階級鬥爭蓋子，包庇壞人，陷害好人，鎮壓革命，瓦解集團經濟，破壞社會主義建設，對這類領導班子，要堅決依靠廣大貧下中農、貧下中農，把路線鬥爭交給群眾，通過大辦學習班的方法，充分放手發動群眾，開展「四大」，徹底揭開階級鬥爭蓋子，把壞人統統揪出來，把權奪過來，在鬥爭中牢固樹立貧下中農（牧）優勢，徹底改組這類領導班子。把那些經過階級鬥爭時間鍛鍊和考驗的無產階級革命派和貧下中農（牧）中無限忠於毛主席，無限忠於毛澤東思想，無限忠於毛主席無產階級革命路線的優秀分子吸收過來，組成新的領導班子。把那些反面教員從政治上、思想上鬥倒鬥臭，徹底肅清其流毒，用活生生的階級鬥爭事實教育廣大革命群眾。

3、狠抓階級鬥爭不轉向。抓階級鬥爭，就是抓清理階級隊伍。毛主席教導我們：「清理階級隊伍，一是要抓緊，二是要注意政策。」我們一定要把階級鬥爭抓緊再抓緊，一定要堅決貫徹執行毛主席的無產階級政策。要以最大的決心，最快的速度，做好「六查」工作：（一）查壞人：查混入革命隊伍內部的特務、叛徒、各種反革命分子和死不改悔的走資派；（二）查成份：沒有土

改的農村、牧區，必須按照上級規定的政策計劃階級、定成份；土改不徹底的地方，必須進行全面的階級複查；土改基本上好的地方也要把漏劃或包庇下來的人搞清。對於已經土改過，但未劃過下中農的地方，要從中農中把下中農劃出來，以擴大依靠力量。外來戶必須限期索取原籍公社革委會以上的證明；（三）查歷史：查清敵偽軍、政、警、憲、特以及反動會道門道徒，特別是這些人中的骨幹分子等人員的歷史；（四）查外來戶：徹底查清45-47年、48-51年、52年以後三個階段的外來戶的來地，戶數，人口，有無證明以及一貫思想表現和各種活動等；（五）查案情：查清本村、本隊、本社解放以來所發生的政治案件、刑事案件，破獲情況，處理結果，壞人及可疑者的下落和表現等；（六）查槍桿子：在清理階級隊伍的同時，要著重查清民兵組織的槍桿子是否真正掌握在忠於毛主席、政治覺悟高、歷史清白、社會關係好、政治上絕對可靠的貧下中農（牧）子弟手裡。這「六查」，既是一項尖銳、複雜的階級鬥爭，又是一項艱苦細緻而又光榮的政治任務。「誰是我們的敵人？誰是我們的朋友？這個問題是革命的首要問題。」只有這樣，才能分清敵、我、友，才能分清依靠誰，團結誰，打擊誰、才能團結一切可以團結的力量，更有效地打擊敵人，鞏固農村牧區的社會主義陣地。

四、要求。主要是如何開好這次大會的要求。

毛主席說：「我們權力是誰給的？是工人階級給的，是貧下中農給的，是占人口百分之九十以上的廣大勞動群眾給的。」同志們，你們是全旗廣大貧下中農、貧下中牧選出來的優秀代表，代表全旗十五萬人民來參加這次會議，是光榮的，同時也是艱巨的。全旗廣大農村、牧區清理階級隊工作能否搞好，我旗無產階級文化大革命能否進行到底，你們將起很大作用。因此，這個會一定要開好。現提出幾點要求：

1、全體與會同志一定要抱著對偉大領袖毛主席的無限熱愛，對革命的赤膽忠心，對全旗十五萬人民的高度負責精神，活學活用毛澤東思想以及這次會議的精神，要學好、學深、學透、學到手，帶回去、傳下去。一定要把這次農村牧區文化大革命的烈火燒起來，燒的旺旺的，決不能辜負廣大革命群眾對你

們的希望。

2、你們是來自第一線的，對農村牧區的情況最瞭解，最熟悉，望你們結合學習，在座談中把自己的所見所聞反映上來，談談個人的活思想或感受，針對當前的大好形勢和你們那裡的具體情況，你們打算怎麼辦？拿出辦法來，大家出主意、想辦法，獻計，互相交流，互相啟發，共同提高。

3、旗裡制定了一個《關於在農村、牧區組織貧下中農（牧）毛澤東思想宣傳隊的意見》，只是個初步意見，很可能有不切實際或偏面的地方。望大家在開會期間，認真討論研究，提出補充和修改意見，以便修改、完善，形成正式文件，作為下去工作時的指導原則和依據，以便共同遵守，共同執行。

4、在這幾天的學習中，同志們一定要注意聽講，認真討論，不要發生問題。要把貧下中農、貧下中牧的優秀品質體現出來。「我們都是來自五湖四海，為了一個共同的革命目標走到一起來了。」參加會議的所有同志，都要互相關心，互相愛護，互相幫助，互相學習，取長補短，共同提高。

5、最後，要求人家要學習解放軍，團結、緊張、嚴肅、活潑，提倡雷厲風行，說幹就幹，反對疲疲踏踏、鬆鬆垮垮，嚴格遵守紀律，遵守制度，增強革命性、科學性、組織紀律性，發揚革命樂觀主義精神，把會議開得生動活潑，有聲有色。

同志們，一九六九年將是偉大的一年，戰鬥的一年，光輝的一年，勝利的一年。這一年，我們黨召開第九次全國代表大會，全國人民將基本完成黨的八屆十二中全會提出的各項戰鬥任務，無產階級文化大革命將取得全面勝利，我們將在奪取無產階級文化大革命全面勝利的凱歌聲中，隆重慶祝我國二十大慶。讓我們更高地舉起毛澤東思想偉大紅旗，用毛澤東思想統帥一切，緊跟毛主席的偉大戰略部署，認真搞好鬥、批、改，徹底清理階級隊伍，將農村牧區的無產階級文化大革命進行到底，奪取無產階級文化大革命的全面勝利，以優異的成績迎接「九大」的勝利召開！

打倒大叛徒、大內奸、大工賊劉少奇！

打倒烏蘭夫！打倒李文精、旺丹！

打倒都、關、青！

全面落實毛主席一系列最新指示，把無產階級文化大革命進行到底！

全面落實八屆十二中全會公報和元旦社論提出的各項戰鬥任務！

堅決相信和依靠貧下中農、貧下中牧，搞好農村牧區的清理階級隊伍工作！

嚴格區別兩類不同性質的矛盾，穩準狠的打擊一小撮階級敵人！

毛主席萬歲！萬歲！萬萬歲！

《大海航行靠舵手，幹革命靠毛澤東思想》

察右後旗革命委員會編印

一九六九年元月十七日

27.緊跟毛主席偉大戰略部署，認真搞好鬥、批、改，奪取農村牧區無產階級文化大革命全面勝利

——李廷樹同志在全旗一九六九年首次貧下中農（牧）毛澤東思想宣傳隊會議上的總結發言（1969.01.17）

最高指示

農民的眼睛，全然沒有錯的。誰個劣，誰個不劣，誰個最甚，誰個稍次，誰個懲辦要嚴，誰個處罰從輕，農民都有極明白的計算，罰不當罪的極少。

認真搞好鬥、批、改。

清理階級隊伍，一是要抓緊，二是要注意政策。

貧下中農（牧）同志們，貧宣隊員同志們：

在毛主席一系列最新指示的光輝照耀下，在我國無產階級文化大革命取得偉大的、決定性的勝利的大好形勢下，在全國億萬軍民乘勝前進，全面落實黨的八屆擴大的十二中全會公報和元旦社論的群眾運動的高潮中、在我旗廣大無產階級革命派和各族革命人民緊跟毛主席偉大戰略部署，奪取以革命大批判和清理階級隊伍為中心內容的「挖肅」鬥爭和無產階級文化大革命全面勝利的大喜日子裡，旗革委員會召開的1969年首次全旗貧下中農（牧）毛澤東思想宣傳隊會議今天勝利結束了。首先讓我們以無比激動、無限熱愛的深厚的無產階級感情，共同敬祝各族人民的大救星、我們偉大領袖毛主席萬壽無疆！萬壽無疆！萬壽無疆！祝願毛主席的親密戰友、我們的副統帥林副主席身體健康！永遠健康！永遠健康！

現在我們來作大會總結發言。打算分三個問題講：

一、講大會盛況；二、談談會議收穫；三、提提今後做法。

一、大會盛況

我們這次會議，從元月17日開始，到今天結束，一共開了八天。參加這次會議的，有來自全旗農村、牧區、城鎮街道二十個公社、一百二十九個生產大隊的無限忠於毛主席、無限忠於毛主席無產階級革命路線的優秀的貧下中農（牧）、革命幹部、民兵代表721人。其中，有活學活用毛澤東思想的積極分子，有在舊社會苦大仇深的老貧農，有在戰爭年代衝鋒陷陣和在人民解放軍大學校裡經過鍛鍊的貧下中農轉復軍人，有對敵鬥爭的闖將，有堅持響應毛主席的偉大號召，接受貧下中農再教育，出身於貧下中農和革命幹部家庭的，在農村牧區安家落戶的知識青年，有維護農村牧區社會治安，鎮壓牛鬼蛇神破壞搗亂的優秀民兵等等。中國人民解放軍察右後旗駐軍4906部隊也派代表參加了會議。代表中，年齡最大的69歲，最小的16歲。可以說，參加這次會議的人既有老、中、青，又有農、幹、兵。老年人員見多識廣，辦事穩妥，革命幹部經驗豐富，多謀善斷，青年人朝氣蓬勃，敢想敢幹，合起來是能文能武、有勇有謀。這樣一支宣傳隊，我們可以很自信地說，只要我們用毛澤東思想武裝頭腦，統帥一切，只要我們用毛澤東思想發動群眾，攻擊敵人，我們就可以無往而不勝，就可以奪取農村牧區無產階級文化大革命的全面勝利！

在會議上，大家認真地學習了毛主席的一系列最新指示，特別是關於對敵鬥爭、清理階級隊伍的指示，學習了滕司令員的指示和內蒙革委會、內蒙軍區《關於今冬明春農村牧區無產階級文化大革命的意見》，學習了開魯縣復興大隊毛澤東思想宣傳隊的經驗。此外，大家還聽了報告，進行了討論。在討論中，結合本地階級鬥爭的現實，憤怒地揭發和批判了大叛徒、大內奸、大工賊劉少奇、內蒙「當代王爺」烏蘭夫的「階級鬥爭熄滅論」和「三不兩利」政策以及他們反黨叛國的滔天罪行。會議的開始，旗裡在我們這裡舉行了《寬嚴大會》，使我們不但參加了階級鬥爭，而且看到了階級敵人，受到了深刻的階級教育和如何掌握好黨的政策的教育。在會議的進行中，由旗裡大會戰主戰場不斷傳來喜訊，我們聽到了主戰場《骨幹勸降，寬嚴大會》的實況錄音，不但看到了階級敵人土崩瓦解、紛紛向人民靠攏，受到很大鼓舞，而且學到了對敵鬥

爭的方法。另外，還聽取了對敵鬥爭經驗介紹，這些介紹既有在城市直搗都、關、青反黨叛國集團大本營的機關幹部，又有戰鬥在農村，牧區階級鬥爭第一線的貧下中農（牧）社員，既有進駐知識分子成堆地方的工宣隊代表，又有深入虎穴、克敵制勝，戰鬥在農村、牧區，上山下鄉的青年。在開會期間，旗工代表、黨政機關、工交、財貿、文教衛生系統學習班、白音察干農機站、機修廠、中學等單位給大會送了賀信，旗毛澤東思想宣傳隊、電影隊為大會演出了文藝節目和電影。所有這一切，都使大家受到了生動、具體的毛澤東思想教育和階級鬥爭教育。儘管這次會時間短、任務重，加之在三九嚴寒的冬天睡在地上，開會、吃飯都在兩處，大家不但毫無怨言，而且精神飽滿，勁頭十足，致使會議開的既嚴肅緊張，又生動活潑，圓滿成功，達到了目的。我們這次會議，可以說是我旗革命委員會成立以來最富有革命朝氣和戰鬥風格的會議，是一次立即掀起我旗廣大農村、牧區以革命大批判和清理階級隊伍為中心的鬥、批、改高潮的動員會議，是奪取我旗「挖肅」鬥爭徹底勝利、把無產階級文化大革命進行到底的誓師大會，同時，也是一次活學活用毛澤東思想的經驗交流會。

二、會議收穫

通過會議，進一步認清了形勢。大家一致認識到，全國全區無產階級文化大革命形勢大好，我旗也同全國全區一樣，「形勢大好，不是小好，整個形勢比以往任何時候都好。」毛澤東思想從來沒有像今天這樣掌握群眾，深入人心；廣大革命群眾從來沒有像今天這樣精神振奮，揚眉吐氣；一小撮階級敵人從來沒有像今天這樣喪魂落魄，狼狽不堪；軍民關係從來沒有像今天這樣團結鞏固，牢不可破。這個大好形勢，是毛澤東思想光輝普照的結果，是毛主席無產階級革命路線指引的結果，是我旗軍民高舉毛澤東思想偉大紅旗英勇奮戰，摧毀都、關、青反黨叛國集團的結果。

通過會議，進一步瞭解了敵情。大家認識到我旗地處國防邊境，面對蘇、蒙、歷來是帝修反非常「重視」的地方，也是我們的設防重地。大家用大量的活生生的事實說明，我們這個地區階級敵人的特點確實是「雜」、「多」、

「廣」、「老」。敵人遍及全旗，上至首腦機關，中到局、科、股、站，下至社、隊之間，有男有女，有蒙有漢，真是無孔不入，即廣又全。烏蘭哈達公社介紹：公社革委會的成員都是黑的，六個大隊領導班子35名成員中有嚴重問題的就有25名，一、二把手15名都有嚴重問題，28個生產隊141名幹部，有嚴重問題的就有99名。錫勒公社紅旗廟大隊，成年人絕大多數程度不同的都有問題，連5名貧宣隊員都選不出來。石門口公社肖家村生產隊揭出，有一個「五保戶」，享受了十多年的「五保」待遇，在村裡橫行霸道，為所欲為，這次挖出來，原來是一個殺過好多人的偽縣長，是一個血債累累、殺人不眨眼的歷史反革命分子。其他社、隊、都列舉了大量的階級鬥爭現實，這些事實都說明我們這裡沒有「太平天國」。我們一定要狠批劉少奇所鼓吹的「階級鬥爭熄滅論」。階級敵人，人還在，心不死，我們必須百倍提高警惕。我們一定要牢記毛主席的教導：「千萬不要忘記階級鬥爭」。我們雖然取得了城鎮「挖肅」鬥爭的決定性勝利，但城鎮的勝利並不等於全旗、特別是並不等於廣大農村牧區的勝利。敵人在城鎮的大本營雖然被搗毀了，但在農村、牧區還有相當的勢力，他們絕不會甘心自己的失敗。從現在看來，確實存在農村包圍城市的形勢。如果我們滿足現狀，就此收兵，不但已得到的勝利鞏固不住，而且還有失去的危險。我們絕不可以放鬆警惕、麻痺輕敵。據此，大家一致認識到，在這樣一個大好形勢下，旗革委會召開全旗貧下中農（牧）毛澤東思想宣傳隊會議，組織貧宣隊開進農村牧區社、隊，非常及時，非常必要。這是全面落實毛主席一系列最新指示和上級革委會要求的需要。因此，組織貧宣隊，是奪取我旗農村、牧區無產階級文化大革命全面勝利的有效措施。同時，也是關係到我旗15萬人口政權的大問題，也是關係到建設反修防修前哨、鞏固祖國北大門的大問題。

通過這次會議，進一步明確了任務。大家一致認識到，我們的任務就是要狠抓根本不轉向，大辦辦好以階級鬥爭和兩條路線鬥爭為中心內容的各種類型的毛澤東思想學習班，大搞群眾運動，把活學活用毛澤東思想放在高於一切、大於一切、先於一切、重於一切的首要地位用戰無不勝的毛澤東思想統帥一切；就是要用毛澤東思想宣傳群眾、發動群眾、組織群眾、武裝群眾，上跟偉大領袖毛主席，下靠廣大貧下中農（牧），把農村牧區社、隊的領導班子被一小撮壞人奪取的黨、政、財、文、民兵大權，統統奪回來，切實掌握在忠於

毛主席，忠於毛澤東思想，忠於毛主席無產階級革命路線的貧下中農、貧下中牧的手裡；就是要狠抓階級鬥爭不轉向，把清理階級隊伍工作抓緊再抓緊，搞深、搞透、搞徹底，要堅決執行毛主席的無產階級政策，嚴格區分兩類不同性質的矛盾，以最大的決心，最快的速度做好「六查」工作，穩、準狠地打擊一小撮階級敵人，把混在革命隊伍中的一小撮特務、叛徒、死不改悔的走資派及其他一切反革命分子統統揪出來，並對他們實行無產階級專政；就是要在狠抓革命的同時，猛促生產，以大寨為榜樣，自力更生、艱苦奮鬥、勤儉創業、戰天鬥地，為奪取1969年農牧業生產大豐收而奮鬥。

通過會議，進一步提高了階級鬥爭和路線鬥爭覺悟。如有的同志說：「我以前認為什麼清理階級隊伍、挖肅鬥爭，這只是各級領導的事，我們的任務就是種田、放牧。現在看來，只搞糧、棉、油和羊、馬、牛，分不清敵、我、友，不僅會喪失政權，而且還會掉頭。因此，我們必須響應毛主席的偉大號召，人人關心國家大事，把無產階級文化大革命進行到底，徹底把政權牢牢掌握在貧下中農手裡。」不少同志還談到，來參加會議還有各種糊塗觀念。歸納起來主要是「五怕」、「三要」。「五怕」即：怕得罪人、怕打擊報復、怕弄不好傷害好人、怕自己不能說不能寫完不成任務、怕犯錯誤將來自己挨整。例如，有人怕得罪人，你如果堅持站在毛主席革命路線一邊，堅決站在對敵鬥爭的最前線，那好人就肯定得罪不了，如果是壞人，我們就是要「得罪」它，如果不「得罪」壞人、壞人「擁護」你。那就肯定要得罪好人。所以，怕得罪人，怕挨整，不去整敵人，敵人將來一定要整你。「三要」即：向上級要人員、要情況、要辦法。「三要」的實質是不相信群眾，如果相信群眾，依靠群眾，用毛澤東思想宣傳群眾，發動群眾，組織群眾，武裝群眾，群眾充分發動起來了，「群眾是真正的英雄」，只有群眾才最瞭解情況，最有辦法，最有力量。通過學習，同志們認識到這些想法歸根結底是「私」字作怪，是右傾保守。千怕萬怕，有了毛澤東思想什麼也不怕；千要萬要，就是要用毛澤東思想武裝群眾的頭腦。有了這兩條，天塌下來可以頂得住，地陷下去，也能夠平得起，敵人再狡猾也能看得清，再兇惡也能戰勝！

通過會議，進一步堅定了信心。與會同志一致認為，貧宣隊進駐社、隊，一定要遭到一小撮階級敵人的反對，會遇到這樣的阻力，將是一場極其尖銳、

極其複雜的階級鬥爭和路線鬥爭。一小撮階級敵人，為了挽救他們覆滅的命運，必須千方百計進行破壞和搗亂。他們必然有的公開，出來反對貧下中農的領導；有的挑撥貧宣隊和革委會的關係；有的用幕後支持某一種錯誤傾向的手法，在群眾中煽動宗派情緒、宗族情緒或挑撥軍隊關係，製造分裂，破壞貧下中農（牧）內部的團結；更有的利用糖衣炮彈企圖腐蝕瓦解貧宣隊，等等。但是，正如有的代表所說的那樣，「狠抓根本不轉向，階級鬥爭永不忘，緊跟領袖毛主席，徹底革命志不夠」。有戰無不勝的毛澤東思想做武器，有廣大貧下中農（牧）做後盾，我們就可以無往而不勝。再加上我們還有許多戰勝敵人的有力條件，就更能夠克敵制勝。這些有利條件是：

1、毛主席的最新指示、黨的八屆擴大的十二中全會《公報》、兩報一刊元旦《社論》、內蒙古軍區「三支」、「兩軍」工作會議精神，這是我們戰勝敵人的四股強勁的東風，這四股東風，即是武器，又是方向，給了我們無窮的智慧，無窮的力量。

2、毛澤東思想空前大傳播、大貫徹、大普及、大落實：廣大革命群眾在階級鬥爭的大風大浪中活學活用毛澤東思想，越來越多的人深深感到毛澤東思想的無比威力。目前，全旗正在出現一個人人講政策，個個出主意，用毛澤東思想向階級敵人發起強大的政治攻勢，迫使階級敵人向毛主席交心的高潮；革命群眾空前大發動、大團結，向階級敵人大舉進攻，奪得了對敵鬥爭的偉大勝利，從城鎮到鄉村，從機關到街道，人人關心國家大事，個個參加對敵鬥爭，特別是受蒙蔽的群眾，紛紛覺醒，和廣大革命群眾站在一起，向階級敵人發起猛攻，取得了對敵鬥爭的節節勝利；一小撮階級敵人空前暴露、大孤立、大分化、大崩潰：敵人的大本營被徹底搗毀了，有生力量被基本消滅了，骨幹分子也越來越多地向人民投降了，青格勒的登臺勸降就是突出一例，一小撮階級敵人被徹底消滅的日子已經為期不遠了。

3、在激烈的階級鬥爭中，廣大革命群眾積累了豐富的對敵鬥爭經驗。這個經驗最根本、最主要的就是用毛澤東思想向階級敵人發動強大的政治攻勢，打政治仗，相信毛澤東思想的無比威力，不迷信拳頭。大量的事實說明，用毛澤東思想攻擊敵人，就不斷勝利，卓見成效；違背毛澤東思想，搞武鬥，逼、供、信，就受騙上當，就要走彎路。事實教育了廣大群眾，越來越多的人嘗到

了毛澤東思想戰勝敵人的甜頭。以前沒有這樣做或者沒有完全這樣的同志，也準備回去很好的這樣做。如錫勒公社的同志說：「我們過去按黨的政策辦事，雖然取得了一些成績，但按無產階級政策來要求，和先進單位比較還差得很遠。回去以後一定要進一步學習毛主席的最高指示，學習毛主席的戰略策略思想、牢牢掌握黨的政策、用毛主席思想去戰勝敵人，重證據、重調查研究，決不搞逼、供、信。」

4、經過將近一年的「挖肅」鬥爭混進各級紅色政權的階級敵人大部已經被識破揪出，有的正在接受廣大革命群眾的審查。紅色政權得到了純潔和鞏固。

5、中國人民解放軍遵照偉大領袖毛主席「應該支持左派廣大群眾」的教導，紛紛開赴階級鬥爭第一線，做廣大無產階級革命派的後盾，這是我們取得決戰決勝的有力保證。

總之，我們開了一個很成功的大會，勝利的大會。通過這次大會，同志們進一步認清了形勢，瞭解了敵情，明確了任務，提高了覺悟，堅定了信心。一致表示要把這次大會的精神帶回去，傳下去，大幹一場，立即掀起農村牧區無產階級文化大革命的新高潮。

三、今後做法

貧宣隊是活躍在農村、牧區階級鬥爭第一線的毛澤東思想宣傳隊，是一支在階級鬥爭和路線鬥爭中衝鋒陷陣的堅強骨幹隊伍，是保衛農村、牧區政權的戰鬥隊，是將農村、牧區無產階級文化大革命進行到底的突擊隊，它的基本任務是高舉毛澤東思想偉大紅旗，活學活用毛主席著作，用毛澤東思想宣傳、發動、組織、武裝群眾，團結、教育廣大人民，狠抓革命大批判清理階級隊伍，整頓和鞏固各級領導班子，為奪取農村、牧區無產階級文化大革命全面勝利和完成鬥、批、改的各項戰鬥任務而鬥爭。

毛主席教導我們說：「我們不但要提出任務，而且要解決完成任務的方法問題，……不解決方法問題，任務也只是瞎說一頓。」這次貧宣隊登上社、隊鬥、批、改的政治舞臺，要左右進行駐社、隊的局勢，一小撮混入各級領導班子裡的壞人和混在廣大群眾裡的階級敵人，為了挽救他們覆滅的命運，必然要

千方百計地進行破壞和搗亂，這是一場嚴重的階級鬥爭和路線鬥爭。我們必須
針鋒相對，徹底地戰勝他們，也就是無產階級戰勝資產階級，無產階級思想戰
勝資產階級思想，毛澤東思想戰勝修正主義思想。

關於組織貧宣隊的重要性和必要性，貧宣隊的任務其具體要求已經有了安
排意見了，這裡著重地是根據我旗的民、社、敵情的嚴重性，烏蘭夫反黨叛國
集團卵翼下，在後期的各種反革命組織黑線又粗又長的特點，對如何辦好以階
級鬥爭和兩條路線鬥爭為主要內容的學習班和如何在農村、牧區開展對敵鬥爭
的方法問題提出幾點初步意見，供參照執行：

（一）大辦和辦好社、隊各種類型的毛澤東思想學習班，掌握和搞好四個
「三」。

大辦和辦好以階級鬥爭和兩條路線鬥爭為主要內容的毛澤東思想學習班，
是深入廣泛發動群眾，向階級敵人主動進攻的最好辦法。毛主席教導我們：
「辦學習班，是個好辦法，很多問題可以在學習班得到解決。」這個學習班，
可以根據各單位的具體情況，辦好多種多樣的，就內容來說，可分兩大類，一
種是鬥私批修學習班；一種是對敵鬥爭學習班。就鬥私批修來說，有各種領導
班子開展路線鬥爭的學習班；有單位的學習班；有科室班，可以舉辦聯合大會
戰學習班；可以舉辦按系統按行業的學習班；可以辦部門和單位的學習班。形
勢多樣，生動活潑，富有革命的戰鬥氣息。辦好了，可以提高廣大群眾的階級
鬥爭和路線覺悟，教育受蒙的群眾，暴露，分化，瓦解敵人，孤立和打擊一小
撮最頑固的敵人，根據兩年來的無產階級文化大革命，特別是「挖肅」鬥爭以
來，加之這次大會上各地的經驗介紹，綜合起來，就當前來說要辦好對敵鬥爭
學習班，就必須掌握和搞好四個「三」。這就是：

1、要有三結合的領導小組：這個領導小組是貧宣隊的代表、民兵代表
（或解放軍代表）、革命幹部的代表相組成。這種三結合的領導班子，既有農
村、牧區無產階級文化大革命的主力軍，又有衝鋒陷陣的突擊隊、既有多謀善
斷的革命幹部，又有敢闖敢幹、立場堅定的優秀民兵（或解放軍），他們不僅
有多方面的代表性，而且有無產階級革命權威。最能夠代表和反映廣大革命人
民的利益和要求。

2、要開班三種人員的學習班。即我們的革命群眾和骨幹力量，群眾懷疑

的對象和有重大問題的人。組織這樣的學習班，首先要力量集中，時間夠用，做到批有對象，追有目標，查有線索，鬥有靶子。同時也有利於讓互相檢舉，互相揭發，互相影響，互相促進，教育團結群眾，分化瓦解敵人。

3、要分三步走：第一步是活學活用毛主席著作，學好用好毛主席一系列最高最新指示，學習政策，掌握武器，武裝頭腦，提高階級覺悟和路線鬥爭覺悟，提高思想政策水平鬥爭藝術；第二步是放手發動群眾，開展「四大」，向階級敵人發起強大的政治攻勢，把一小撮敵人置於人民戰爭的汪洋大海，迫使階級敵人繳械投誠；第三步是揪出壞人，鬥倒鬥臭，邊揭邊鬥、邊挖邊肅、內查外調，（來歷不明的外來戶，主要是依靠群眾審查，發信索取證明，走訪知恨人。有重大問題者經旗批准外出調查），掌握確鑿的罪證，落實定案。

4、搞好三個結合：（1）上下結合，即領導和群眾結合。旗、社、隊結合，互通情報，互遞材料；（2）內外結合即學習班內和學習班外結合，要把學習班內的重點人員和所在單位、家庭互通情報，揭發批鬥；（3）互相結合即學習班與學習班之間、社與社、隊與隊之間結合，互通情報、互相揭發批鬥。這樣就可以用「拉進來」，「送回去」的辦法，使敵人到處有人管、事事有人問，行動有人跟、說話有人記，四面楚歌，八面圍攻，走投無路，事敗技窮，只要繳械投誠。

（二）依靠群眾，調查研究，掌握對敵鬥爭的主動權。我們鬆一鬆，敵人就攻一攻，我們的被動就是敵人的主動，不進則退。大會戰以來，廣大革命群眾都能隨時隨地掌握階級鬥爭和敵人的活動規律，階級敵人的陰謀詭計都能及時識破和揭穿取得了一個又一個的勝利，其基本原因之一就是注意了發動群眾，依靠群眾，調查研究，把調查、研究、實踐三者緊密地結合在一起，毛主席說：「調查就像『十月懷胎』，解決問題就像『一朝分娩』。調查就是解決問題。」林副主席說：「調查了還沒有解決問題，要研究；研究了還沒有解決問題，要實踐。」這就是我們要把調查研究貫穿到運動的始終。比如我們要辦一個學習班，首先對參加學習班的人員應進行一個一個的分析，分清誰是我們的依靠力量，誰是我們團結、教育、爭取的對象、誰是我們要孤立和打擊的敵人。這樣便於我們組織力量，圍殲敵人，在對敵鬥爭打響以後，敵人陷入人民戰爭汪洋大海之中，隨著各個時期的政治形勢不斷發展和鬥爭的變化，還有進

一步分析敵人想什麼、幹什麼。時時刻刻要懂得和掌握敵人的新花招，以便採取針鋒相對的策略去戰勝他們。如何依靠群眾，調查研究，掌握對敵鬥爭的主動權呢？

第一、根據敵人活動的共同規律，大致有「裝、拉、壓、滑、攪」等五個字，這是他們慣用的伎倆、階級敵人多數在開始是以偽裝的面貌出現，給人以假象，當他們裝不過去的時候，便開始「拉」，「拉」不成則「壓」，「壓」不成則「滑」，「滑」不成則「攪」，當這幾招一個一個都被我們識破後，事敗技窮，經過七鬥八鬥他們就要變，其中絕大多數頑固分子要變成不齒於人類的狗屎堆。

裝：①裝積極獻計策賊喊捉賊；②裝左派搞武鬥打人封口；③裝好人獻殷勤嘴快腿勤；④裝正經說假話冒充好人；⑤裝紅的擺有功自吹自捧；⑥裝委屈耍無賴痛哭流涕；⑦裝糊塗賣瘋傻玩聾做啞；⑧裝可憐耍花招裝病躺下；如此等等，就是為了蒙蔽群眾，以守為功，逃避鬥爭，一求一逞。

拉：①拉勢力舉親友稱兄道弟；②拉關係談交情一團和氣；③耍大方投所好吃喝任你；④講排場擺闊氣財務刺激；⑤玩色情賣風流使美人計；⑥搞腐蝕毒素使人昏迷；⑦抓虛榮吹捧人爭名奪利。如此等等，就是為了拉人下水，使人發毒變質，為他出力。

壓：①講紀律搞恫嚇殺人滅口；②造謠言說大話又打又拉；③搞刺激罵叛徒軟攻硬壓；④提抗議搞絕食揚言自殺；⑤逞瘋狂動刀槍投毒暗殺；⑥施毒計搞破壞縱火爆炸。如此等等，就是為了嚇同黨，壓群眾，對抗領導，妄圖頑抗到底，破壞運動。

滑：①耍滑頭保實力交明不交暗；②使詭計搞陰謀交蒙不交漢；③避遠的談近的交輕不交重；④說死的瞞活的斷線又滅證；⑤交疏遠隱親近有假又有真。如此等等，他們左滑右滑，就是為了磨時間蒙混過關，東山再起。

攪：①攪亂陣線，真假難分；②互相串通，推脫責任；③胡說亂咬，傷害好人；④製造矛盾，挑起糾紛。如此等等，攪來攪去，就是為了把水攪混，借刀殺人，坐山觀虎鬥，坐收漁人裡。總之，他們是「五字」三番，大耍反革命兩面派手法，企圖達到了一個罪惡目的——反黨叛國。

毛主席教導我們說：「他們有長期的階級鬥爭的經驗，他們會做各種形勢

的鬥爭——合法的鬥爭和非法的鬥爭。我們革命黨人必須懂得他們這一套，必須研究他們的策略，以便戰勝他們。」因此，在敵對鬥爭中，我們必須隨時隨地注意觀察研究敵人的新動向，新花招，以及採取對策，戰勝他們。

第二、認真搞好調查研究，貫徹分別情況，區別對待的原則。沒有區別對待，就沒有政策界限了。要真正做到正確掌握和區別對待的政策，就得應用毛主席的階級和階級分析的方法，對於社會上的各種人和參加學習班的各種人進行調查研究，弄清他們的出身、歷史、階級成分、社會關係及其政治態度和產生問題的思想根源、階級根源、社會根源等。通過調查研究，我們就可以做到心中有數，決定依靠的力量，誰是教育、團結的對象，誰是孤立打擊的敵人。林副主席說：「要使我們的同志樹立明確的階級和階級鬥爭觀點。沒有階級觀點，沒有階級鬥爭觀點，是右傾思想的根源，是右傾機會主義思想最根本的根源。」有了階級和階級鬥爭的觀點，就可以是非清，界限明，沒有階級和階級鬥爭的觀點，就要迷失政治方向，就不能很好地執行毛主席的各項具體政策，就不能判斷是非，分清敵我。

第三、摸清階級敵人內部互相之間的矛盾。階級敵人就其反動性的一面來說是共同的，但就其內部來說也不是鐵板一塊。因為他們在社會上一切活動的目的，即是為了壓榨人民、牟取私利，在得勢的時候，更是唯我獨尊，爭名奪利；而在失敗的時候，特別是遇到困難和艱險的時候，他們就變為互相傾軋，保存自己。由於這樣他們內部必然有頑固、動搖、脅從三種分子，他們在強大的人民戰爭面前，「不管有多少暗藏的反革命集團，也不管每個反革命集團的內部紀律如何森嚴，攻守同盟如何堅固，總有一些人可以分化出來的，而這種分化是與人民有利的。」瞭解和掌握了他們之間的矛盾以及利害關係就可以「利用矛盾，爭取多數，反對少數，各個擊破」。

第四、要重證據，不要輕信口供。對敵人的交待，不可不信，也不可輕信。不加任何階級的、歷史的、現實的分析、輕信敵人的口供，就會受騙、上當、誤傷好人。一般的要落實定案一個人，要有三種材料：一是本人的交待材料，二是別人揭發的材料，三是證明材料（包括物證在內），這三種材料的時間、地點、內容要基本上相符。否則，他們就有可能切機溜掉。這是一項極為繁重和艱巨的工作，不要怕麻煩，現在的麻煩就是將來的省事。對交待的人，

特別是骨幹分子的問題，要隨交代隨登記，邊檢查邊落實。這樣做就可以打殲滅戰，不打擊潰戰。

（三）選好突破口，掌握四個先後。

作為一個集團的組織和一個頑固的堡壘，在開始階段，不宜採取「擒賊先擒王」和打硬仗的辦法，應選好突破口，抓住活舌頭、增多知情人，由點到面，全面開花，形成四面圍攻，群起而攻之的局勢，以便掃清外圍，攻破堡壘，抓住黑司令。

突破口不能選擇頑固之敵、也不能選在知情不多的人的身上。要盡可能選擇既知情多，又膽小怕事、易於突破的人。對於這種人，首先要摸清他的主要思想活動及其弱點，而後反覆地做政策攻心工作，要在他的身上樹「三心」，即下定決心，要有恒心，非常耐心。防止逼供、誘供和引供。根據各地的經驗和我們兩年來文化大革命，特別是大會戰以來的做法，掌握好「四個先後」是行之有效的。

1、先一般後骨幹。經驗證明，當那些首惡分子和骨幹分子，他們的勢力及其外圍還在完整無缺，尚未搖動的時候，他們就頑固囂張。當把他們的反動勢力摧毀之後，我們就可以撤水拿魚，這樣，再狡猾、再頑固的敵人也跑不了跳不掉。

2、先易後難。易者，可以有頭頭，也可以有一般頭頭不一定完全難，一般的不一定完全易。易就是他們的弱點。比如有的人雖然問題嚴重，但他是受苦受罪出身，可以利用啟發階級覺悟的辦法爭取。還有的人是膽小怕事，就可以給他講政策，指出路等等。

3、先外圍後據點。就是「先打分散孤立之敵，後打集中強大之敵」。像螺絲一樣，從外往裡擰，一圈一圈的擰，像收場的一樣，從邊往裡掃，最後集中「大堆」把他們的力量消滅的消滅，分化的分化，瓦解的瓦解，爭取的爭取，最後集中優勢兵力，萬炮齊發大本營，徹底摧毀黑據點，消滅敵人骨幹力量，震撼全線，致使敵人樹倒孫猴散。

4、先誘敵深入，後組織圍殲。就是把敵人放進來，讓他們活動。林副主席說：「只有把敵人放進來，才能逼著敵人分散兵力，逼著敵人背起包袱，逼著敵人犯錯誤，也就是讓敵人興高采烈，讓敵人的十個指頭都伸開，讓敵人的

兩隻腳都陷在泥坑裡。這樣，我們就可以集中優勢兵力，各個殲滅敵人，一口一口地把敵人吃掉。」對於被我們團團包圍之敵，採取「內緊外鬆」，造成假象，有意識地讓他活動，以便進一步觀察和掌握敵情；對已經接火的人，首先要耐住性，要由淺入深現象到本質，對問題暫不上綱下線，這樣就可以誘敵深入，抓住敵人，消滅敵人。

（四）組織大、中、小型的政策「攻心會」、「勸降會」向毛主席「交心會」。打好政治攻心仗。

為使這些會開的成功、有力、針對不同情況可採取下列不同方法：

①憶苦思甜會。選受蒙蔽、受欺騙捲入反革命組織而又苦大仇深的人，採取憶苦思甜的方法，以階級苦，以民族苦，解決忘本思想，啟發階級覺悟，促使這樣的人盡快交代問題。

②個別談心會。講形勢，談政策，指出路、挖根源，千連萬連，要把罪過「連」在劉少奇、烏蘭夫、都、關、青頭上；千源萬源，「私」字是萬惡之源。

③送語錄、亮思想。針對不同人員不同活思想，選送毛主席語錄。他們想到哪裡，就用語錄送到哪裡，敵人到哪裡，就用語錄跟到哪裡。讓他們天天讀，時時念，反覆學，反覆用，要採取多種形式，組織他們談體會，亮思想，以便由淺入深，由現象到本質，以便使他們打消顧慮放下包袱，逐步交待問題。

④訴苦批判會，要組織被階級敵人陷害的群眾訴階級敵人的苦，用自己的親身遭遇，和血淋淋的事實激發廣大群眾對階級敵人的刻骨仇恨，教育人們「千萬不要忘記階級鬥爭」。

⑤向毛主席「交心會」。人人講講政策，個個出主意，造成強大的政治攻勢，選擇適當的戰機和新的轉折關頭，在他們動搖不定的時候，利用向毛主席「交心」這種做法，迫使敵人老實服法，低頭認罪，徹底交待問題。

⑥以毒攻毒，利用敵人內部的矛盾，背靠背的指出他們之間的利害關係，採取以毒攻毒的方法，發動知情人揭發，爭取動搖分子回頭，狠殺回馬槍，徹底孤立和打擊最頑固的敵人。

⑦「勸降會」，在兵臨城下，條件成熟的時候，組織大小不同的骨幹分子，勸其同黨分子投降，勸降中要著重講清：1）說明自己向人民低頭認罪，繳械投降的思想演變過程；2）講清他們的組織現已處於內外交困，分崩離

析，山窮水盡，眾叛親離的困境，頑強下去是沒有好下場的；3）宣佈內部的一切森嚴紀律無效。以此分化瓦解敵人。

⑧教育留用。對那些不是主要骨幹，罪惡不大，出身歷史較好，又是主動坦白交待，表現好的人員，取得群眾諒解後，可以用或適當調換其他工作。充分體現黨的「給出路」政策，以利爭取多數，反對少數。

⑨組織得到從寬處理的人員談感受。可以組織他們在大會上作介紹，也可以在會下組織小規模的座談，讓他們談談由不交待到交待，由怕到不怕的思想反覆過程，和主動交待得到從寬處理的感受。這樣做可以更充發揮黨的政策威力，促使敵人丟掉幻想，盡快坦白交待問題。

⑩寬嚴大會，就是抓兩頭，促中間，一頭抓「嚴」，一頭抓「寬」。抓「嚴」，就是給予那些任何敢於反抗和破壞的一切反革命分子和頑固不化的分子以嚴厲的打擊；抓「寬」，就是貫徹「坦白從寬」，「給出路」，「擴大教育面」的政策。對那些主動坦白交待，積極檢舉揭發，有立功表現的分子應給予從寬處理。「寬」和「嚴」應在條件成熟的情況下，利用大、中、小不同形式的會議，同時進行當中宣佈。以便拿出「樣子」：寬嚴分明。給尚未交待問題的人指出兩條道路，何去何從，盡快選擇。

（五）召開大批判和批鬥大會，要抓住和具備三個重點，達到三個目的。

召開大批判和批鬥大會，目的是為了充分發動群眾，特別是爭取教育受蒙蔽的群眾，分化瓦解敵人，團結一切可以團結的力量，集中力量，狠狠地打擊一小撮頑固不化的階級敵人。

三個重點是：①選準問題嚴重，民憤大的活靶子做為批鬥對象，集中火力集中目標，上和劉少奇，烏蘭夫掛鉤，下和本地區，本單位的走資派聯繫，狠狠猛批他們的反黨叛國以及其他反革命罪行；②抓住重點問題單刀直入，狠揭猛批，有揭有鬥，有批有訴，有的放矢，打中要害，有理有力，揭深批透；③培養重點發言人，也就是他們的親人，知情人，受害者，特別是被批鬥著的親屬，他們知道的問題又多又重要。要分別對象，進行思想，政策攻心工作。對受害者要他們用親身遭遇狠揭猛批敵人，激發廣大群眾對敵人的仇恨；對知情人及其同夥，同黨要他們徹底揭露問題，和首惡分子劃清界限，爭取立功自贖。發言人要「多」而「廣」，就是既有革命派的批判，又有受害者的控訴，

又有同夥同黨的揭發還有插話評擊等。總之，要使會議開的有戰鬥力，形成攻、揭、訴、批四面圍攻的局面；講話要「短」而「精」，就是簡短，精悍，有力，就像一把銳利的匕首，直插敵人心臟；問題要抓得「準」而「狠」，有關事實和數據一定要準，打準要害，不給敵人留下逃跑餘地。

通過上述這些做法就可以達到這樣的三個目的：大長無產階級革命派的志氣；團結教育受蒙蔽的群眾；大滅一小撮階級敵人的威風。

六、要求把農村牧區無產階級文化大革命搞得優異，快速，全面，徹底。現在，離春耕大忙僅有月餘，農村，牧區的鬥，批，改要爭分奪秒，不失時機地抓緊進行。我們堅信貧宣隊進駐社，隊，登上社隊政治午臺，一定會以一個嶄新的面貌出現全旗。雖然任務繁重，時間緊迫，但群眾的力量和智慧是無窮的。雖然問題很多，也很複雜，但「農民的眼睛，全然沒有錯的。誰個劣，誰個不劣，誰個最甚，誰個稍次，誰個懲辦要嚴，誰個處罰從輕，農民都有極明白的計算。」為了達到優異、快速、全面、徹底的要求，貧宣隊進駐社、隊之後，要更高地舉起毛澤東思想偉大紅旗，首先要從思想上著手，用毛澤東思想宣傳、組織、武裝群眾，相信群眾、依靠群眾，堅決支持群眾的首創精神和一切革命行動。把廣大群眾組織起來，辦好農村、牧區學習班，編好班、排、連，形成一個有組織、有紀律的堅強的戰鬥集體，用毛澤東思想統帥一切，開展各項工作。偉大領袖毛主席把搞農村、牧區鬥、批、改的重擔交給了我們，我們一定要為毛主席爭氣，有毛主席給我們撐腰，有戰無不勝的毛澤東思想作統帥。有中國人民解放軍作後盾，有各級革命委員會的堅強領導，只要我們和廣大的貧下中農（牧）、廣大革命群眾團結在一起，就能攻無不克、戰無不勝！就能優異、快速、全面、徹底的搞好清理階級隊伍，奪權農村、牧區無產階級文化大革命全面勝利，迎接黨的「九大」的勝利召開，向偉大的祖國二十大慶獻禮！

緊跟偉大領袖毛主席奮勇前進，勝利是屬我們的！

《大海航行靠舵手，幹革命靠毛澤東思想》
察右後旗革命委員會編印
一九六九年元月十七日

28.關於在農村牧區組織貧下中農（牧）毛澤東思想宣傳隊的意見（1969.01.17）

最高指示

這個貧農領導，是非常之需要的。沒有貧農，便沒有革命。若否認他們，便是否認革命。若打擊他們，便是打擊革命。

我旗農村、牧區廣大貧下中農、貧下中牧和各族革命群眾，高舉毛澤東思想偉大紅旗，緊跟毛主席的偉大戰略部署，在毛主席的一系列最新、最高指示指引下，無產階級文化大革命取得了偉大的勝利、無論在政治上、思想上和經濟戰線上都做出了顯著成績，形勢一片大好，而且越來越好。在這大好的形勢下，組織貧下中農（牧）毛澤東思想宣傳隊（以下簡稱貧宣隊），對於在農村、牧區「認真搞好鬥、批、改」，奪取無產階級文化大革命的全面勝利，對於貫徹毛主席「抓革命，促生產，促工作，促戰備」的偉大號召，具有十分重大的意義。

貧下中農（牧）是黨歷來在農村、牧區堅決依靠的力量是農村、牧區無產階級文化大革命的主力軍。「沒有貧農便沒有革命。」沒有貧下中農（牧）就不可能擊退在農村牧區的資本主義復辟的勢力，就不可能用無產階級的世界觀去改造和建設社會主義的新農村、新牧區，就不可能奪取農村牧區無產階級文化大革命的勝利，從而也就沒有整個無產階級文化大革命的全面勝利。之所以要由貧下中農（牧）組織貧宣隊，就是因為貧下中農（牧）對毛主席最忠、接受毛澤東思想最快、最深、對階級敵人最狠，階級鬥爭和路線鬥爭覺悟最高，無產階級革命堅定性和徹底性最強，立場最堅定，旗幟最鮮明，愛憎最分明，對農村牧區的情況最熟。最有能力領導農村、牧區的無產階級文化大革命，最能團結一切可以團結的力量，徹底戰勝一切階級敵人，從而去鞏固和強化無產階級專政，保證我們國家千秋萬代永不變色。對此，我們特作如下安排

意見：

一、貧宣隊組織形式與產生的方法：

（一）貧宣隊員的條件：

1、高舉毛澤東思想偉大紅旗，突出無產階級政治，活學活用毛澤東思想無限忠於毛主席，無限忠於毛澤東思想，無限忠於毛主席的無產階級革命路線的貧下中農（牧）中的優秀分子；

2、歷史清白、社會關係好，政治可靠；

3、有一定的工作能力，有革命幹勁，群眾關係好，有威信，辦事公正，沒有私心；

4、在兩個階級、兩條道路、兩條路線鬥爭中，立場堅定，旗幟鮮明，敢於鬥爭，善於鬥爭；

5、能夠緊跟偉大領袖毛主席的偉大戰略部署，模範的執行黨的各項方針政策。

（二）組織形式與產生的方法：

人員組織原則上是「七、五、五」，即每個公社進駐7人，大隊進駐五人，小隊五人。人員配備上要注意代表的廣泛性，要老、中、青結合，農、幹、兵結合（農，是貧下中農、牧代表，幹是革命領導幹部，兵是民兵。）編隊時，公社原社不動，大隊最好本大隊二人，外大隊三人混合組成生產隊可以原地組織也可以在本大隊範圍內適當調配。這樣便於取長補短，交流經驗，互相鼓勵，互相促進。貧宣隊員要經過充分醞釀討論，由貧下中農、貧下中牧推選出來，然後大隊審查，公社批准，報旗備案。

組織貧宣隊是無產階級文化大革命運動中的一種新的創舉，是毛主席偉大戰略部署的重要組成部分，是毛澤東思想的又一偉大發展，貧宣隊是在新形勢下農村牧區最富有革命朝氣和戰鬥風格的新型組織。其中，絕大多數的人通過階級鬥爭的鍛鍊和考驗，成為既是整黨的骨幹力量，又是建黨的新鮮血液；

既是領導班子的納新對象，又是貧協組織的成員。各級革命領導班子和廣大革命群眾必須大力支持他們，尊重他們，幫助他們，信任他們。毛主席教導我們說：「工人階級也應當在鬥爭中不斷提高自己的政治覺悟」，貧宣隊員也要在運動中自覺地，刻苦地學習毛澤東思想和黨的各項方針政策，在改造客觀世界的同時改造主觀世界，不斷地提高自己的政治覺悟和階級覺悟。

二、貧宣隊的任務：

一個緊跟：

就是緊跟毛主席的偉大戰略部署，緊跟毛主席的每個最新指示，緊跟無產階級司令部的各項戰鬥號令，時時緊跟，事事緊跟，處處緊跟，步步緊跟，毛主席的最新指示一下達，無產階級司令部的戰鬥號令一發出，就要聞風而動，雷厲風行，忠實貫徹，堅決執行，說幹就幹，幹就幹好。

三個狠抓是：

1、狠抓根本不轉向。這個「根本」就是活學活用毛澤東思想，用毛澤東思想統帥一切，用毛澤東思想「統一認識，統一政策，統一計劃，統一指揮，統一行動。」要把活學活用毛澤東思想放在高於一切、大於一切、先於一切、重於一切的首要地位，做到學習毛澤東思想，一分一秒不放鬆；宣傳毛澤東思想，一時一刻不間斷；貫徹毛澤東思想，一絲一毫不走樣；捍衛毛澤東思想，一生一世不動搖。要用毛澤東思想宣傳群眾，發動群眾，組織群眾，武裝群眾，不斷幫助群眾提高階級鬥爭和路線鬥爭覺悟，用毛澤東思想去佔領農村牧區每一個人的靈魂，每一寸土地。

2、狠抓一個「權」字。毛主席說：「革命的根本問題是政權問題。」政權是工人、貧下中農和廣大革命群眾的生存權，生命權。農村、牧區的問題千條萬條，條條連在「線」上；農村牧區兩條路線鬥爭的中心是領導班子問題。解決好領導班子問題，是今冬明春農村牧區鬥、批、改重點的重點。千抓萬抓，權不在我們手裡就是瞎抓。政權政權，生命相連。有了權，就有了一切；

沒有權，就喪失一切。貧宣隊，就是毛澤東思想的宣傳隊，是捍衛無產階級政權的戰鬥隊。「人民得到的權利，絕不允許輕易喪失，必須用戰鬥來保衛。」這個「權」字又集中地表現在領導班子上林付主席說：「領導班子很重要，領導班子就是政權。」什麼樣的班子，決定著舉什麼樣的旗，走什麼樣的路，實行什麼樣的階級專政。「歷史的經驗值得注意。」我們看問題必須看實質，不能單看形式。對政權問題也是如此，要看權掌握在什麼人手裡。革命委員會是在兩個階級、兩條道路、兩條路線的激烈搏鬥中誕生的，因此不可避免地要混進不等數量的壞人和不同程度的蛻化變質分子。所以，我們對各種類型的領導班子要採取不同的方法來鞏固和加強。「革命委員會好」就好在「革命」二字上，如果被壞人篡了權，那就的奪過來，絕對不能讓敵人革我們的命，專我們的政。

根據我旗各級領導班子的情況，大體有三種類型，貧宣隊進駐後要分別不同情況，開展工作。

①領導班子是好的和比較好的。即領導班子比較純潔，高舉毛澤東思想偉大紅旗，突出無產階級政治，緊跟毛主席的偉大戰略部署、狠抓根本不轉向，狠抓階級鬥爭不轉向，核心團結，作風深入，聯繫群眾，能夠很好地「抓革命，促生產」。對於這樣的領導班子，貧宣隊要信任、尊重、幫助、支持。要幫助進一步實行一元化領導，用毛澤東思想及時總結經驗，以推動農村牧區的鬥、批、改。要搞好團結，互幫互學，彼此促進，並肩戰鬥，共同提高。個別思想上、工作上、作風上有一點毛病和缺點的同志，要通過辦學習班，用批判和自我批判的方法來解決，在毛澤東思想的原則基礎上「統一認識，統一政策，統一計劃，統一指揮，統一行動。」用毛澤東思想掌好權，用好權，達到鞏固、發展的目的。

②領導班子是中間狀態的。這類班子的領導權基本上掌握在貧下中農（牧）手裡，但有不同程度的蛻化變質分子和不等數量的壞人，團結不夠好，工作一般化。對於這類領導班子首先要團結和依靠其中的革命領導幹部和革命同志要充分發動群眾，深入瞭解情況，搞好調查研究，通過辦學習班和革命大批判的方法，揭開階級鬥爭的蓋子，用階級分析的方法，分清哪些是好人，哪些是壞人，對那些好人犯了錯誤甚至是嚴重的錯誤，既要嚴肅的批判教育，又要熱情

幫助，並要給予改正錯誤的時間和機會，「在他們有了覺悟的時候，及時解放他們。」根據其表現，酌情留用或分配其他工作。對那些混進領導班子證據確鑿的壞分子要堅決清理出去，從思想上、組織上「吐故納新」，更新領導班子。

③領導班子是差的。即領導班子嚴重不純，大部或全部權力在壞人手裡，死捂階級鬥爭蓋子，包庇壞人，陷害好人，鎮壓革命，瓦解集體經驗，破壞社會主義建設。對這類領導班子，要堅決依靠廣大貧下中農、貧下中牧把路線鬥爭交給群眾，通過大辦學習班的方法，放手發動群眾，開展「四大」，徹底揭開階級鬥爭蓋子，把壞人統統揪出來，把權奪過來。在鬥爭中牢固樹立貧下中農（牧）絕對優勢，徹底改組這類領導班子，把那些經過階級鬥爭實踐鍛鍊和考驗的無產階級革命派和貧下中農（牧）中的優秀分子吸收進來，組成新的領導班子。用活生生的階級鬥爭事實打擊敵人，教育群眾。

3、狠抓階級鬥爭不轉向。抓階級鬥爭，就是要狠抓兩個階級、兩條道路、兩條路線的鬥爭，也就是要從政治上、思想上、組織上進行整頓，清理階級陣線，實行「吐故納新」。在當前，要特別狠抓清理階級隊伍的工作。毛主席教導我們：「清理階級隊伍，一是要抓緊，二是要注意政策。」我們一定要把清理階級隊伍工作抓緊再抓緊，一定要堅決貫徹執行毛主席的無產階級政策。要以最大的決心、最快的速度，做好「六查」工作：（一）查壞人：查混入革命隊伍內部的特務，叛徒，死不改悔的走資派和各種反革命分子；（二）查成分：沒有土改的農村、牧區必須按照黨中央規定的政策劃階級定成分；土改不徹底的地方必須進行全面的階級複查；土改基本上好的地方也要把漏劃或包庇下來的人搞清；對於已經土改過，但未劃過下中農的地方，要從中農中把下中農劃出來，以擴大依靠力量；外來戶必須限期索取原籍公社革命委員會以上的證明；（三）查歷史：查清敵偽軍、政、警、憲、特和各種反動組織，反動壞道門徒，特別是這些人中的骨幹分子的歷史；（四）查外來戶：徹底查清45年──47年、48年──51年、52年以後這三個時期外來戶的來地、戶數、人口，有無遷移證明及思想表現；（五）查案情：查清本社、隊、解放以來所發生的政治、刑事案件，破獲情況，處理結果，壞人及可疑者的下落和表現等；（六）查槍桿子：在清理階級隊伍的同時，要查清民兵組織的槍桿子是否真正

掌握在忠於毛主席、政治覺悟高、歷史清白、社會關係好，政治上絕對可靠的貧下中農（牧）子弟手裡。這「六查」既是一場尖銳，複雜的階級鬥爭，又是一項艱苦細緻而又光榮的政治任務。「誰是我們的敵人？誰是我們的朋友？這個問題是革命的首要問題。」只有這樣，才能分清敵、我、友，才能分清依靠誰、團結誰、打擊誰，團結一切可以團結的力量，徹底孤立和打擊一小撮階級敵人，鞏固農村牧區的社會主義陣地。

三、八點要求：

1、貧宣隊要更高地舉起毛澤東思想偉大紅旗，自覺地活學活用毛澤東思想，帶頭「鬥私批修」，搞好自身思想革命化。要上靠毛澤東思想不轉向，下靠群眾的力量。要相信和依靠群眾，相信和依靠幹部的大多數，加強調查研究，防止主觀武斷。要「重證據，重調查研究，嚴禁逼、供、信。」穩、準、狠地打擊一小撮階級敵人。任何違犯這一教導的做法，都是違犯毛主席的教導的做法。

2、要充分發揚民主，走群眾路線，堅決貫徹執行毛主席教導的「沒有民主，不可能有正確的集中，因為大家意見分歧，沒有統一的認識，集中就建立不起來。什麼叫集中？首先是要集中正確的意見。在集中正確意見的基礎上，做到統一認識，統一政策，統一計劃，統一指揮，統一行動，叫做集中統一。」

3、堅決貫徹執行毛主席的無產階級政策，嚴格區分兩類不同性質的矛盾，特別注意掌握好以下十個區別：

①把壞人辦壞事和好人犯錯誤區別開來；

②把屢教不悔和好人犯錯誤區別開來；

③把犯有嚴重政治錯誤和犯有思想，作風上的錯誤區別開來；

④把有重大政治歷史問題和有一般政治歷史問題的區別開來；

⑤把反動組織中的骨幹分子和一般成員區別開來；

⑥把存心作惡和被「拉下水」的區別開來；

⑦把有「三反」言行和有一般的錯話錯事的區別開來；

⑧把五類分子和「可以教育好的子女」區別開來；

⑨把主動坦白和頑固不化的區別開來；

⑩把五類分子中仍然堅持反動立場幹壞事的與服法接受改造的區別開來。

這樣做，可以擴大教育面，縮小打擊面，達到「利用矛盾，爭取多數，反對少數，各個擊破」的目的。

4、發揚貧下中農（牧）的優良作風，密切聯繫群眾，一定要和廣大貧下中農（牧）實行「五同」，即同吃，同住，同勞動，同學習，同戰鬥。「五同」做的越好，越有共同語言，越能團結群眾，越有戰鬥力量。

5、提高革命警惕性，做到「五防止」，即防止階級敵人搗亂破壞；防止階級敵人把水攪混陷害好人；防止被敵人鑽空子；防止敵人行兇、自殺、逃跑；防止殺人滅口，消贓滅證。

6、嚴守「五不」，即一不請客送禮；二不侵犯群眾利益；三不搞宗派活動；四不自私利；五不擅離職守。

7、向解放軍學習，做到三個忠於、四個無限，堅持四個第一，大興三八作風，遵守三大紀律、八項注意，提倡艱苦奮鬥，發揚革命傳統，樹立完全徹底為革命，全心全意為人民服務的新風尚。

8、認真貫徹執行毛主席「抓革命，促生產，促工作，促戰備」的偉大號召，全面完成黨的八屆十二中全會公報和元旦社論提出的各項戰鬥任務。以大寨為榜樣，狠抓革命，猛促生產，和廣大貧下中農（牧）一道，奪取1969年農牧業生產大豐收。

四、生活問題：

1、貧宣隊員是不脫產的毛澤東思想宣傳員，因此，都要參加所進駐隊的生產勞動，由進駐隊給評工記分，並參照原隊分值付予報酬，差額由大隊合理均攤。因公誤工補助工分由進駐單位開據證明，由各隊合理分擔。

2、貧宣隊生活問題。口糧原則上每人每日按一斤成品糧油進駐隊暫墊，而後由所在隊過撥，口糧不足部分由社隊機動糧補足。生活費用每人每日二角，由公社公益金統一解決。住宿由進駐隊安排。

3、因貧宣隊員外出其家屬在生產或生活上引起諸方面的不便和困難，由家屬所在隊給予適當照顧和安排。

五、領導問題：

要實施旗、社隊逐級領導。按照這個領導，小隊、大隊、公社的貧宣隊要定期（每週）逐級反映，上報一次情況和數據（表報），上下通氣，互通情報，使運動健康發展。特殊情況可隨時上報。

（貧宣隊、工宣隊、軍宣隊均可利用）

《大海航行靠舵手，幹革命靠毛澤東思想》
察右後旗革命委員會編印
一九六九年元月十七日

29.相信群眾，依靠群眾，徹底揭開反革命組織「內人黨」的蓋子，把「挖肅」鬥爭進行到底（1969.01.17）

最高指示

這次無產階級文化大革命，對於鞏固無產階級專政，防止資本主義復辟，建設社會主義，是完全必要的，是非常及時的。

察右後旗地處反修前哨，集二線縱貫全境。地形複雜、敵人社會基礎雄厚，有各種反動、特務組織。加之，解放後、土改不徹底，外地流入人員多，各種特務、叛徒及反革命分子在內蒙反黨叛國總頭烏蘭夫的卵翼下，長期隱蔽了下來，形成了一個龐大的反黨叛國集團。這些人有的已混入革命隊伍和新生的紅色政權。我們六月份介入該旗文化大革命後，在人武部和革命群眾的幫助下，首先對社情、民情、敵情進行了詳細的調查研究，在掌握情況的基礎上，採取先前沿，後會戰，再縱深的辦法，用偉大的毛澤東思想充分發動了群眾、徹底揭開了後旗階級鬥爭蓋子，破獲了「206」案件，摧垮了以都（都希，後旗反黨叛國的總頭目）、關（關其格扎布，後旗「內人黨」總部副書記）、青（青格勒，後旗反黨叛國集團主要頭目）為首的反黨叛國集團，瓦解了後旗「內人黨」組織。到十一月底，已挖出美、將、蒙特務組織17個，叛徒集團3個，各種壞人1609人。並揪出了以關、陶、白（均系反黨叛國的主要頭目）為首的，混進各級革命委員的壞人23名，鞏固了紅色政權。我們的做法是：

一、依靠群眾，調查研究，選好突破口，打好前哨戰

我們一介入該旗文化大革命，就開始了以革命大批判和清理階級隊伍為中心內容的「挖肅」運動。我們發現兩派革命群眾組織（「井岡山」「造反

兵團」）中「井岡山」派中因混進壞人較多，一部分人對「挖肅」運動抱有消極態度而「兵團」派大部分人則迫切要求搞好「挖肅」運動。毛主席教導我們說：「在多數情形下，一個偉大的鬥爭過程，其開始階段、中間階段和最後階段的領導骨幹，不應該是也不可能是完全同一的；必須不斷地提拔在鬥爭中產生的積極分子，來替換原有骨幹中相形見絀的分子，或腐化了的分子。」我們遵照毛主席這一偉大教導，堅決依靠「挖肅」積極的群眾，教育、爭取大多數，團結內部，共同對敵。後旗歷來是帝、修、反非常「重視」的地方，各種特務明來暗去，黨內頭號走資派劉少奇在內蒙的代理人烏蘭夫也把後旗當作叛國投修的跳板，是屬掃帚不到的地方，根據我們調查，該旗民情、社情、敵情，歸納起來有雜、廣、老、多的特點。「雜」就是地區複雜，民、社情複雜。解放前這裡是日本、國民黨、偽蒙古軍、長鬍子統治的地方，曾住過五、七、八師、十路軍、十二旅等偽部隊。日本和國民黨不僅在這裡建立了行政機構，而且還建立了反動黨、團組織、警察署、情報站等特務組織。解放後，由於土改不徹底和烏蘭夫反黨叛國集團的包庇下，絕大多數壞傢伙沒有受到打擊，這些殘渣餘孽不僅保存了下來，而且有的還受到重用；「廣」就是敵人分佈的面廣，上至首腦機關，中到局、科、股、站、下至社、隊之間。日、美、蘇、蒙特務，五花八門、應有盡有；「老」就是階級敵人反革命班底老，潛伏下來的時間長；「多」就是五類、六專分子多，特務組織多，反黨判國分子多，反動道會和宗教迷信的信徒多，政治刑事案件多。自六〇年以來出現書寫反動標語、散發反動傳單、越境叛國等政治案件和其它刑事案件483起，平均每週有一起。有烏蘭夫泡製的「內人黨」及其變種組織「黑虎廳」反黨叛國集團，有一貫道、青紅幫等十三種反動道會門，有天主教、喇嘛教等六種宗教迷信團體，八處教堂，信徒3700多人。因此，階級鬥爭一直非常尖銳、激烈。尤其是旗鎮，是個反黨叛國集團的大本營和頑固堡壘。為了防止「打草驚蛇」，我們遵照毛主席「先打分散和孤立之敵，後打集中和強大之敵。」的教導，採取了先外圍，後「據點」，先一般，後骨幹的作戰方法，選擇了它的外圍據點——烏蘭哈達公社作為突破口。據群眾檢舉、揭發，烏蘭哈達公社歷來階級敵人活動囂張。我們對烏蘭哈達公社進行了認真分析後，認為有下列理由確定為重點突破口。第一、烏蘭哈達是個半農半牧公社，社情複雜，歷來政治案件

多，是烏蘭夫搞反黨叛國的重要「據點」；第二、盟、旗一些「大人物」，如烏盟反黨叛國頭子旺丹和後旗的都、關、青之流，經常在這個公社以「蹲點」為名，大搞黑活動；第三，後旗一座較大的喇嘛廟宇——花廟子坐落在這個公社的賽漢大隊，重點懷疑對象——活佛，住在這裡，經常鬼鬼祟祟，和都、關、青之流來來往往，內蒙反黨叛國重要頭目當日布、巴圖也經常活動於花廟子，這裡可能是敵人的「議事廳」。我們決心一下，就立即由旗軍官會組成專案班子，制定了作戰方案，和公社配合，展開了戰鬥。通過發動群眾檢舉、揭發、內查外調，又經過反覆分析排隊，認為賽漢牧業大隊就是後旗反黨叛國集團活動的中心點，是大搞內外蒙合併，製造民族分裂和大造反革命輿論的前哨地，所以又決定在這個大隊打開缺口，接著就在這個大隊和公社舉辦了以對敵鬥爭為中心內容的學習班，我們讓當日布、巴圖、佛活，參加學習班，列為重點攻擊對象。學習班開始後，有些人思想鬥爭激烈，吃不進飯，睡不著覺。特別是當日布被盟群專以後，對活佛震動很大，表現反常，思想沉悶。我們根據其表現，就選定活佛為重點突破對象，活佛是烏盟政協委員，是民族上層人物既搞封建迷信活動，又會行醫，經常以活佛身分活動於區、盟、旗領導層及牧民群眾之中，又和後旗反黨叛國頭子都、關、青經常密切來往，有一定活動能量，知情多，可能是個三級聯絡員和骨幹分子，突破後，對徹底揭開後旗階級鬥爭蓋子，可提供大量情況。活佛是個單身漢沒有後顧之憂，相比之下，他又算不了一個老奸巨猾的分子容易突破。根據上述調查分析，確定活佛為突破口之後，就採取了先壓後拉，內外結合，上下聯繫，政策攻心的辦法。通過大會轟，小會追，個別談，啟發誘導，交待政策，指明出路，針對性的作好思想工作。這時活佛已開始動搖，但又不徹底交待問題。為突破這個難關，我們組織全體戰鬥員，學習了毛主席的教導：「我們革命黨人必須懂得他們這一套，必須研究他們的策略，以便戰勝他們。」識破了敵人的花招，進一步摸清了活佛不交待的主要原因有：一、怕同黨分子報復暗殺，二、怕勞改坐獄，三、怕戴帽管制。針對敵人的思想活動，經過講形勢和反覆交待政策，指明出路，使活佛交待了他是內蒙、烏盟、後旗「內人黨」組織的三級聯絡員和後旗「內人黨」組織及分佈情況，並提供了一百多名「內人黨」名單和活動情況，其中科、股以上的幹部80多名，為我們突破其他人員提供了第一批「彈藥」。

　　為核實活佛交待的問題和進一步摸清敵人內幕，我們又和另外兩個反黨叛國頭目接了火。一開始，我們就對其實行政策攻心，適當的打出幾發「炮彈」，震動了敵人。經過十多天的激戰，攻下了這兩個敵人，初步交待了問題，經核實和活佛交待的基本相符。這使參加學習班的一些「內人黨」骨幹分子和一般成員，看到組織已暴露，大勢已去，大部分人也都交待了問題。烏蘭哈達前哨戰，取得了決定性的勝利。

二、放手發動群眾，組織大會戰，打一場人民戰爭

　　烏蘭哈達前哨戰的勝利，大大鼓舞了全旗廣大革命群眾向階級敵人主攻戰的信息，為進一步向縱深發展開闢了道路。

　　毛主席教導我們說：「我們的權力是誰給的？是工人階級給的，是貧下中農給的，是占人口百分之九十以上的廣大勞動群眾給的。我們代表了無產階級，代表了人民群眾，打倒了人民的敵人，人民就擁護我們。共產黨基本的一條，就是直接依靠廣大革命人民群眾。」為了迅速擴大戰果，摧毀反黨叛國的老巢，我們按照包鋼、二冶的經驗，立即組織大會戰，於6月27日舉辦了以對敵鬥爭為中心內容的毛澤東思想學習班。學習班以原人、旗委為主戰場，吸收其它機關，公社等單位的造反派、知情人和重點人物參加，共317人組成三個連、七個排、十九個班，還有八個分戰場配合，革委會領導成員和支左人員都深入第一線，親臨戰場，指揮這次戰鬥。在此期間，我們還派宣傳隊深入各公社，大張旗鼓的宣傳內蒙革委會關於對「內人黨」的處理意見，並把其中第三部分印成通告發至全旗廣泛地進行宣傳，作到家喻戶曉，人人皆知，為了配合主戰場，我們還在「內人黨」比較集中的九個公社建立了「內人黨」登記站，登記人員根據各地情況，深入生產隊進行宣傳、登記。從農村到城鎮形成了一個強大的政治攻勢，使階級敵人陷入人民戰爭的汪洋大海之中。毛主席教導我們說：「敵人是不會自行消滅的。無論是中國的反動派或是美國帝國主義在中國的侵略勢力，都不會自行退出歷史舞臺。」大會戰一開始，階級敵人預感末日來臨，極力保存實力，千方百計的負隅頑抗。他們祕密接頭，內外串聯，互相串供，訂立攻守同盟，對我們採取了看、聽、套、探的四字偵察和

拉、壓、聯、掩、頂、推、磨、混的八字防禦，構築「工事」，與我們磨時間，兜圈子，準備決一死戰。如混進革委會的「內人黨」總部副書記關其格扎布（革委會副主任），群眾讓他寫材料，說手痛，讓他談問題，說是舌頭硬，讓他想問題，他說，腦袋痛，擺出一副決戰的架勢，企圖和我們頑抗到底。在這種情況下，個別同志產生了急躁情緒。如一連二排選擇了兩名比較頑固之敵為突破口，但突了幾天越突越硬，同志們又氣又急。我們發現後，就組織全體同志學習毛主席關於「從敵軍諸陣地中，選擇較弱的一點（不是兩點）猛烈地攻擊之，務期必克。得手後，迅速擴張戰果，各個殲滅該敵。」的教導，認真分析了敵情和我們的作戰方法。根據毛主席的教導，一連二排又重新選擇了知情多，又膽小怕事的旗委農牧部幹事塔木為突破口。大抓其活思想，以政策攻心，採取由現象到本質，由淺入深，暫不上綱上線，誘敵深入的辦法。塔木出身比較貧苦，有接受階級教育，重新作人的基礎。參加學習班後，思想鬥爭激烈，表現反常，思想沉悶。我們抓住這些特點，大講政策，指明出路；發動群眾，人人講政策，個個談形勢，個別攻，小會追，從交待問題中分析動向，從行動中觀察表現，經反覆地政策攻心之後，終於交待了他是「內人黨」的外線聯絡員。為主戰場揭開階級鬥爭蓋子，進一步提供了材料。

各連、排也用同樣的方法，先後打開了缺口。在此基礎上，從多方面查證落實，關、陶、白確實是混入革委會的壞人，特別是關其，據揭發是後旗「內人黨」總部副書記。不把關、陶、白揪出來，就調動不起廣大革命群眾的積極性，教育不了受蒙蔽的群眾，對想交待問題的人，也有很大阻力。針對上述情況，經上級革委會批准，召開了「慶勝利，鼓幹勁」大會，當場揪出了混入革委會的關、陶、白。頓時，群情激昂，義憤填膺，口號聲響成一片，大大地鼓舞了革命同志的鬥志，打中了階級敵人的要害，臺上關其顫抖的不成樣子，臺下「內人黨」韓勿拉片的負責人賈巴牙爾，坐臥不安，頭上直冒汗。會後，賈交待了問題。大部分「內人黨」黨徒看到了自己的主要頭目大部被擒，也都紛紛起義投誠。出現了人人主動交待問題，個個爭取立功贖罪的局面。這樣既教育了對關同情、懷疑、動搖的人，又鼓舞了廣大革命群眾對敵鬥爭的決心。

但是，多數「內人黨」黨徒交待問題後，又產生了另一種想法：能不能得到從寬處理？思想負擔很重。個別頑固分子在人質面前，狡猾抵賴，死不認

罪，為打破這個僵局，穩、準、狠地打擊一小撮最頑固的敵人，我們又分別召開了兩次政策兌現大會，落實黨的「坦白從寬，抗拒從嚴」的政策。在會上，我們讓坦白較好的「內人黨」分子當場揭發了頑固分子的罪行，一小撮頑固分子在大量的人證，物證面前，只好低頭認罪。最後，革委會負責人，根據其罪惡大小，坦白交待的程度和悔過自新的表現，宣佈從寬處理了48名交待好，又有立功表現的一般「內人黨」分子。對三名頑固分子和十名交待不徹底的「內人黨」骨幹分子分別實行群專，隔離和停職反省。在黨的政策感召下，會後又有20多名比較頑固的分子交待了問題。如分戰場任欽（公安局副股長）是「內人黨」骨幹分子，從運動開始，對自己的問題死不交待，繼續與人民為敵，說什麼：「我是被老虎圍在樹上的一個人，硬餓死也不讓老虎吃掉。」決心與人民為敵到底的，也主動地交待了問題。在主戰場上還出現了不少原來共同研究對策，負隅頑抗，訂立攻守同盟的同黨分子，變成互相檢舉、揭發、幫助交待問題的局面，號稱「內人黨」大本營的旗鎮堡壘現在已被基本摧毀了。

三、向縱深發展，抓住主要的人，打殲滅戰

　　「運動在發展中，又有新的東西在前頭，新東西是層出不窮的。研究這個運動的全面及其發展，是我們要時刻注意的大課題。」大會戰像秋風掃落葉一樣，摧垮了後旗反黨叛國集團。但如何使「挖肅」運動向縱深發展呢？對大會戰中的「俘虜」怎樣處理呢？我們遵照毛主席「政策和策略是黨的生命」以及「要擴大教育面，縮小打擊面」的教導，根據內蒙革委會對「內人黨」組織成員的政治歷史背景，入黨動機以及現時的思想表現等作了調查研究，大體可分六種情況：一種是烏蘭夫死黨分子，大搞民族分裂活動，一心想搞內外蒙合併，積極進行反黨叛國活動的旗、社兩級上層領導人物。他們有職有權，罪惡大，一貫與人民為敵。這種人約占「內人黨」黨徒總數的百分之二左右，是屬一小撮頑固分子。他們的表現是狡猾抵賴，避重就輕，蒙混過關，妄圖東山再起；第二種是一些封建、民族、宗教上層人物。長期過著剝削生活。解放後對現實極為不滿，妄想內外蒙合併，他們大搞民族分裂和反黨叛國活動，這種人約占「內人黨」黨徒總數百分之二左右，但這種人比較膽小怕事，

經過教育，可分化瓦解一批，其中大部分人屬頑固分子；第三種是出身不好，歷史不清，社會關係複雜，對現實也極為不滿，這種人約占「內人黨」黨徒總數的百分之三十五左右。其表現是認為歷史不好，又參加了「內人黨」組織，怕二罪歸一，罪上加罪。沒有交待的抱著觀望，打聽交待人的處理結果，惶惶不安；第四種是資產階級名利思想嚴重妄想內外蒙合併後，脫離農村、牧區，撈個「一官半職」。這些人大部分出身較好，年輕人較多，容易接受教育，只要通過宣傳黨的政策後，一般能主動交待，積極檢舉、揭發，這種人約占「內人黨」黨徒總數的百分之十左右；第五種是民族情緒嚴重，這些人大部分出身較好，解放後才翻了身，因有狹隘的民族主義思想而加入了「內人黨」，這部分約占「內人黨」黨徒總數的百分之四十左右，他們又接受教育重新做人的基礎；第六種是屬受欺騙而加入「內人黨」，約占「內人黨」黨徒總數的百分之七左右，他們對「內人黨」的性質、任務、目的模糊不清。針對以上情況，我們堅決執行「坦白從寬，抗拒從嚴」的政策，對六種人採取不同的對待辦法；前三種人，應定為敵我矛盾。但對他們要進行政策教育，指明出路，以便分化瓦解。如能主動徹底坦白交待，有悔改表現，並能揭發別人及其組織情況的，可從寬處理；立大功的根據情況也可以不按反革分子論處；經過群眾鬥爭，能坦白交待，並能揭發同夥的，可根據情況，按主動坦白分子處理；對於證據確鑿，死不坦白，頑固抗拒的分子，必須嚴加懲處。後三種人，應採取正面教育方針，提高他們的政治覺悟，啟發他們交待問題。對能坦白交待，並能劃清界限的，可不按敵我矛盾處理。

我們的具體作法是：內查外調和群眾鬥爭相結合。組成一個對敵鬥爭指揮部，下設兩個戰鬥隊，分兩條戰線進行戰鬥。一條是建立「內人黨」骨幹分子專人檔案。內查外調，落實問題，作到認證、物證、旁證俱在。另一條是開展強大的政治攻勢，發動群眾，對準以都、青為首的一小撮頑固分子猛烈開炮，集中火力，集中目標，掀起革命大批判高潮。以都、青之流為活靶子和大叛徒劉少奇及當代王爺烏蘭夫掛鉤，開展大、中、小相結合的批鬥會，揭發其罪惡，肅清其流毒。同時進一步查證落實材料。對一般「內人黨」黨徒，沒有重大罪惡活動者，又願意交待，有立功表現者，採取辦小型的毛澤東思想學習班，反覆學習毛主席一系列最新指示和內蒙革委會對「內人黨」的處理意見，

政策攻心，觸及靈魂，促使速迅覺悟，進行登記。在學習班裡，經常召開「政策兌現」大會，每次「政策兌現」大會就是一次批判大會，就是一次控訴大會在烏蘭哈達公社召開的「政策兌現」大會上，賽漢三隊「內人黨」一般黨徒巴登格勒娃，控訴了反革命組織「內人黨」所犯下的滔天罪行，痛哭流涕地說：「我從小給牧主撐牛放羊，父母也給牧主放牛、羊勞累而死，毛主席來了，我翻了身，但忘了本，參加了反革命組織『內人黨』，現在毛主席又挽救了我，我沒有別的，只有好好讀毛主席的書，聽毛主席的話，積極參加勞動，來感謝毛主席。」

四、反右傾，頂暗流，把「挖肅」鬥爭進行到底

　　毛主席教導我們說：「不是東風壓倒西風，就是西風壓倒東風，在路線問題上沒有調和的餘地。」「正確的政治的和軍事的路線，不是自然地平安地產生和發展起來的，而是從鬥爭中產生和發展起來的。」後旗「挖肅」鬥爭的過程，一直存在著十分激烈的「挖肅」和反「挖肅」，「翻案」和反「翻案」的鬥爭，右傾翻案的妖風一直在干擾著這場偉大的「挖肅」運動。我們懷著對偉大領袖毛主席的赤膽忠心，頂黑風，戰惡浪，勇敢捍衛毛主席無產階級革命路線。正當全旗廣大軍民意氣風發、鬥志昂揚地向烏蘭夫反黨叛國集團大舉進攻、圍剿的時候，我區個別領導便跑出了一條右傾機會主義路線，我們大會戰剛剛結束，就有人出來放風說：「後旗的『內人黨』是打出來的」，「後旗『內人黨』現在起來翻案是有道理的」；後旗的「挖肅」搞的「過火」了，「打擊面寬了」等等，企圖翻案，破壞偉大的「挖肅」運動。毛主席的「認真搞好鬥、批、改」和一系列最新指示給我們指明了方向，使我們心明眼亮，立場堅定。階級敵人的陰謀未能得逞。九月間，內蒙刮起了一場右傾翻案的妖風，後旗的階級敵人也蠢蠢欲動。他們打著所謂「緊跟」的旗號，突出一個「改」字，勒令「挖肅」運動「下馬」、「煞車」，搞清簡機構，宣佈下放名單。並挑動一部分群眾，向我們施加壓力，捏造罪名，到處搧陰風，點鬼火，把後旗「挖肅」運動說得漆黑一團，一無是處，公開擺了「第二戰場」，搞第二個「中心」，開黑會，辦黑事，鼓吹「天下太平」，抹殺階級鬥爭，妄圖

撲滅階級鬥爭的熊熊烈火，支持牛鬼蛇神，寫血書上搞翻案，胡說「再挖，地
就挖穿了」，「『挖肅』是資產階級反動路線的心反撲」，「是在新形勢下，
壓制老造反派」，「我這一派挖多了，你那一派挖少了」等等。在這樣的情況
下，是把以革命大批判和清理階級隊伍為內容的「挖肅」進行到底呢？還是半
途而廢呢？毛主席教導我們說：「建立三結合的革命委員會，大批判，清理階
級隊伍，整黨，清簡機構，改革不合理的規章制度，下放科室人員，工廠裡的
鬥、批、改，大體經歷這麼幾個階段。」毛主席的指示是我們「挖肅」的指路
明燈，使我們更加堅定了「挖肅」的信心，又一次識破了階級敵人破壞「挖
肅」的陰謀。十月底和十一月初，正當後旗群魔亂舞，右傾翻案暗流達到高峰
的時候，黨的八屆擴大的十二中全會公報發表了，我旗廣大革命群眾歡欣鼓
舞，立即掀起了大學習，大宣傳，大落實的高潮。在《公報》的指引下，旗革
命委員會召開了第二次全委（擴大）會，以毛主席一系列最新指示和《公報》
為指針，傳達貫徹了內蒙革委會第四次全委擴大會議精神，狠抓了階級鬥爭，
並組織了近千人（組成四個戰鬥隊）對敵人展開第二個戰役，進一步掀起了
「挖肅」鬥爭的新高潮。現在後旗廣大革命群眾鬥志昂揚，反右傾暗流的革命
火越燒越旺，已揪出右傾翻案的急先鋒、現行反革命分子、反革命兩面派劉衛
星、牟妙玲並教育爭取了上竄下跳，積極為都、青反黨叛國集團翻案的黑幹將
宋××。取得了反右傾頂暗流外圍戰的首戰告捷。我們支左人員在反右傾頂暗
流的戰鬥中，牢記毛主席的「政策和策略是黨的生命，」的教導，對參與右傾
翻案活動的人，作到了區別對待：對壞人幹壞事與好人犯錯誤嚴格區別開來。
好人執行右傾機會主義路線，大多數是認識問題。只要認識了錯誤，取得經驗
教訓改正錯誤就行了。這樣既穩、準、狠地打擊了一小撮頑固的敵人，又防止
了階級敵人利用右的或「形左實右」的惡劣手段來攪亂我們的視線。

　　毛主席最近英明指出：「歷史的經驗值得注意。一個路線，一種觀點，
要經常講、反覆講。只給少數人講不行，要使廣大革命群眾都知道。」因此旗
革命委員會在第二次全委擴大會議進行了開門整風，把路線鬥爭交給群眾，開
展兩條路線的鬥爭，落實毛主席「吐故納新」的指示，把混進革命委員會內部
反革命兩面派以及隱藏很深的階級敵人挖出來，堅定不移地把以革命大批判和
清理階級隊伍為中心內容的「挖肅」鬥爭進行到底。緊跟毛主席的偉大戰略部

署，堅決完成鬥、批、改的偉大任務。決心更好地完成偉大領袖毛主席賦予我們的光榮而艱巨的「三支」「兩軍」工作和其它各項戰鬥任務，在奪取無產階級文化大革命全面勝利的鬥爭中，為人民立新功。

四九〇九部隊駐烏盟察右後旗「三支」「兩軍」工作辦公室
中國人民解放軍內蒙古軍區「三支」「兩軍」
工作經驗交流會

《大海航行靠舵手，幹革命靠毛澤東思想》
察右後旗革命委員會編印
一九六九年元月十七日

30.內人黨反黨叛國罪惡史（1969.01.25）

冰凍三尺，非一日之寒。內人黨仇恨祖國、仇恨共產黨、仇恨社會主義達到如此瘋狂的程度，這有著它的由來和發展。因此，要更好地瞭解內人黨的反動性與危險性，最可靠、最必需、最重要的就是不要忘記基本的歷史聯繫，要揭露它在歷史上怎麼產生，在發展中經過了哪些主要階段，並根據它的這種發展區考察它限制是怎樣的。

內人黨出現於三個不同的歷史時期。一九二五年至一九四五年「八‧一五」日寇投降，為白記（白雲梯）內人黨；一九四五年「八‧一五」至一九四六年「四‧三會議」，為哈記（哈豐阿）內人黨；一九四六年「四‧三會議」，特別是一九四七年「五‧一大會」之後，為烏、哈合營內人黨。在這三個歷史時期，內人黨沿著「賣國──叛國──政變」的黑路急速爬行，成為一個像瘟疫一樣、像臭蟲一樣、像狗屎一樣的反革命民族分裂主義集團。

現在，讓我們追蹤著內人黨的反革命行徑，對它作一個歷史的考察。

（一）

內人黨的前身叫「內蒙古國民黨」，建立於一九二五年十月，在張家口召開了第一次代表大會，選出了以白雲梯、郭道甫為首的十幾名中央執行委員，組成了中央委員會，發表了「內蒙古國民黨成立宣言」。這個黨的領導人大部分是資產階級知識分子右翼，蔣介石在內蒙的代理人白雲梯任委員長，反革命分子、日本走狗郭道甫任祕書長。這個黨的隊伍以資產階級知識分子為基礎，並且吸收了一些官吏、喇嘛，主要成員是蒙古上層，如白雲梯、郭道甫、博彥滿都、福明泰、包悅卿、旺丹尼瑪等。

「內蒙古國民黨」由於領導權操縱在蔣介石在內蒙的代理人白雲梯、反革命分子郭道甫之流的手中，而成分又過於複雜，所以一開始就具有反動的性質。它的政治主張是資產階級民族主義的，總的目的就是「蒙古民族團結一致，建立統一的國家」。

　　一九二七年「四‧一二」蔣介石叛變革命，「內蒙古國民黨」基於它的資產階級民族主義政黨的特性，發生了激烈的分化。白雲梯公開投靠了蔣介石，郭道甫也隨之投靠了張學良。同年八月，「內蒙古國民黨」在蒙古首都烏蘭巴托召開了第二次代表大會，選掉了白雲梯的委員長、郭道甫的祕書長領導職務（仍任中央執行委員，不久郭道甫又篡任祕書長），改名「內蒙古人民革命黨」（簡稱「內人黨」），設總部於烏蘭巴托。同年九月，白雲梯於寧夏發表了「清黨宣言」，掀起了反共黑旗，驚呼共產黨「蓋欲將內蒙之一片淨土，作將來赤化之戰場」，叫囂「斷不容赤色帝國主義流行於內蒙古，陷我數百萬人民於水深火熱之中」，決定「將混入本黨內之共黨分子，按名清查，一律開除黨籍」，宣佈「實行中國國民黨三民主義，與中國國民黨旗幟下各黨軍，各團體及與外蒙古國民黨徹底合作」。

　　正當內人黨半死不活的當兒，由這個黨派往蘇聯學習的朋斯克、特木爾巴根等人回到國內，重新和老上司博彥滿都掛鉤，在內蒙東部地區進行內人黨的恢復和發展活動。一九三一年冬，朋斯克、特布爾巴根經哈豐阿介紹，進入了由日寇武裝和操縱的「內蒙古自治軍」任職，一九三二年春，發展了哈豐阿等內人黨二十餘人。

　　一九三一年「九‧一八」，日本帝國主義襲取瀋陽，蔣介石實行「絕對不抵抗」的政策，日寇很快佔領東北全境（包括內蒙古東部地區）。日本帝國主義的進攻，改變了中國的政治情況和階級關係。中國共產黨為了挽救民族危亡，在全國範圍內掀起了一股極其廣泛的抗日反蔣浪潮。但是，和全國各族人民日益高漲的抗日救亡運動相反，內人黨一小撮民族反動派，從郭道甫開始，隨之其他主要成員哈豐阿、特木爾巴根、朋斯克、博彥滿都等，紛紛投靠了日寇，成了蒙奸、日特。由於他們賣國「有功」，大得日寇寵信，這個黨的骨幹分子都成了日偽政權中的高官顯貴。例如：博彥滿都都是偽「滿洲帝國」興安總省省長，哈豐阿是偽「滿洲帝國」興安總省參事官、駐日大使館參贊，瑪尼巴達拉是偽「滿洲帝國」興安總省中央科長、祕書長。這班賣國賊，甘心情願地充當敵人的鷹犬，為虎作倀，力圖使中國變為日本帝國主義的殖民地，使所有的中國人變為亡國奴。日寇要消滅中國，他們就組織了一個「內蒙古自治軍」，由日本出錢出槍，內人黨出人，替日本打仗殺中國人。就是到四五年

初，日寇即將垮臺前夕，這班老賊仍然死心塌地地效忠日寇，積極配合日本關東軍特務機關，組織了「遊記報導處」、「日蒙同盟體」、「護國同盟興蒙會」（即「安達會」）等等特務組織，拼湊特務武裝，制定爆破、破壞和游擊戰等計劃，企圖一旦蘇日戰爭爆發時配合日寇進攻或掩護日寇退卻，內人黨幹盡了出賣祖國、出賣民族的罪惡勾當，真是罪不容誅！

在敵偽時期，內人黨全是一群喪心病狂的大蒙奸，大賣國賊。它的基本隊伍，或是偽興安總省的高級官僚，或是敵偽部隊的高級軍官，或是猖狂反共的日本間諜和國民黨特務，由這些人做骨幹組成了一個賣國賊營壘。這一小撮民族反動派，**自一九二七年四月十二日反革命政變至現在的二十多年的漫長歲月中，難道還沒有證明他們是一夥滿身鮮血的殺人不眨眼的劊子手嗎？難道還沒有證明他們是一夥職業的帝國主義走狗和賣國賊嗎？**

一九二七年「四・一二」、特別是一九三一年「九・一八」以後，白記內人黨實際上已經名存實亡，只有少數黨員流亡國外，設在烏蘭巴托的總部成了空架子，到一九三六年只好宣佈解散。

（二）

一九四五年「八・一五」，在中國共產黨的領導下，中國各族人民經過八年的艱苦奮戰，終於取得了抗日戰爭的勝利。日本帝國主義被迫無條件投降。

日寇倒臺，偽「滿洲帝國」興安總省隨之土崩瓦解，賣國投敵的內人黨成了喪家之犬。這群罪大惡極的賣國老賊，為了逃避人民的懲罰，攫取抗戰勝利果實，趁我黨我軍尚未進入內蒙東部地區之機，搖身一變，又在「民族解放」的旗號下集聚起來，於一九四五年八月十八日，在王爺廟（烏蘭浩特）掛起了「內蒙古人民革命黨」的黑牌子，發表「宣言」，制定「黨綱」、「黨章」，公佈「工作綱領」。由哈豐阿、博彥滿都一手圈定，十七名蒙奸、日特、偽官僚、偽軍官自封為內人黨東蒙本部執行委員和候補執行委員，他們是：哈豐阿、博彥滿都、特木爾巴根、阿思根、莎嘎拉扎布、烏雲達來、旺丹、烏雲必力格、桑傑扎布、額爾登泰、乃日拉圖、宗格布、拉木扎布和都固爾紮部、尼瑪、溫都蘇、烏力吉陶克陶。這個黨的核心，就是在賣國的偽興安總省軍政統

治集團的骨幹，這個黨的總頭子（祕書長），就是偽興安總省赫赫有名的參事官哈豐阿。哈記內人黨就是這樣出籠了。

在思想上，這個黨偽造所謂的「鬥爭歷史」，欺騙輿論。在哈豐阿在內人黨首次黨員大會上所謂的「黨的經歷」的報告中，在內人黨發佈的「政治建設時期的暫行黨務工作要領」關於「宣傳要點」的部分中，以及在內人黨其他一些烏七八糟的東西中，他們死皮賴臉亂吹一頓，把他們這群賣國賊打扮成「為解放內蒙古民族」，而「有形無形的堅持了反抗日本侵略者」、「不屈不撓的祕密工作著」的「英雄」，把他們的賣國史描繪成「向來反抗軍閥和日本帝國主義一直奮鬥到現在」，「做出了許多有價值、有意義的工作」，並且公然吹噓「在王爺廟、新京（長春）、海拉爾、張家口、綏遠等十六個城鎮旗縣，建立了黨部和支部」。他們就是這樣瞞天過海的顛倒黑白，卑鄙無恥的招搖撞騙，當了婊子還要樹牌坊，真是死不要臉！

在組織上，這個黨用「送黨證」、「追認黨齡」等卑劣手段，搜羅黨徒。哈豐阿說：「為了防禦特務的陰謀破壞，已發展的黨員，幾年××中，未使其本人知道本身是黨員的事例，為數也不少。」根據這種荒誕絕倫的組織發展原則，一群被一陣陰風嘯聚起來的賣國遊屍，都被慷慨地一個個的奉送黨政、惠贈黨齡，追封為「八・一五」以前的「地下黨員」。旺丹、木倫、特古斯追贈為四三年入黨，額爾敦陶克陶追贈為四五年五月入黨。大特務瑪尼巴達拉、陶克陶呼二人「未通過黨章手續」，由哈豐阿宣佈「直接吸收」入黨，並成為該黨執行委員。不管哪號牛鬼蛇神，只要對其反黨叛國事業有用，就吸收為「正式黨員」，交代以「黨的工作」。例如：吳春齡「從來就對蒙古民族事業是熱情的」，「在當地有威望」，因此「特推任你為我們黨的正式黨員，擔任喀喇沁旗的黨的工作」。兆×××「很早以前就和國民黨有關係」，又是「出色」的老內人黨徒的兒子，因此「特此任你為正式黨員，交待通遼的黨的工作」。白××××××「從來為蒙古事業積極熱情」，「且負有軍隊的重要責任」。因此「吸收你為正式黨員，並在你所屬的軍隊內設立黨支部」。偽旗長是當然的黨員，「積極」的偽科長優先發展入黨，「在部隊裡（指揮官、士兵）有瞭解黨的政策者，可吸收為候補黨員」。經過幾個月如此這般的發展，內蒙東部大部分旗縣和東北附近一些蒙族聚居地區，都有了內人黨的組織，一度掌握了

這些地區的軍政大權。內人黨就是通過這種特別的「發展」方法，把蒙奸、日特、蘇蒙情報員、偽軍官、偽官僚、上層喇嘛、王公貴族、牧主、地主等等社會渣滓集納起來，組成了一個牛鬼蛇神的大雜燴。

在政治上，這個黨提出了一整套反革命民族分裂主義的政治綱領，陰謀策劃「內外蒙合併」、「內蒙古獨立」。

抗日戰爭結束後，中國國內的階級矛盾發生了新的變化，蔣介石代表的地主買辦階級和中國共產黨代表的人民大眾的矛盾急速增長。在這個關鍵時刻，我們的偉大領袖毛主席及時地英明指出：**「從整個形勢看來，抗日戰爭的階段過去了，新的情況和任務是國內鬥爭。蔣介石說要『建國』，今後就是建什麼國的鬥爭。是建立一個無產階級領導的人民大眾的新民主主義的國家呢，還是建立一個大地主大資產階級專政的半殖民半封建的國家呢？這將是一場很複雜的鬥爭。目前這個鬥爭表現為蔣介石要篡奪抗戰勝利果實和我們反對他的篡權的鬥爭。」**

這是一場抗戰勝利後中國的兩種民運、兩種前途的決定勝敗的戰爭。這一戰爭，在東北地區，包括內蒙古東部地區在內，表現得特別尖銳複雜。根據毛主席《建立鞏固的東北根據地》的偉大指示，我黨我軍派遣大批幹部和部隊進入東北和內蒙東部地區，領導人民消滅日寇和偽滿的殘餘，肅清漢奸，剿除土匪，廣泛開展減租、反霸、清算運動，建立各級民主政府。而國民黨反動派，則在美帝國主義援助下，經海陸空三路向東北大舉運兵，妄圖獨佔全東北。就是在這個關鍵的時刻，內人黨代表王公貴族、牧主、地主、資產階級的利益，適應美帝國主義和國民黨反動派的需要，拋出了它的分裂祖國，聯蔣反共的反動綱領。

圍繞著「建什麼國」的殊死鬥爭，全國廣大勞動人民迫切要求建立一個各民族平等的民主的統一的新中國。而內人黨一小撮民族反動派則扯起了「內外蒙合併」、「內蒙古獨立」的黑旗，以求繼續保存其反動統治。首先，一九四五年八月，他們發表臭名昭著的「解放宣言」、「獨立宣言」，公開宣佈「內蒙古根據內蒙古人民革命黨的指示，從此加入蘇聯和蒙古人民共和國指導之下，成為蒙古人民共和國的一部分」，「要求與西蒙及外蒙等共同建立大蒙古共和國」。緊接著，同年九、十月，他們接二連三地向其黨徒發出「指示」，

要他們「從事與蒙古人民共和國合併的事業」，「爭取和外蒙合二為一」，「為迅速把全內蒙劃歸其國境而努力」，同時要他們「很好的向民眾宣傳和蒙古人民共和國合併的來由」，「向民眾宣傳內蒙和外蒙合併的重要性」，並且向他們強調「黨的工作也以此為重點」。與此同時，他們大搞強姦民意的「內外蒙合併簽名」運動，利用威脅利誘、生拼硬造的手法，在所謂「志願書」上拉人「署名、按指紋」。經過這一陣叛國的緊鑼密鼓之後，內人黨東蒙本部召開第三次執行委員會，會上祕書長哈豐阿躊躇滿志地對他們的叛國「工作」做了一個擊中要害的「總結」，「所做的事情：向人民群眾進行宣傳『合併外蒙』地方上搜集合併外蒙的志願書。」**凡是要推翻一個政權，總要先造成輿論，總要先做意識形態方面的工作。革命的階級就是這樣，反革命的階級也是這樣**。內人黨一小撮民族反動派為了建立他們的反動政權，就是這樣不遺餘力地製造了叛國輿論，大搞叛國活動。

大觀園裡賈寶玉的命根子是系在頸上的一塊石頭，內人黨的命根是實現它的叛國美夢。內人黨一小撮民族反動派，既然自以為已經打好了叛國的基礎，於是乎就急如流星，雙管齊下，實踐起他們的叛國美夢來了。一方面，他們重新操起當年投靠日寇的老行當，「確定」哈豐阿、博彥滿都、特布爾巴根等八人為「代表」，懷著「內外蒙合併」的「願望」，於四五年十月風塵僕僕地潛赴外蒙，進行拍賣內蒙的罪惡勾當。另一方面，他們再次唱起日寇的「滿蒙非中國領土」的論調子，鼓起「內蒙古獨立」的「一直」，匆匆忙忙地搭起了一個什麼「東蒙古人民共和國」，下設六個省，制定了一個鋤頭套馬杆字的「國旗」，由博彥滿都任主席，哈豐阿任祕書長，特木爾巴根任經濟部長，哈豐阿的妹夫、偽滿第九軍營區少校參謀阿思根任內防部長。「內外蒙合併」也好，「內蒙古獨立」也罷，九九歸一：一切為了實現叛國美夢！

一切反動派總是要倒黴的，內人黨也是如此。他們搞「內外蒙合併」，在國外遭到輿論的抵制，碰壁而返；他們搞「內蒙古獨立」，我黨對他們派來的「對外聯絡團」嚴正表示不容許、不支持成立「獨立共和國」，使之狼狽而回。因此，他們只好另闢新路，打出了「高度自治」的旗號，於一九四六年一月十七日，在王爺廟附近的葛根廟召開了所謂「國民大會」，導演了一場篡權人民勝利果實的無恥醜劇。他們發表「宣言」，宣佈「自治法」，頒佈「施政

綱領」，於二月十五日正式成立了由十四名「政府」委員、七名「政府」執委的「東蒙自治政府」。那些自詡為「極可信賴而又愛民如子的領袖」的內人黨魁，一個個「歡欣雀躍」地紫袍加身，博彥滿都任主席，哈豐阿任祕書長，達瓦敖斯爾任民政部長，阿思根任司法部長。偽「興安總省公署」改為「東蒙自治政府」，把「興安軍」改為「內蒙自治軍」。原班人馬粉墨登場，控制了內蒙東部地區的政權，建立了他們的「獨立王國」，中心做起了土皇帝。廣大人民八年苦戰，用鮮血培育成熟的「桃子」，就這樣被內人黨一小撮民族反動派搶去了！

內人黨既然要叛國，就必然要聯蔣反共。他們明目張膽地喊叫：內蒙「按社會經濟發展的特殊性，暫勿需要組織共產黨」，狂妄地宣稱「同中國共產是兄弟黨的關係」。與此同時，他們「誠懇地」向國民黨反動派上書言志，以內人黨東蒙本部的名義，公開發佈了一份奴顏媚骨的「致在東北國民黨黨員書」，轉彎抹角地向人民公敵蔣介石高聲陳述他們與國民黨一致的「曲線救國」情懷。他們稱頌蔣介石有什麼「偉大的革命精神」，使他們「深為佩服」，強調內人黨和國民黨「原來」就是「有著同樣的目標」，「站在同一條戰線上」，「分工合作，殊途同歸」。

好一個「分工合作，殊途同歸」！由內人黨第一號頭子哈豐阿親筆添上的這八個字，使人民由此可以知道：內人黨和國民黨「原來」就是「一丘之貉」！蔣介石要建立一個大地主、大資產階級專政的「中華民國」，內人黨也就要建立一個王公貴族、牧主、地主、資產階級專政的「大蒙古共和國」；蔣介石要把中國出賣給美帝，內人黨也就要把內蒙出賣給外蒙；蔣介石要「三個月消滅共產黨」，內人黨也就反對在內蒙「組織共產黨」。完全不錯，在決定中國兩種命運、兩種前途的「建什麼國」的鬥爭中，內人黨和國民黨千真萬確是「有著同樣的目標」，「站在同一條戰線上」！

內人黨由於臭名遠揚，實在無法繼續鬼混下去，到一九四六年二月，不得不公開宣佈解散，同時另起用了一批後起的民族分裂主義分子諸如特古斯之流，於三月一日又祕密組織了一個以蒙族青年知識分子為主要對象的「新內蒙古人民革命黨」，制定了新的「黨綱」、「黨章」，政治綱領仍然是什麼「實現全蒙古民族的團結統一和獨立」，由哈豐阿任書記，轉入地下活動。

　　至此，哈記內人黨的叛國醜劇進入了尾聲，而另一場由烏、哈合演的更大規模的政變醜劇即將開場。

（三）

　　抗日戰爭勝利之後，烏蘭夫帶領著他在延安民族學院馴育出來的一群嘍囉，以「老革命」的資格、「少數民族救星」的姿態，趕回內蒙「摘桃子」來了。這個大野心家、大陰謀家為了成就「大蒙古帝國」、建立「烏蘭夫王朝」，大搞招降納叛、結黨營私，拼湊他的反黨叛國集團。因此，那個以賣國起家、叛國為業的內人黨，就被烏蘭夫一眼看中了。

　　一九四六年「四‧三會議」，烏、哈兩股反革命實力開始同流合污。烏蘭夫聞知內人黨組成了「東蒙自治政府」的消息之後，便派遣得力助手劉春及克力更、烏蘭、孔飛、包正彥（包彥）、烏力吉娜仁等人組成的代表團，奔赴「東蒙自治政府」駐地王爺廟，會見了內人黨魁博彥滿都、哈豐阿、特木爾巴根，邀請他們到赤峰（後改在承德）共同「協商」關於「統一內蒙古」的問題。這樣，一九四六年三月十三日——四月三日，在承德召開了「內蒙古自治運動統一會議」（簡稱「四‧三會議」或「承德會議」），烏蘭夫、劉春、克力更、烏力吉娜仁、田戶、包彥等七人為「自治運動聯合會」的代表，博彥滿都、哈豐阿、特木爾巴根、義達嘎蘇榮、包玉昆、喀斯巴特爾等七人為「東蒙自治政府」的代表，經過五次預備會議達成了「協議」，組成了「全內蒙統一」的「內蒙古自治運動聯合會」。由烏蘭夫任總會支委會、常委會主席兼軍事部長，博彥滿都任副主席，哈豐阿任副祕書長兼宣傳部長，特木爾巴根任經濟建設部長兼青年部長，朋斯克、阿思根等內人黨頭目也均任部長。

　　在「四‧三會議」上，烏蘭夫違背中央指示，大搞投降主義的政治交易。名義上「東蒙自治政府」宣佈取消，而實際上換湯不換藥地改成了「內蒙古自治區運動聯合會東蒙總分會」和「興安省政府」，由哈豐阿任總分會主任，特木爾巴根任政府主席，阿思根任興安軍區司令。哈豐阿內人黨的原班人馬繼續掌權。表面上內人黨同意停止活動，而實際上轉入了地下，打進了共產黨，繼續進行祕密活動。從「四‧三會議」到「五‧一大會」，大部分內人黨骨

幹分子被烏蘭夫相繼拉進了共產黨。例如：內人黨總頭目、大蒙奸、日特哈豐阿，內人黨魁、大叛徒、日特特木爾巴根，就是在「四・三會議」期間由烏蘭夫和劉春親任「介紹人」被拉入黨內；而內人黨魁、蒙奸、日特朋斯克，內人黨魁、蒙奸、偽蒙疆少將師長、「內蒙古臨時共和國」內務部長兼國防部長烏力吉敖斯爾，則是在「五・一大會」期間被烏蘭夫拉入黨內。從此，反動的內人黨骨幹分子變成了「共產黨員」，大批共產黨其外、內人黨其內的雙料貨冒出地面。對此，烏蘭夫炮製了一條「理論」根據：「他們入黨對工作開展有好處」。妙極了！烏蘭夫集團增添了一支陰線狡猾的別動隊，對他「開展」反黨叛國的「工作」怎麼會沒有「好處」呢？

一九四七年「五・一大會」，烏、哈兩股反革命實力實現了全面「合作」。「五一大會」之前，烏蘭夫帶著博彥滿都、哈豐阿、特木爾巴根之流以及劉春、奎璧、吉雅泰、烏蘭等人到哈爾濱，在東北局領導下，研究了成立「內蒙古自治政府」的人選名單和具體綱領、各項政策。四七年四月十三日，在王爺府召開了「內蒙古人民代表會議」，五月一日成立了「內蒙古自治政府」。我們的偉大領袖毛主席在給大會的賀電中說：「**我們相信：蒙古民族將與漢族和國內其他民族親密團結，為著掃除民族壓迫與封建壓迫，建設新內蒙與新中國而奮鬥。**」毛主席這一指示，給內蒙人民的解放指出了光明大道。但是，博彥滿都、哈豐阿、特木爾巴根等內人黨魁，一回到王爺廟就公開推翻了在東北局決定的人選名單，提出「三不選」和「保選」兩個黑名單。「三不選」是：不選西部的共產黨人，不選東部的蒙族青年，不選共產黨派來的漢族幹部，也就是不選站在共產黨一邊的人。「保選」是：只選他與他們同流合污的烏蘭夫、奎璧以及哈豐阿、博彥滿都、特木爾巴根、朋斯克、烏力吉敖其爾、達瓦敖斯爾、莎嘎拉扎布、溫都蘇、烏雲達來、巴西門侖、那木海扎布等是一個內人黨頭目、封建上層。而烏蘭夫則用高官厚祿做代價，把哈豐阿的全套人馬收買到自己的魔下。哈豐阿當了自治政府副主席，博彥滿都當了臨時參議會的議長，阿思根當了軍區司令員，特木爾巴根當了財政部長，其餘內人黨骨幹分子也均加官晉爵，各得其所。這樣，哈豐阿衣缽由烏蘭夫接受過來，哈豐阿的未竟事業由烏蘭夫繼承下來。

但是，內人黨的擴張性是很強的，它要同共產黨爭奪天下，獨霸內蒙。在

成立自治政府前夕（三、四月間），內人黨「四巨頭」哈豐阿、特木爾巴根、朋斯克、烏力吉敖其爾又一次跳了出來，召集舊部，祕密開會，要求公開組織內人黨。哈豐阿之流猖狂叫囂「內蒙古沒有無產階級，不適合成立共產黨。蒙古沒有工業，所以是人民革命黨，內蒙古也該是人民革命黨」。烏力吉敖其爾更是氣焰囂張破口大罵共產黨是法西斯。而烏蘭夫則迎合這股反動逆流，胡說什麼「內蒙古革命是自力更生的發展」，「自治政府成立以後，需要黨就組織黨」。「中國共產黨內蒙古工作委員會」在群眾中公開之後，烏蘭夫狗膽包天，竟把「中國共產黨」五個大字攔腰砍掉，打出了「內蒙古共產黨工作委員會」的牌子，並把內人黨魁哈豐阿、特木爾巴根封為委員，阿思根封為候補委員。哈豐阿虛構所謂內蒙古經濟發展的「特殊性」，烏蘭夫偽造所謂「內蒙古革命」的特殊發展道路，兩個混蛋明拍暗契、一唱一和，其目的就是要合夥建立一個適應他們反黨叛國的「需要」的反革命民族分裂主義的「地下黨」。鑒於內人黨的反動性，我黨中央於四七年四月二十日正式指示：「不組織內蒙古人民革命黨」。但是，內人黨一小撮民族反動派，在烏蘭夫的卵翼下，或轉入地下，或另立旗號，祕密發展組織，變本加厲地進行製造民族分裂。破壞祖國統一的罪惡活動。

「四‧三會議」、「五‧一大會」之後，烏蘭夫的「民族黨」和哈豐阿的「內人黨」親密無間地合二而一，組成了一個以內人黨骨幹、烏蘭夫死黨為核心，以叛徒、特務、死不悔改的走資派、反動封建上層、民族分裂主義分子為基本隊伍的地下王國，一個反黨叛國、政變投修的黑司令部，一個顛覆無產階級專政、復辟資本主義的反革命暗班子。這個反革命分裂主義集團，正如毛主席所指出的，「**過去說是『小集團』，不對了，他們的人很不少。過去說是一批單純的文化人，不對了，他們的人鑽進了政治、軍事、經濟、文化、教育各個部門裡。過去說他們好像是一批明火執仗的革命黨，不對了，他們的人大都是有嚴重問題的。他們的基本隊伍，或是帝國主義國民黨的特務，或是托洛茨基分子，或是反動軍官，或是共產黨的叛徒，由這些人做骨幹組成了一個暗藏在革命陣營的反革命派別，一個地下的獨立王國。這個反革命派別和地下王國，是以推翻中華人民共和國和恢復帝國主義國民黨的統治為任務的。**」

「為建立大蒙古人民共和國而奮鬥！」──這是烏蘭夫給內人黨親自規定

的反革命政變的政治綱領。

為了實現反革命政變，這個黨大肆宣傳烏蘭夫的「三基論」，拼命推銷烏蘭夫一整套用「烏蘭夫思想」取代毛澤東思想、用「烏蘭夫道路」取代社會主義道路、用「烏蘭夫王朝」取代無產階級專政的反動思想體系，製造輿論，征服人心，進行思想準備。

為了實現反革命政變，這個黨在無產階級專政領導機構內部發展內人黨，在共產黨內發展內人黨，竊據要津，掌握大權，在我們的「肝臟」裡面隱蔽地設置反革命政變地下司令部，進行政治準備。

為了實現反革命政變，這個黨狠抓槍桿子，陰謀「隨時隨地拿起槍桿子瞄準中國進攻」，策劃武裝叛亂，組織多起幾百起的叛國案件，進行軍事準備。

就是這樣，由烏蘭夫精心導演，由蘇蒙修幕後指導，由內人黨及一切叛徒、特務、牛鬼蛇神粉墨助演的反革命政變醜劇，在內蒙古廣闊的大地上愈演愈烈，愈演愈急，刀光劍影，殺氣騰騰，一九六〇年以後與帝修反的反華大合唱遙相配合，進入了瘋狂的高潮，妄圖在一九六七年內蒙二十周年大慶一舉政變成功，實現建立「大蒙古帝國」的黃粱美夢。

這就是反革命民族分裂主義集團內人黨反黨叛國的罪惡史。

內人黨四十多年的反革命生涯，幹盡了反黨叛國的罪惡勾當。罄南山之竹，書罪無窮，決東海之波，流惡難盡。

借問瘟君欲何往，紙船明燭照天燒。

戰猶酣

內蒙古呼三司

《紅衛兵》第162期

1969年1月25日

31.批判資料：關於對反動的「內人黨」的 初步分析（1969.02.13）

最高指示

民族鬥爭，說到底，是一個階級鬥爭問題。

以偽裝出現的反革命分子，他們給人以假象，而將真象隱蔽著。但是他們既要反革命，就不可能將其真象蔭蔽得十分徹底。

在偉大領袖毛主席親自發動和領導的無產階級文化大革命運動中，內蒙古各族革命人民，高舉毛澤東思想偉大紅旗，緊跟毛主席的偉大戰略部署，向隱藏在黨、政、軍各系統中的一小撮階級敵人展開了猛烈進攻，取得了一個又一個的偉大勝利。最近，在黨的八屆十二中全會公報的光輝照耀下，內蒙古自治區的廣大各族革命群眾，發揚無產階級徹底革命精神，向反黨叛國的、民族分裂主義的特務集團「內蒙古人民革命黨（簡稱內人黨）」發動了全面進攻，初步取得了重大戰果。根據四盟二市（欠呼、哲、巴三盟）的不完全統計，到十二月十日已挖出「內人黨」徒×××××名。從已揭露出來的情況看，這個集團不僅是一個反分裂祖國，妄圖實現「內外蒙合併」的反革命組織，而且是一個與蘇、蒙修特務，美、蔣、日本特務等有密切勾結的，以顛覆我國無產階級專政為目的的龐大的特務情報組織。這個反革命組織中的骨幹成員，早已竊取了我黨、政、軍許多大權，是烏蘭夫投修叛國的暗班子，是烏蘭夫叛國的鐵證。把這個反革命民族分裂主義集團挖出來，清除了北部邊疆的一個極大隱患，這是戰無不勝的毛澤東思想的偉大勝利，是毛主席無產階級革命路線的偉大勝利。

根據初步掌握的材料，歸納四個問題：

第一，「內人黨」的演變概述及其組織概況

在1947年以前的「內人黨」，基本上是資產階級民族主義政黨。這個黨建於1925年8月，當時正處在大革命時期，蒙族中一部分資產階級知識分子受到大革命的影響，在軍閥馮玉祥的支持下搞起來的，會提出過反帝、反封的革命口號，並與第三國際掛勾。

1927年蔣匪叛變革命，「內人黨」利發生了激烈分化，白雲梯為首的一部分民族上層投靠了蔣介石，以郭道甫為首的一部分資產階級知識分子外流到烏蘭巴托，後回國投靠日本帝國主義。實際上當時「內人黨」已經瓦解。

1945年日本投降後，原已投降日本當了蒙奸的哈豐阿、博彥滿都等人打起了「高度民族自治」、「內外蒙合併」的旗幟，網羅了大批蒙奸、日特、偽官吏、蒙蔽了一部分知識青年，重新組織「內人黨」，並建政、建軍，對抗中國共產黨的領導，以保護民族上層和大牧生、大地主的利益。

1947年4月20日，我黨中央明令「不組織『內入黨』」，這群民族反動派，懾於對我黨我軍在蒙族人民中的影響日益深遠，被迫表面宣佈「停止活動」，實則轉入地下，成為內蒙古的一個極大隱患。

1947年5月1日到1960年，這一段「內人黨」潛伏階段。1960年以後，乘國內外階級鬥爭的形勢變化，為了配合帝、修、反的反華大合唱，為了實現其判國投修的目的，又猖狂活動起來，在組織上有了很大發展。據群眾揭發和「內人黨」徒交待，1961年和1963年「內人黨」先後開了兩次代表大會，並建立了「內人黨」的中央機構，地方機構、基層機構，形成了一個有完整組織機構的反革命集團，其黨徒已擴展到個別的生產大隊，到1965年約發展到三萬人左右。

第二，烏蘭夫就是「內人黨」的總頭目

1、烏蘭夫是在1925年就參加了「內人黨」，並出席了在張家口召開的「內人黨」第一次代表大會。現在「內人黨」的綱領就是烏蘭夫反黨叛國的一

貫的指導思想。他在1947年4月20日的內蒙自治運動聯合會執委擴大會議上說過：「施政綱領有民族自決的性質（指內蒙自治政府），但不是完全自決的性質」，我們今天奮鬥的目標是內蒙古人民徹底解放，自治政府不是最後的奮鬥目標」，「我們最後的目標是內蒙古人民共和國，到了那時候內蒙古人民才能徹底解放」，「目前的策略是不公開的，將來我們廣播到全世界，爭取進步人士。如今天獨立時國際上不承認，但是我們將來爭取國際上的同意。」搞「蒙古共和國」這就是烏蘭夫的反動思想和「內人黨」綱領的精髓。

2、烏蘭夫機積極謀求「蒙古人民共和國」是不遺餘力的，早在1946年11月會去蒙古向喬巴山彙報工作。據國民黨蒙藏委員會駐北平辦事處主任何兆麟1947年7月份給陳立夫的報告中說喬巴山批評烏蘭夫過去與中共合作既犯錯誤，今後將依然錯誤，烏蘭夫還受領喬巴山的旨意，與蒙特烏力吉敖其爾聯繫。從1947年開始到1951年烏蘭夫夥同王再天公開架設無線電向蒙修報情報，在烏蘭夫的講話中，多次講「內蒙古在中國共產黨的協助下」或「支援下」，不提中國共產黨的領導。許多「內人黨」骨幹分子的交待中談到：「我黨要舉烏蘭夫的旗，因我們的綱領就是烏蘭夫的綱領。」

因為烏蘭夫一貫的奮鬥目標是「蒙古共和國」，所以他就在他認為有利的時機，網羅一幫子人，結成死黨，並拼命發展黨徒，形成了1961年以後的大發展，而且長期以來在烏蘭夫這個龐然大物的保護下，而未被發現。

3、烏蘭夫的死黨分子奎璧、吉雅泰是老「內人黨」黨魁，是烏蘭夫的左右手。有人揭發另一個死黨分子畢力格巴圖爾，曾在1961年後親自到西新巴旗組織。「內人黨」。烏蘭夫利用他竊取的權力，曾把「內人黨」原封未動的接收過來，把「內人黨」頭子哈豐阿等幾乎全部拉進共產黨內，實在不能拉進來的，像博彥滿都之流，也都委以重任。烏蘭夫曾把「內人黨」骨幹分子特古斯、巴圖、木倫、鮑蔭扎布封為「東部蒙族四大優秀青年」，加以重用。

總之，大量事實證明，烏蘭夫確實是「內人黨」的總頭目，「內人黨」就是烏蘭夫大搞民族分裂、反黨判國的御用工具。目前，廣大革命群眾正進一步深入地揭發其反黨叛國的罪惡活動。

第三，對「內人黨」得以發展初步分析

烏蘭夫就是「內人黨」黨魁，夢想當「成吉思汗第二」，幾十年來，他從思想上、政治上、組織上推行了一整套反革命民族分裂主義的路線和政策，犯下了滔天罪行，使大量的蒙族同胞受了毒害，這就是「內人黨」能在社會主義革命時期發展起來的重要因素。烏蘭夫在這方面的主要罪惡是：

一、大造民族分裂主義輿論，為發展「內人黨」作思想上的準備。

1、大肆宣傳成吉思汗，提出「成吉思汗的子孫們團結起來」的反動口號。烏蘭夫為了宣傳成吉思汗，曾派王再天去青海搞來了成吉思汗的骨骸，在伊盟的伊金霍洛旗大興土木，建設「成陵」每年朝拜。烏蘭夫宣傳成吉思汗的用心是極其明顯的。他經常自己放毒、他的死黨也竭力緊跟，大肆宣揚：（1）成吉思汗是「民族英雄」，統一了全蒙古，蒙族人應有民族自豪感。（2）成吉思汗的子孫不爭氣，丟掉了祖先的「英雄事業」，使一個完整的蒙族統一的國家，分成了布里亞特蒙族，哈拉哈蒙族，內蒙蒙族，一個民族劃界而居，分成了三個國家，有志者應把他統一起來。（3）內蒙的蒙族與漢族既非同族，又非一國，是漢族長期欺壓蒙族，使蒙古人「拿著金碗討飯吃」。內蒙與外蒙才是同一國，應當「合併」、「統一」。到1951年內蒙人民出版社出版的蒙語字典中還有「烏蘭巴托是蒙族的首都」，小學課本中還有「我們的首都在烏蘭巴托」等詞句。（4）在宣傳「成吉思汗子孫們團結起來」的同時，極力宣揚烏蘭夫，如編唱「雲澤進行曲」，欺騙蒙族群眾喊「烏蘭夫萬歲」，印製「烏蘭夫言論集」，報紙上刊登「烏蘭夫語錄」，使蒙族群眾把烏蘭夫看作「當代成吉思汗」，實行偶像崇拜。

2、大肆宣傳「三五宣言」。反革命修正主義分子張聞天盜用毛主席的名義，在1935年發了「三五宣言」，烏蘭夫奉為至寶，長期宣傳說「這才是毛主席的主張」。到1964年借社會主義教育之機，廣為印發，在一些地區四清工作隊員幾乎人手一份。「三五宣言」的流毒，從機關擴散到城鄉、軍隊、工礦企業，極大的蒙蔽了蒙族群眾，惡毒地挑撥了地方和中央、蒙族和其他民族的

關係，在蒙族群眾中造成了一種「民族革命事業還沒有完成」的錯覺，為發展「內人黨」鋪平了道路。

3、打著馬列主義的招牌，推行民族分裂主義。烏蘭夫及其死黨分子，在宣傳成吉思汗和「三五宣言」的同時，別有用心地極力歪曲馬列主義，說「真正的馬列主義是民族自決」，「我們不能滿足民族自治」。被「內人黨」所操縱的一切宣傳工具喋喋不休地講什麼，「我們的目標是社會主義、共產主義，只是比中國共產黨多了一個『民族統一』」，並胡說這是「符合馬列主義的」。

烏蘭夫及其死黨分子在內蒙的二十年中，公開地或祕密地廣泛地製造這種民族分裂主義的輿論，給蒙族人民群眾演輸了大量的毒素，吸引了相當一批有嚴重地方民族主義思想的人，把他們吸收到「內人黨」裡，成為他們搞投修、叛國的勢力。這是「內人黨」能發展到今天這樣一個相當規模的主要原因之一。

二、極力擴大民族矛盾，為發展「內人黨」作政治上的準備。

烏蘭夫打著「承認歷史，照顧現實」的幌子，極力擴大民族差別，人為地製造民族糾紛。

1、在民主革命時期，烏蘭夫就以「少數民族聚居」，要「爭取上層，才能團結下層」為藉口，在牧區大搞階級投降主義的「三不兩利」政策，對牧主不分、不劃、不鬥，以此來壓制蒙族人民的革命熱情，保護牧主利益；以牧工牧主兩利作幌子，鼓勵牧主剝削，不僅保護了民族反動派的利益，而且在群眾中造成一種蒙族特殊感。在農區（特別綏遠地區），烏蘭夫則以蒙古人不會種地為藉口，在階級時把蒙族地主、富農「降一格」，使大批地、富逃脫人民的鬥爭，公開地包庇了蒙族上層人物。

2、在社會主義革命時期，烏蘭夫在牧區繼續推行「三不兩利」政策，對牧主的生產資料實行「贖買」，把95%的牧主和大批宗教上層人物安排到國營牧場當了場長。在農區則規定蒙族人不但可以比漢人多留自留地一倍到兩倍，而且還可以分到從漢族勞動人民身上榨取的所到「草場費」、「土地報酬費」。因此使蒙族群眾產生一種狹隘的「民族優越感」，造成蒙漢族之間的嚴重隔閡。

3、長期以來，烏蘭夫以「蒙族為主體」，「真正體現少數民族當家作主」為藉口，給蒙族幹部、職工以特殊照顧，長期執行「反漢排外」的反動路線，極大破壞了蒙漢之間的團結。

4、拼命推行新蒙文改革，不但大量引用外蒙詞彙，而且不遺餘力地搞文字斯拉夫化，為內外蒙合併在語言文化上作準備，並用物質刺激的辦法大搞蒙文蒙語的學習。

上述罪惡政策，從政治上孤立了蒙族人民，激發了蒙族群眾的地方民族主義情緒，烏蘭夫利用了這種情緒，發展「內人黨」黨徒，為其反黨叛國的罪惡目的服務。這是「內人黨」得以發展的又一重要原因。

三、積極招降納叛，為他發展「內人黨」大組織上的準備。

烏蘭夫在組織上的準備工作從「內蒙古自治政府」成立之時就開始了。其做法大體上有以下五種：

1、把「內人黨」骨幹分子成批地拉入共產黨內。現已查明被烏蘭夫及其同夥拉到我黨內部的有哈豐阿、特木爾巴根、特古斯、巴圖、木倫、義達嘎蘇隆、高萬寶扎布、鮑蔭扎布、戈更夫等等（以上都是「內人黨」中央執行委員或地區負責人），並竊踞了要職。烏蘭夫就是通過這些人大拉了一批民族分裂分子混入共產黨。那些名聲太臭，罪惡累累的宗教上層、戰犯和其他反革命分子，實在無法拉入黨內的，就以搞好統戰工作為名，加以庇護，分別委任要職，給予優厚待遇。如博彥滿都、郭文通等。正如「內人黨」執行委員特古斯、木倫的交代中所說：「『內人黨』並未解散，我們有計劃地鑽到共產黨內，形成了新的核心。」

2、極力控制公檢法，大批包庇民族反動派，如：內蒙公檢法前身是東蒙自治政府內防部（後改為公安廳），第一任部長張尼瑪，日本特務（現在押）；第二任部長朋斯克「內人黨」執行委員，後任內蒙古自治區副主席，是個蘇特，也是日特；第三任王再天，蘇蒙修特務，張學良的忠實走狗；第四任畢力格巴圖爾，蒙修特務，「內人黨」中央執委，烏蘭夫死黨分子。再如公安廳的處長除四個人外，全是「內人黨」黨徒，民族分裂主義分子，其中有許多是特務或蘇蒙修情報員。烏蘭夫就是用這些人，極力包庇叛國案。叛國案一發

生，烏蘭夫就親自去抓，一抓就如石沉大海。僅經內蒙古自治區處理的280起叛國案，如著名的「陶那松案件」、「206案件」等都是這些人夥同一起包庇下來的，沒有一件真正破案，從而造成了在內蒙叛國無罪的局面。

3、以少教民族自治區和「綏遠方式」為藉口，在肅反中大量包庇壞人。內蒙黨委「肅反」小組曾明文規定「五不究」、「三從寬」、「五不究」是：（1）解放軍到達前或到達之初，在日偽、國民黨黨、政、警、憲機關中任職人員，參加和平解放者，不管集體或個人，其歷史罪惡一律不追究；有重大罪惡、有人指控，應教育解釋。（2）參加工作的舊軍政人員，罪惡不大，民情不大的不追究。（3）雖有嚴重罪惡和民憤，但作過交待和處理的不追究。（4）對所有特務、間諜分子，過去作過交待和處理的不追究。（5）在敵我拉鋸形勢下，曾多次叛變後回歸者不追究。「三從寬」是：（1）作過交待和處理的有嚴重罪惡和民憤的少數人，「肅反」中弄清是非，從寬處理。（2）涉及民族人員的案件（包括重大案件）一般均應全案從寬。（3）對有反革命罪行的民族幹部、職工，只要主動坦白，更要從寬。「五不搞」是：（1）自治旗、牧區不搞「肅反」；（2）半農、半牧區的是民族幹部、職工多的不搞「肅反」；（3）有的地區民族幹部雖不占多數，但領導力量弱的不搞「肅反」；（4）巴盟民族幹部、職工中不搞「肅反」；（5）民族上層中不搞「肅反」。這樣一來就大量地包庇了壞人。據不完全統計，烏蘭夫僅用這些辦法就包庇了三十多個民族分裂主義的黨派，五百多名反動黨派的骨幹，二千五百多名反動喇嘛，這些都是烏蘭夫投修叛國的重要力量。

4、用「建立特情」的方式，把一批蒙修、蘇修特務保護起來，利用他們與蒙修通風報信，互相勾結。在內蒙公安廳建立的1700多名所謂特情中，僅安插在邊境從蒙修回來的蒙修特務分子就有197名。

5、烏蘭夫曾祕密指示特古斯和額爾敦陶克陶，利用額出席「蒙古語言文字科學研究會」的機會，與蒙修共同祕密組織43人參加的（蒙修20名，內蒙23名）「語言文字統一委員會」，實際上是「內人黨」與蒙修共同策劃內外蒙合併的一個反革命辦事機構。

此外，據群眾揭發，這批民族主義分裂分子為了叛國投修，還隱蔽了大批通訊器材和武裝彈藥。

上述各種方式，就是在組織上使「內人黨」徒，蘇、蒙修特務，民族分裂主義分子，烏蘭夫死黨相互勾結起來，成為他們的反動的基本勢力。

四、烏蘭夫還利用帝修反大肆反華的客觀條件，迎合帝修反的反華需要，在1961年以後拼命發展「內人黨」，準備在「內蒙自治二十周年」大慶時叛國。

1961年前後，帝、修、反利用我國三年自然災害，搞起了反華大合唱。在這個時期，國內一小撮地、富、反、壞、右分子向黨瘋狂進攻；蔣介石叫囂竄犯大陸；布加勒斯特會議後，蘇、蒙修叛徒集團反革命修正主義面目進一步暴露，中蘇、中美關係惡化，印度反動派配合蘇、美武裝入侵，中蒙劃界；西藏、新疆民族分裂主義分子大搞叛國活動等等。烏蘭夫從他反動階級的本能出發，誤認為時機已經成熟，於是就迫不及待地跳了出來，大搞叛國活動，拼命發展「內人黨」黨徒。據最近揭發和登記的「內人黨」徒，大多數就是在這個時間發展的。

烏蘭夫為了實現他「將來我們廣播到全世界，爭取進步人士」，「爭取國標上承認」成立「蒙古人民共和」'的狠子野心，在大力發展「閃人黨」徒的同時，還犯下了如下罪惡：

1、利用「四清」大搞反漢排外，公開提出「反大漢族主義」。揚言「民族問題不解決，『四清』運動就是實現了毛主席的六條標準也只算完成一半。」這一時期，烏蘭夫反漢排外達到了登峰造極的程度，許多地區、許多部門形成反漢高潮。在軍隊中、政府中，機關中，甚至在農村大搞白色恐怖，妄圖把忠於毛主席的廣大各族人民壓下去，不敢揭露他的叛國罪惡。

2、大搞宮庭政變，以「代常委」的形式，奪了原自治區黨委會的權。烏蘭夫指定的所謂「代常委」，有十三人組成。在這十三人中除綴點幾個漢族幹部外，用了九個蒙古人，其中有六個土旗蒙古人，並且全部是「內人黨」骨幹分子，如：潮洛蒙（土旗蒙族人），雲世英（烏蘭夫的姪子、土旗蒙族人）、浩帆（土旗蒙族人）、厚和（蒙族人）、布赫（烏蘭夫長子、土旗蒙族人）、陳炳宇（土旗蒙族人）、和興革（蒙族）、突克（蒙族）、雲北峰（土旗蒙族人）。還以他的心腹至親組成了「地下書記處」作為決策機關。參加這個「地

下書記處」的有：他的姪子雲世英、兒子布赫、老婆雲麗文，親信潮洛蒙、陳炳宇。在奪黨委的權的同時，又派去他的親信爪牙組成「五大委」奪了人委的權。把他的兒子布赫安排在文教口，親信潮洛蒙安排在計劃口，死黨分子和興革安排在財貿口，死黨分子李永年（土旗蒙族人）安排在工交口，親信雲北峰安排在農牧口。在自治區奪權的同時，又在呼市派去親信李貴、陳炳宇奪權。

3、一九六五年十一月份，拋出了民族分裂主義的「三基論」。接著，以五個半天的時間，在文藝工作會議上，又大肆鼓吹什麼民族政治基礎，民族經濟基礎，民族文化基礎，實際上就是鼓吹以民族分裂主義作基礎。這個反革命民族分裂主義的綱領拋出後，就大搞了「機關民族化」，「幹部民族化」，「真正體現少數民族當家作主」等等，形成對民族分裂主義分子的大提成，極力排擠非蒙族的幹部。在這個期間，許多漢族老幹部被烏蘭夫踢開，而代之以他的親信、爪牙，甚至連那些原來跟他很緊的一些漢族幹部也沒能倖免。

4、同時，派出王再天大力籌備「自治區20周年大慶」，大搞烏蘭夫的塑像、畫像、什麼歌頌烏蘭夫的文學作品、文藝展覽紛紛出籠。為什麼烏蘭夫這樣賣力搞「20年大慶」？「20年大慶」要幹什麼？現在已揭發出來的事實說明，他們就是要公開叛國，「向全世界廣播」，變無產階級專政為資產階級專政。

《批判資料》
一九六九年二月十三日

32.迎接「九大」標語口號（1969.03.03）

最高指示

　　領導我們事業的核心力量是中國共產黨。

　　指導我們思想的理論基礎是馬克思列寧主義。

各級革命委員會、軍管會，各工宣隊、各革命群眾組織：

　　以當代最偉大的天才毛主席為領袖的中國共產黨的第九次全國代表大會，即將勝利召開。這對世界革命和中國革命具有劃時代的偉大意義，是七億中國人民和世界革命人民政治生活中的一件特大喜事。當前，全市革命群眾正以百倍的熱情，全力以赴迎接「九大」的勝利召開。為了更好地表達全市人民敬獻忠心迎「九大」的熱切而迫望的心情，把迎接「九大」的氣氛搞的濃濃的，我們擬了以下標語口號，希大量刷寫張貼，刷寫迎接「九大」標語要醒目高大。在「九大」召開前後，各單位還要隨時根據中央報紙、社論精神組織學習和擬定一些標語口號。

迎接「九大」標語口號

　　1、迎接「九大」立即掀起活學活用毛澤東思想的新高潮！

　　2、迎接「九大」全面貫徹落實毛主席的一系列最新指示！

　　3、迎接「九大」認真貫徹落實黨的各項無產階級政策！

　　4、迎接「九大」進一步掀起鬥、批、改的新高潮！

　　5、以實際行動向「九大」獻厚禮，向毛主席獻忠心！

　　6、狠抓革命，猛促生產，以最優異的成就向「九大」獻禮！

　　7、工人階級必須領導一切！

　　8、迎接「九大」徹底肅清劉少奇反革命修正主義路線的流毒！

9、打倒美帝！打倒蘇修！打倒各國反動派！

10、毛主席的無產階級革命路線勝利萬歲！

11、戰無不勝的毛澤東思想萬歲！

12、偉大、光榮、正確的中國共產黨萬歲！

13、偉大領袖毛主席萬歲！萬歲！萬萬歲！

呼和浩特軍民熱烈慶祝「九大」籌備辦公室宣傳組

1969年3月3日

33.向呼市地區「內人黨」地下黑司令部發起
　　總攻（1969.03.06）

（駐呼市〈五七〉幹校、郊區機關工宣隊召開第二戰役動員大會）

【本報訊】在毛澤東思想的光輝照耀下，在黨的擴大的八屆十二中全會的精神的指導下，在即將召開的黨的第九次全國代表大會的鼓舞下，駐呼市「五七」幹部（原市委、原市人委）和郊區機關工宣隊第十三大隊，高舉毛澤東思想偉大紅旗，緊跟毛主席的偉大戰略部署，放手發動群眾，衝破了以高錦明、高增貴為代表的右傾機會主義路線的干擾和破壞，乘勝前進，於三月三日召開了第二戰役戰鬥動員大會，主動地向一切階級敵人發動全線總攻擊。這是一次徹底搗毀呼市地區內人黨地下黑司令部、堅決挖出呼市地區內人黨黑司令官的戰前誓師大會。

　　工宣隊負責同志在動員報告中指出：舊市委和舊人委機關，過去是反黨叛國集團、烏蘭夫的死黨分子李、陳、趙之流盤踞的地方，他們招降納叛，結黨營私，網羅牛鬼蛇神，組織了一套套明班子、暗班子，這裡的黑線又粗又長，階級鬥爭十分尖銳複雜。階級敵人從來是下有根上有線，這裡一動，社會上也會起股風，社會上起股風，這裡有起一層浪。

　　他強調指出：當前呼市以李、陳、趙為代表的一小撮反革命修正主義集團還沒有挖深挖透，還沒有鬥倒鬥臭。舊市級機關的階級鬥爭蓋子也沒有徹底揭開。特別是反動透頂的內人黨及其變種組織並沒有徹底搞垮。烏蘭夫反黨叛國集團安插在舊市級機關的暗班子還沒有揭出來。烏蘭夫搞「宮廷政變」，實際上是通過內人黨幹的。內人黨在原市級機關和郊區幹了一系列反黨叛國活動，罪惡累累，鐵證如山。在原市級機關，呼市地區內人黨地下黑司令部就在這裡，內人黨黑司令官就在這裡，內人黨的許多重要的中央一級的骨幹分子也在這裡。例如李貴、陳炳宇、雲治安、張露等，都不是內人黨的一般成員。

　　他說：我們和高錦明、高增貴為代表的右傾機會主義路線的鬥爭，是決定這場挖肅鬥爭能否向縱深發展，能否將這場挖肅鬥爭進行到底的一個關鍵

問題。右傾機會主義反革命暗流，在「五・七」幹校和郊區機關是很猖狂的，以高錦明、高增貴為代表的右傾機會主義路線的新反撲經常出現，復舊與反復舊、翻案與反翻案、復辟與反復辟的鬥爭時刻在劇烈地搏鬥著。對二高的右傾機會主義路線，必須狠揭狠批。

「五・七」幹校一營一、二連全體戰士，二營全體戰士和郊區毛澤東思想學習班全體學員的代表在會上做了發言，他們決心緊跟毛主席的偉大戰略部署，在工宣隊的領導下，刮它一場十二級颱風，打一場近戰、惡戰、白刃戰，搗毀呼市地區內人黨地下黑司令部，挖出黑司令官！

呼市革委會副主任付力格同志出席了大會並作了講話，挖肅指揮部、工代會、呼三司的負責同志也出席了大會。

大會在《東方紅》的歌聲和高昂的口號聲中閉幕。一個徹底搗毀內人黨地下黑司令部的新高潮，即將在呼市地區掀起。

34.把蘇修叛徒押上歷史的斷頭臺
（1969.03.06）

　　我們滿腔憤怒地收聽了蘇修侵略我國領土珍寶島、製造了駭人聽聞的流血事件的消息。

　　我們以沉痛的心情悼念為保衛文化大革命、保衛世界和平、保衛我們心中最紅最紅的紅太陽毛主席而英勇獻身的中國人民解放軍戰士！向光榮負傷的中國人民解放軍指戰員表示最親切的慰問！向偉大的鋼鐵長城中國人民解放軍致以崇高的敬意！

　　我們對蘇修叛徒集團侵略我國領土、槍殺我人民解放軍戰士的滔天罪行表示最憤怒的聲討！

　　還我戰友，還我同志，還我階級兄弟！打倒勃列日涅夫！打倒柯西金！打倒沙皇蘇修叛徒集團！

　　我們嚴正警告蘇修叛徒集團，經過無產階級文化大革命急風暴雨鍛鍊的、用毛澤東思想武裝起來的七億中國人民是不好惹的。誰膽敢來犯，就叫他有來無回，葬身於人民戰爭的汪洋大海中！

　　我們從不侵略別國一寸土地，也絕不允許任何人霸佔我國一寸領土。勃列日涅夫、柯西金，伸進一個指頭，我們就切斷你們的胳膊，你們伸進一隻胳膊，我們就揪下你們的腦袋！

　　毛主席教導我們：「**我們這一代青年人，將親手把我們一窮二白的祖國建設成為偉大的社會主義強國，將親手參加埋葬帝國主義的戰鬥。任重而道遠。**」我們生為人民生，忠心耿耿，死為人民死，鞠躬盡瘁。願在炮火紛飛的戰鬥中鍛鍊成長，決不在溫室裡度過一生。願為世界人民的解放流血犧牲，決不做貪生怕死的可憐蟲。我們決不辜負偉大統帥毛主席的期望，誓將滿腔英雄血，譜成全球幸福歌，把我國建設成為世界革命的紅色根據地，把帝國主義最後埋葬，實現全球一片紅。

　　毛澤東思想的時代已經敲響了美帝、蘇修和一切反動派的喪鐘，你們的任何掙扎、任何頑抗都是徒勞的。你們挑釁吧，你們搗亂吧，全面的、徹底的、

無可挽回的失敗在等待著你們，徹底滅亡的日子在等待著你們！

林學院第二屆學代會全體代表

35.搗毀內人黨、奪取新勝利（1969.03.06）

東風浩蕩傳捷報，凱歌陣陣展長空。我們「五‧七」幹校一營的無產階級革命造反派和廣大革命群眾，在黨的八屆擴大的十二中全會公報的光輝指導下，在工人毛澤東思想宣傳隊指導下，活學活用毛主席著作，用戰無不勝的毛澤東思想武裝頭腦，向階級敵人發動了強大的攻勢，狠批了高錦明、高增貴的右傾機會主義路線。我們在鬥爭中把兩條路線鬥爭同對敵鬥爭緊密地結合起來，進一步提高了路線鬥爭覺悟。

兩個月來，我們在毛澤東思想的統帥下，狠抓了革命大批判和清理階級隊伍的工作，開展了大鳴、大放、大揭發、大批判，以猛烈的火力，狠炸了舊市委階級鬥爭的蓋子，揭出了許多新問題，戰果輝煌。

這一場進攻戰，揭得階級敵人心驚膽戰，走投無路，使他們原形畢露，無處躲藏。烏蘭夫反黨叛國集團和他們的反革命組織「內人黨」，已陷入了人民戰爭的汪洋大海，無可逃遁。

偉大領袖毛主席教導我們說：「**各種剝削階級死亡代表人物，當著他們處在不利情況的時候，為了保護他們現在的生存，以利將來的發展，他們往往採取以攻為守的策略……他們老是在研究對付我們的策略，『窺測方向』，以求一逞。……我們革命黨人必須懂得他們這一套，必須研究他們的策略，以便戰勝他們。**」

我們必須清醒地看到，在階級鬥爭日益深入的情況下，階級敵人必然地要進行垂死掙扎，他們必須地要採用種種陰謀詭計來對付我們，從右的或極「左」的方面，千方百計地干擾和破壞「挖肅」鬥爭。我們也必須清醒地看到舊市委敵情是相當嚴肅的，階級鬥爭仍然十分尖銳，十分複雜。特別是反黨叛國的反革命內人黨是相當嚴重，呼市內人黨的黑司令部就在市委，它們的黑司令，它們的不少黨魁、骨幹，就在市委。今天，他們仍然負隅頑抗，他們不但拒不登記，而且暗中活動，研究以守為攻的反革命策略。有的煽陰風點鬼火，製造混亂，轉移鬥爭大方向；有的傢伙公開拉開架勢，準備同我們進行較量；有的仍伸出黑手千方百計括階級鬥爭的蓋子。李、陳、趙的陰魂仍在暗暗地遊

蕩，一些新的鬼現象也不斷出現。階級敵人卑鄙的伎倆就是妄圖包庇同黨，掩蓋自己。階級鬥爭的新動向，值得我們深思。必須提高我們的革命警惕性，充分發揚敢於鬥爭、善於鬥爭和「除惡務盡」的徹底革命精神，把那些臺前臺後的、明的暗的階級敵人統統挖出來，不獲全勝，決不收兵。

我們嚴正警告反黨叛國的反革命組織「內人黨」、一小撮叛徒、特務、死不改悔的走資派和一切階級敵人，你們已經到了山窮水盡的地步，現在只有向人民低頭認罪，繳械投降。否則就是死路一條。

黨的政策歷來是「坦白從寬，抗拒從嚴」。我們正告隱藏在舊市委的「內人黨」和一切階級敵人，你們早已四面楚歌，再想多混一會兒也是不可能了，坦白交代，低頭認罪，徹底交代你們的罪惡，才是你們唯一的出路。

同志們，戰友們！緊急行動起來，刮一場圍殲「內人黨」及一切階級敵人的十二級紅色風暴，把他們統統挖出來。

戰鬥打響了，讓我們以無限忠於毛主席、無限忠於毛澤東思想、無限忠於毛主席的革命路線的赤膽忠心，投入戰鬥。我們「胸有朝陽」，所向無敵，勝利是屬我們的。讓我們用挖肅鬥爭的新成就，迎接偉大的、光榮的、正確的中國共產黨第九次全國代表大會的勝利召開！

呼市「五‧七」幹校一營全體革命戰士

36.這絕對不是偶然的
——剖析內蒙主要負責人的「左」傾擴大化錯誤的種種表現（1969.07.07）

中央對內蒙當前的工作指示中指出：「內蒙所出現的問題都『左』」，「逼、供、信的錯誤，擴大化的錯誤，是嚴重的」，「是在政策上犯了嚴重的逼、供、信、和擴大化錯誤。」

對「左」傾擴大化錯誤是負主要責任的，那位曾經顯赫一時的自治區革委會主要領導人，就立即背著中央，揮舞大棒和長矛向無限忠於毛主席的革命造反派殺來。他居心叵測地發明了一個「造反派保守論」（或曰「新保守派論」），造謠說：「敵人在哪裡呢？在造反派中！」策動一些所謂「小人物」殘酷鎮壓造反派。當他的錯誤遭到抵制和反對時，就從叛徒那裡抄襲來的一個叫做「歷史的誤會」的名詞，把「右傾機會主義路線代表」、「二代王爺」之類的帽子，如泰山壓頂一般扣將下來，企圖把經受了「二月逆流」考驗的革命領導幹部搞掉。當新生的紅色政權正在健康地鞏固和發展時，他又創造了一個「革委會吐故納新論」，公然胡說什麼對革委會成員「可以睜一眼閉一隻眼半真半假地把他們吐出去。」致使許多各級革委會陷於癱瘓。他情況不明，決心大，不惜踐踏黨的政策，不惜破壞民族團結，大挖特挖「內人黨」，直接把矛頭指向了工人、貧下中農、貧下中牧、革命幹部和知識分子，黨有人批評他的錯誤，他又聲嘶力竭的叫：「死了些人，沒有什麼了不起，嚇不倒我們，我們不會手軟，不會剎車！」完全露出了鎮壓群眾，迷了竅的凶相，是可忍，孰不可忍！

這一系列觸目驚心的事例說明，內蒙主要負責人的「左」傾擴大化錯誤，是有理論，有實踐的，是系統的。這個錯誤在政治上、組織上、思想上都有了充分的表現。

首先，在如何看待內蒙古二十年的歷史和文化大革命這個原則問題上，內蒙革委會主要負責人直接違背了毛澤東思想。他估計形勢的方法，「是把對他們的觀點有利的某些個別的、萌芽的、間接的、片面和表面的現象，誇大為大

量的、嚴重的、直接的、全面的和本質的東西」，於是「內蒙一片漆黑論」便應運而生了。他把烏蘭夫黑線誇大為「又粗又長」，「流毒全區」，把老幹部說成「最討厭，是老滑頭」，污衊群眾「沒有很好用毛澤東思想改造自己的世界觀，上了烏蘭夫的賊船」，「是烏蘭夫的群眾」。於是，他得出的結論就是內蒙古的黨「表面是共產黨，實際上是『內人黨』」，「『內人黨』問題不解決，內蒙的無產階級文化大革命就不能奪取徹底的勝利。」真是草木皆兵，風聲鶴唳。

林副主席在黨的「九大」政治報告中指出：「這一次有億萬革命群眾參加的無產階級文化大革命，決不是偶然發生的，這是存在於社會主義的兩個階段、兩條道路、兩條路線鬥爭的必然結果。」正式在這場「無產階級反對資產階級和一切剝削階級的政治大革命」中，內蒙的革命造反派和各族革命群眾，緊跟毛主席的偉大戰略部署，把反黨叛國集團的總頭目烏蘭夫揪了出來，打翻在地；繼而用鮮血和生命反擊了二月逆流，揪出烏蘭夫在黨政軍的代理人。……早在一九四七年，毛主席就英明的指出：「曾經飽受困難的內蒙同胞，……正在開始創造自由光明的新歷史。我們相信，蒙古民族將與漢族和國內其他民族親密團結，為著掃除民族壓迫與封建壓迫，建設新內蒙與新中國而奮鬥」中央首長也明確指出：「內蒙的各族人民群眾是好的，……是聽毛主席話的，聽黨中央話的。」「他們都是心向毛主席，心向北京，熱愛祖國，熱愛社會主義的……毛主席的威望在內蒙各族人民心中是絕對的！」「左」傾擴大化的創造者，正是在這個根本問題上，否認了內蒙的天，是毛澤東思想的天，否認了內蒙古無產階級文化大革命的豐碩成果。鬧得「洪洞縣裡沒好人」，唯有他是救世主。

在政治上如此，在組織上的表現就更加惡劣了。

毛主席指出，正確的政治路線應該是「從群眾中來，到群眾中去」。「左」傾擴大化的製造者，身為內蒙革委會的主要負責人，竟然置核心小組、常委意見於不顧，獨斷專行，橫行無忌。嘔心瀝血經營小山頭，大搞「祕書專政」。正像毛主席批評的那樣，「在他們掌管一部分事業的時候，就要鬧獨立性。」他大搞反動的「多中心即無中心論」，與中央大唱反調。中央是「清理階級隊伍」，他卻提出了含義混亂的「挖肅」，而且還恬不知恥地說什麼對

「挖肅」這個詞，「已有了感情，不能丟」。毛主席號召「認真搞好鬥、批、改。」他卻標新立異地要搞什麼「挖肅」改。全國無產階級革命派和各族革命人員決心緊跟毛主席的偉大戰略部署，他卻鼓吹什麼「緊跟內蒙既定部署」，也就是他的所謂部署。請看，他竟敢把自己置於黨和毛主席之上，真是膽大包天！

在內蒙，「左」傾擴大化的製造者一意孤行，大肆破壞民主集中制。他的作風就是對他那套做法「不同意、不滿意、不積極支持的同志，一律打成右傾機會主義分子」，「從而進行殘酷鬥爭，無情打擊」。所謂「九月暗流」就是他製造的一起顛倒歷史的政治迫害案。更不能容忍的是，他竟然膽敢封鎖中央的多次批評、指示，拒不傳送，拒不執行，固執錯誤，一意孤行，為自己錯誤辯護，妄圖給自己臉上貼金。這是他資產階級個人主義和惡劣的政治品德的大暴露。

政治、組織等方面的錯誤，都是和他的資產階級立場觀點聯繫的，是從違背毛澤東思想而來的。人們對去年年十一月以來的所謂「三右主義」還記憶猶新。那是，他振振有詞地說：「高錦明同志的錯誤是嚴重的，是方向路線錯誤，是他的資產階級世界觀沒有得到改造，資產階級個人主惡性發作的結果。」現在，用他的話來批判他自己，不是恰如其分嗎？

當他的錯誤已經暴露無遺時，他不但不認識，不檢討錯誤，相反地說什麼「我們早就提出應該搞什麼，不應該搞什麼，下邊未按照這樣做，結果越搞越大。」企圖把責任一古腦兒推到下邊，自己落得個兩袖清風。聞其言，如見其人，這個人思想作風卑劣到何等地步！

毛主席教導我們：「歷史的經驗值得注意。」這位「左」得要命的領導人，在鄂豫皖蘇區打改組派時，就曾犯過嚴重的擴大化錯誤。但是，他沒有吸取這個沉痛的教訓。三十多年後，再次舊病復發，而且更加變本加厲了。這也正是這次「左」傾擴大化嚴重錯誤的一個社會根源。對於逼、供、信，中央首長批評，是舊社會來的。毛主席早就指導：「嚴禁逼、供、信。」而這種東西，卻被他視為甚寶，風行一時，豈不發人深省嗎！

總之，內蒙在清理階級隊伍中，出現嚴重的「左」傾擴大化和逼、供、信錯誤，決不是偶然的。對這個嚴重錯誤負主要責任的內蒙革委會主要負責人，

他的言論、行動、方針、政策，無不表現出他的錯誤是包括、政治、組織和思想各個方面的，給內蒙無產階級文化大革命帶來了極其嚴重的後果，必須狠批、批臭，徹底肅清其流毒。

　　當前，一個批判「左」傾擴大化錯誤，落實毛主席各項無產階級政策的群眾運動，正在蓬勃興起。受害的革命同志和絕大部分受蒙蔽而執行了「左」傾擴大化錯誤的革命同志，都滿腔革命義憤，向「左」傾擴大化錯誤的製造者猛烈開火，形勢一片大好。但是，我們絕對不要以擴大化反擴大化，也不要借「穩定局勢」之名，而不糾正錯誤。糾正錯誤的前提就是革命大批判和落實政策，經過批評或鬥爭在新的基礎上達到新的團結。

　　一切革命的同志們，讓我們高舉毛主席思想偉大紅旗，團結起來，狠批「左」傾錯誤，落實黨的各項無產階級政策，為完成「九大」提出的各項戰鬥任務，爭取更大的勝利而奮鬥！

　　　　　　　　　　　　　　　　　　　　　　　　　青山

37.內蒙主要負責人破壞了民族團結
（1969.07.07）

偉大領袖毛主席教導我們說：「無論是大漢族主義或者地方民族主義，都不利於各族人民的團結，在一部分地區，大漢族主義和地方民族主義都還嚴重地存在，必須給以足夠的注意。」

烏蘭夫是從右的方面來破壞民族團結，而內蒙主要負責人則從極「左」的方面破壞了民族團結。烏蘭夫指出「漢人壓迫蒙人」論，來大反「大漢族主義」，內蒙主要負責人指出「蒙人壓迫漢人」論，來大抓「內人黨」，雖然是立腳點不同，「左」和右有區別，但殊途同歸，結果都是踐踏了黨的民族政策，破壞了民族團結。烏蘭夫是我們的敵人，他這樣搞破壞活動，那是不奇怪的，但是內蒙主要負責人為什麼這樣搞呢？現在我們只能提出這個問題，還不能替他回答。

內蒙主要負責人是我國第一個民族自治區革委會主任，所以，不明真相的人們會覺得他在民族工作方面，大概有豐富的經驗和高深的理論吧。下面請聽聽他的講話：內蒙一千三百萬人，一百三十萬蒙族，過去一百三十萬蒙族欺壓在一千一百七十萬漢人頭上胡作非為。你看漢人多麼，蒙人那麼少還壓在漢人頭上，讓他們掌權這還行嗎？

在這裡，他把整個蒙族打成「壓迫階級」了。我們說，在階級社會中，任何一個民族的內部都有階級、階級矛盾和階級鬥爭，對於民族問題必須用階級觀點來觀察和處理。但是，內蒙主要負責人卻不然，他把蒙族的廣大工人、貧下中農、貧下中牧、解放軍指戰員、革命幹部、革命知識分子、王公貴族、地主、牧主混同一起，不分青紅皂白，都說成欺壓在別人頭上的「壓迫者」，這完全是胡說，毛主席說：「民族鬥爭，說到底，是一個階級鬥爭問題。」然而他卻把階級鬥爭說成是民族鬥爭了。他這個「蒙人壓迫漢人」的理論一方面起了煽動民族情緒，挑撥蒙漢關係，破壞民族團結的作用。一方面起了給以烏蘭夫為首的民族反動派幫了一大忙，他們過去以「漢人壓迫蒙人」論、「蒙漢一貫鬥爭」論，作為搞民族分裂的「理論根據」，他現在也這樣說，豈不證明

他們的那些謬論是「正確」的嗎？可見，他的屁股實際上是坐到烏蘭夫那邊去了。

內蒙主要負責人有這種反動的資產階級民族觀，並不是偶然的，張國燾在鄂豫皖蘇區就犯過這種罪行，一九三一年三月三十一日《中共中央政治局關於張國燾錯誤決定》中說：「他在少數民族問題上以大漢族主義代替了列寧主義的民族政策。」我們要問：內蒙主要負責人和王明、張國燾劃清界限了嗎？

內蒙主要負責人的反動的資產階級民族觀，在挖「內人黨」的運動中充分地暴露出來了。六八年十一月二十七日，他接見內蒙毛澤東思想大學校連以上幹部時講話說：「內人黨蒙族同志多一些，烏蘭夫利用我們一些同志有民族情緒，受欺騙，有些牧民是受欺騙加入內人黨的，說加入內人黨比加入共產黨還高一級。」在他這種理論指導下，很多人被關進「隔離室」，很多人被關進「內人黨學習班」，很多人成了懷疑對象，一句話，他的黑名單中沒掛名的人反正是不多。現在，他可以得出這樣一個結論：「內人黨是個全民黨」。宣佈這個結論的時候，他還應當說一句：「地富反壞右不是內人黨」。這個結論和這個說明，完全符合他的實踐。西蘇旗一共九百多名共產黨員，被打成內人黨的就有八百多。阿巴嘎旗是一個先進旗，劃階級後，牧主插黑旗，牧民插紅旗，階級陣線分明，可是一挖內人黨，插了紅旗的貧下中牧插了內人黨旗。莫力達瓦旗達翰爾族幹部都被打成內人黨，沒有一個人逃出老×的毒手。

內蒙主要負責人破壞各族人民的團結，其規模之大，解放以來，是空前的。請問，不徹底批判這位負責人，怎麼能搞好民族團結？

（原載《東縱》通訊本文有刪改）

38.大字報選：歷史宣判滕海清有罪

對偉大領袖毛主席和戰無不勝的毛澤東思想抱什麼態度，這是一個革命者的大節問題，也是真假馬克思列寧主義者的分水嶺。

林副主席在「九大」政治報告中說：「我們黨的全部歷史，證明了一條真理：離開了毛主席的領導，離開了毛澤東思想，我們的黨就受挫折，就失敗；緊跟毛主席，照毛澤東思想辦事，我們的黨就前進，就勝利。我們要永遠記住這個經驗。在任何時期，任何情況下，誰反對毛主席，誰反對毛澤東思想，就全黨共討之，全黨共誅之。

滕海清一向把自己標榜為正確路線的代表，吹噓自己是緊跟以毛主席為首、林副主席為副的無產階級司令部的。滕海清自己就曾大言不慚地說過，他在內蒙，「就好像毛主席在內蒙親自坐鎮」。事實果真如此嗎？

馬克思說：「對頭腦正常的人來說，判斷一個人當然不是看他的聲明，而是看他的行為；不是看他自稱如何如何，而是看他做些什麼和實際是怎麼樣一個人」。只要我們回顧一下歷史，看看滕海清在最近一年來的內蒙的文化大革命中，說了些什麼，幹了些什麼，就不難得出正確的結論。

人所共知，偉大領袖毛主席和無產階級司令部對內蒙的文化大革命是十分關心的，在運動的每一關鍵時刻，都給予極其重要的指示。但是滕海清卻一直與中央分庭抗禮，不聽毛主席的話，專橫跋扈，自行其事，大搞滕氏獨立王國，給內蒙文化大革命，造成極大的損失，嚴重干擾了毛主席的偉大戰略部署。

1967年11月12日，江青同志對北京文藝界發表重要講話。內蒙文藝界的革命造反派和廣大革命群眾，堅持響應無產階級司令部的戰鬥號令，向一小撮階級敵人發起猛烈進攻，接著，革命烈火迅速蔓延，全區運動出現了一個新的高潮。但是，居心叵測的滕海清卻貪天之功據為已有，硬說這個群眾運動的新高潮是由他發動的。為了實現所謂滕司令員的「戰略部署」，滕海清手下的幾個祕書，打著「滕辦」的旗號大肆活動，玩弄權術，對革命造反派隊伍進行分化瓦解，拼湊，一支以自首變節分子烏蘭巴干為代表的嫡系隊伍，把轟轟烈烈的

革命運動打了下去。

正在這個關鍵時刻，無產階級司令部向全國人民發出戰鬥號召，迎頭痛擊為六七年二月逆流翻案的反革命妖風。林副主席以及總理，伯達，康老、江青等中央領導同志一在強調指出，要防止「老保翻天」。

一九六八年二月中間，中央首長在懷仁堂接見滕海清，尖銳地指出：「你們要進行階級分析，注意面不要寬了。」這是無產階級司令部直接對滕海清提出的第一次警告。

三月二十四日，林副主席在宣佈中央處理「楊、余、傅事件」的決定時指出：「搞山頭的人，結果都沒有好下場。頭一條不利於公，其次對他自己也沒有好下場。……山頭主義就是可以把我們黨的政權，階級的政權，變成個人政權，變為一個宗派的政權，變為資產階級的政權，變為它鎮壓無產階級的政權。」

無產階級司令部的教導和警告，並沒有使利令智昏的滕海清醒悟，相反，他照樣我行我素，沿著背離毛主席革命路線的道路繼續走下去。

中央指示要防止「老保翻天」，滕海清卻大喊：「直到現在我們還沒有發現老保翻天！」那麼滕海清發現的是什麼呢！他發現的是：

「我們有相當大的一部分無產階級革命隊伍嚴重不純。」（68、3、4、講話）

「有些地區，如包頭的發展很快，從三月四日晚上到現在（3月21日）揪出來的特務、叛徒，壞分子大概有九百多。這些人在什麼地方？很多都是在我們造反派隊伍裡揪出來的。」（68、3、21、講話）。

「現在的形勢不是去年了，不是以前了，造反派也可能變成不是造反派了，也可能原來的保守派現在變成造反派了。這樣的造反派將來可能要垮臺。這樣的造反派，我看垮臺好。」（68、3、21，講話）

滕海清在全國反擊為二月逆流翻案的反革命妖風的時候，就是用這樣赤裸裸的語言咒罵內蒙的革命造反派。在滕海清的眼睛裡，內蒙的革命造反派糟得很，簡直是一群烏合之眾。因此，滕海清通過他的御用文人在《內蒙古日報》上發出圍剿革命造反派的口令；「打倒假洋鬼子！」於是人們看到，奴隸出身的共產黨員，堅強的革命造反派戰士，一夜之間變成了奴隸主和壞頭頭；而有

看變節分子、地主階級的孝子賢孫烏蘭巴干卻搖身一變，成為譽滿全區的揪叛戰士。內蒙大革命的歷史，就這樣開始被滕海清顛倒過來。

誰敢說，這不是反對毛主席的革命路線？！

誰敢說，這不是為二月逆流翻案？！

當滕海清背著無產階級司令部另搞一套的時候，他在錯誤的道路上越走越遠。滕海清在內蒙別出心裁上搞了一個「挖肅」運動，並且創造了一套新的理論，路線，方針，政策，諸如：「二次革命論」，「二次奪權論」，「重新站隊論」，「重新發動群眾論」，「革委會內部兩個司令部鬥爭論」，「新生革命力量論」……名目繁多，不勝枚舉。這個論，那個論，實際上就是滕海清的「資產階級多中心即無中心論」，他的要害就是用滕氏「挖肅」運動來代替偉大領袖毛主席親自發動和領導的無產階級文化大革命，就是為劉、鄧資產階級反動路線翻案！

對於滕海清的所作所為，無產階級司令部一直予以密切的注視。1968年國慶節前，總理通過陳先瑞同志告知滕海清：「要注意這個問題，不要擴大化。」這個無產階級司令部的第二次警告，但滕海清仍然置若罔聞，抱住自己的錯誤路線不放。他說：

「挖肅是我們根據內蒙的特點提出來的，已經講了十個多月，群眾中已有了感情。『挖肅』就是一大批判和清理階級隊伍為內容，是按毛主席偉大戰略部署的，有些群眾說這個詞不能丟，我們也不要丟。」（68.10.25）

「還有一個問題，對群眾專政的人，已平反的一律宣佈無效，群眾專政根本不存在平反問題，搞平反就是長敵人的志氣，滅我們的威風。」（68年11月10日）

「挖肅」不能丟，平反不能搞，我老滕是百分之百的布爾什維克，完全正確。這就是滕海清無產階級司令部的第二次警告的回答。

沒過多久，江青和姚文元同志在呼盟清理階級隊伍的一個報告裡邊批示：「要注意防止擴大化」對滕海清提出第三次警告。

接著，黨的八屆十二中全會召開了。偉大領袖毛主席在會上發表了極其重要的講話，深刻地闡述了無產階級文化大革命的政策，明確提出在清理階級隊伍工作中要突出一個「準」字。八屆十二中全會公報，嚴肅批判了67年2月逆

流和68年春那個為二月逆流翻案的反革命妖風。

對於無產階級司令部的第三次警告，對於黨的八屆十二中全會，滕海清進行了極為猖狂的抵制。

偉大領袖毛主席指示我們，在清理階級隊伍工作中要突出一個「準」字，可是滕海清卻指使他的御用文人《內蒙古日報》上大唱反調：「狠是個基礎，如果對敵人不狠，那就談不上『穩』和『準』了。我們要在『狠』的基礎上解決準字，這樣才能最大限度的鼓勵和打擊一小撮階級敵人。」（1968年、11、24、《內蒙古日報》社論）

黨的八屆十二中全會嚴肅批判了二月逆流和為二月逆流翻案的反革命妖風，可是滕海清卻將被中央「紅八條」所肯定了的革命領導幹部高錦明同志打成「右傾機會主義路線總代表」，說高錦明同志反對烏蘭夫和頂二月逆流一場「歷史的誤會」。尤為甚者，滕海清竟步黃、王、劉、張的後塵，背著無產階級司令部，擅自責令高錦明同志停職檢查。對於革命委員會內部持不同意見的其他革命領導幹部，滕海清也耿耿於懷，欲置於死地而後快。至此，滕海清在內蒙為二月逆流翻案的罪惡活動已大功告成。

在揪出高錦明同志以後，滕海清又在全區展開了一個「深挖『內人黨』及其變種組織」的運動，從盟市挖到蒙古包，在短短的幾個月時間裡，數十萬工人、貧下中農（牧），革命幹部、青年學生，解放軍指戰員和共產黨員，通通被打成「內人黨」分子，受到殘酷的迫害。多少人家破人亡，多少人終身殘廢。滕海清這樣瘋狂的踐踏毛主席的無產階級政策，不是為劉鄧反動路線翻案又是什麼？

今年二月四號，中央首長在接見滕海清的時候，再次提出要防止擴大化的問題，並指出要吸取江西蘇區打AB團和鄂豫皖打改組派的教訓。這是無產階級司令部對滕海清的第四次警告。但是，滕海清依然堅持其反動的資產階級立場，根本不聽無產階級司令部的話。他狂妄地說：

「整個文化大革命以來一直是反右，六六年文化大革命以來，都是反右。」

「我們目前反右還是防『左』？我認為右要繼續反，『左』也要防止。右傾還是普遍的，『左』傾是局部的，『左』是好剋服的，右是不好克服的。」

「是否面寬了，誰有數據可以說明？誰能肯定我那個單位有五百個挖出來

一千個？」

「目前要弄清究竟有多少，沒有什麼必要，有多少挖多少，挖出來區別對待。」（1969年2月20日）。

滕海清對待以毛主席為首，林副主席為副的無產階級司令部究竟抱什麼態度，通過他的這幾段話不是昭然若揭了嗎？用「專橫拔扈」，「自以為是」這樣的詞句形容滕海清，顯然是太輕了。滕海清如此猖狂地與中央分庭抗禮，充分表明他是一個居心巨測的個人野心家！

具有偉大歷史意義的「九大」召開了。會議期間，無產階級司令部對滕海清進行了嚴肅的批評。我們最最敬愛的偉大領袖毛主席，對內蒙問題做了極為重要的指示：「在清理階級隊伍中，內蒙已經擴大化了。」天大地大不如毛主席的恩情大。在內蒙文化大革命就要被滕海清斷送的關鍵時刻，是毛主席他老人家親手撥開烏雲，使紅太陽再次照亮了內蒙古草原！內蒙一千三百萬各族人民，迎著東方的朝陽，衷心祝願毛主席萬壽無疆！萬壽無疆！萬壽無疆！

滕海清在內蒙大搞獨立王國的美夢破碎了！但是，滕海清並不甘心自己的失敗，他繼續耍弄兩面派手法，欺騙中央，蒙蔽群眾。一方面，他向中央寫了檢查，表示一定改正錯誤；另一方面，他卻嚴密封鎖無產階級司令部的聲音，致使連參加「九大」的內蒙代表團都不知道毛主席關於內蒙問題的極為重要的指示。這是滕海清的一種嚴重罪行！

在「九大」期間，滕海清連續給家裡來過十幾封信，又是這個指示又是那個指示，就是不原原本本地傳達無產階級司令部的聲音，以致於在群眾中造成思想上的混亂，黨的政策不能貫徹落實。尤其令人氣憤的是，中央明明批評了滕海清擅自將高錦明同志停職檢查的嚴重的無組織無紀律行為，滕海清卻在來信中說，由於高錦明檢查得好，所以才決定恢復他的工作。請問，這不是文過飾非又是什麼？！在參加「九大」期間，在受到毛主席和黨中央的嚴厲批評之後，滕海清仍然耍弄這種兩面派手法，其政治品質惡劣到何種地步就可見一斑了，滕海清能否真正改正錯誤，自然也就大可懷疑了。

回顧這一年多的歷史，我們可以清楚地看到，滕海清對偉大領袖毛主席，對於毛主席為首、林副主席為副的無產階級司令部，是不忠的。在階級鬥爭和

路線鬥爭的關鍵時刻，滕海清是不聽毛主席的話的，是不跟毛主席走的。不自量力的滕海清妄想顛倒內蒙文化大革命的歷史，無情的被宣判為背叛毛主席革命路線的罪人！

結果是好的，滕海清是有罪的！當韓桐，歐陽儒忱、許克燈等烈士的鮮血染紅的革命造反大旗被踐踏的時候，我們說滕海清是有罪的！

當數十萬工人、貧下中農（牧）、革命幹部、青年學生、解放軍指戰員被打成「內人黨」，殘遭迫害的時候，我們說滕海清是有罪的；

當科爾沁草原的老農會主席在牢房裡嚥下最後一口氣的時候，我們說滕海清是有罪的；

當貧農的兒子用被打成殘廢的手在牆上刻下「今天播下鋼鞭種，明朝開出向陽花」的詩句的時候，我們說滕海清是有罪的；

當守衛在祖國北大門的邊防戰士把金光閃閃的毛主席像章別在自己肉上的時候，我們說滕海清是有罪的；

當偉大領袖毛主席指出「**內蒙已經擴大化**」的時候，我們說滕海清是有罪的！

不久以前，經毛主席和林副主席批准，無產階級司令部在北京召見內蒙革委會負責人。對滕海清的嚴重錯誤進行了歷史的、全面地分析批判，同時也給滕海清指明了改正錯誤的道路。這是無產階級司令部對滕海清的又一次挽救。我們無限忠於毛主席的內蒙無產階級革命派和廣大革命群眾，遵照無產階級司令部的指示，對滕海清進行嚴肅的批判和熱情的幫助，爭取使他盡快回到毛主席的革命路線上來。如果滕海清迷途知返，痛改前非，我們將表示熱情的歡迎。

但是，目前種種跡象表明，滕海清並沒有想真正地檢查錯誤，改正錯誤，他對無產階級司令部的指示陽奉陰違，至今不到群眾接受批判，卻在暗中搞陰謀。我們要正告滕海清，你如果這樣幹下去，那是相當危險的。歷史上那些反對毛主席革命路線的人，從陳獨秀到王明，從彭德懷到劉少奇，從楊、余、傅到王、關、戚，那一個人有過好下場？！據說滕海清是個老革命，是有功勞的，但是請不要忘記，在革命深入發展的時候，由昔日的「功臣」變成今天的「禍首」，這樣的例子也不是沒有的。我們真誠的希望滕海清能夠吸取歷史的

教訓，不要重蹈王明之流的覆轍。如果滕海清一定要與無產階級司令部對抗到底的話，那就終將被歷史所拋棄，成為遺臭萬年的罪人！

內蒙古宣教口《批滕總站》

內蒙古群眾文化館革命造反派及革命群眾

1969年6月3日

《5‧22通訊》第七期，內部刊物，不得外傳

內蒙古自治區革命委員會機關批滕聯絡總站

1969年7月2日

39.大字報選：老滕與「取而代之」

傳聞滕海清同志是礦工出生。這位礦工出生的將軍，偏偏對「取而代之」這樣一個文謅謅的成語很感興趣，頗有研究。因此「取而代之」在他的講話中屢見不鮮。

1967年2月16日上午，滕海清同志在內蒙革委會常委擴大會議上的講話中，談到「高錦明問題」時，就有這樣一段「特別」的話：

高錦明的問題，我過去不瞭解，在清理階級隊伍後有認識，但也不上綱。在清理階級隊伍發展時，他才暴露出來。他暴露出來的問題很多，如反對挖烏蘭夫的社會基礎，反對搞兩條路線的鬥爭，反對人民解放軍，搞兩面派，等等。特別是揪出烏蘭夫之後，他想取而代之。

在這裡，老滕用「特別」的語言，「特別」強調了高錦明想取烏蘭夫而代之。因此便出現了高錦明是「二代王爺」這一「特別」的怪事！

事隔20天，在1969年3月5日老滕對內蒙革委會政工人員所做的「重要指示」中再次出現了一連兩次「取而代之」的特別怪事。他說：

我們與高錦明的鬥爭，就是與烏蘭夫鬥爭的繼續。反高錦明的右傾機會主義路線，是與反烏蘭夫分不開的。……看來高錦明是一個資產階級野心家。其實在第四次全委擴大會議上我們就講過：我們與高錦明的鬥爭，是奪權與反奪權、復辟與反復辟的鬥爭。但有些同志並未真正理解。高錦明跟烏蘭夫很緊的，是後來眼看烏蘭夫就要被揪出來了，他才起來反對烏蘭夫的。他之所以反對烏蘭夫，正是為了取而代之。

……特別是九月間，趁我不在家，開了個常委會，把自己打扮成唯一正確的人，就是要上臺呢！就是要完成取而代之的事業嗎！那個時候，如果把滕海清搞下去，吳濤當然不在他的話下了。這樣，他當然要當第一把手了。

　　無需多加解釋，老滕的調子是越唱越高了。高錦明豈只是想「取烏蘭夫而代之」，而且要「取我滕海清而代之」了！高錦明豈只是「右傾機會主義路線的總代表」，而且是「資產階級野心家」了！高錦明豈只是「想」，而且要「上臺」了！這就難怪老滕要大聲疾呼「奪權與反奪權」、「復辟與反復辟」了！自然也很容易理解老滕對此責怪手下人對他的「重要指示」不理解了！

　　歷史無情。正是老滕大作「取而代之」文章時，3月9日康老明確地指出：高錦明同志反烏蘭夫是對的！頂「二月逆流」是對的！並且嚴厲指責老滕無權停止高錦明同志的工作。

　　事情非常清楚，是老滕把歷史搞顛倒了！是老滕把事情搞翻了！所謂高錦明取烏蘭夫而代之，所謂高錦明取滕海清而代之，所謂高錦明是內蒙為「二月逆流」翻案的總後臺，所謂高錦明右傾機會主義路線，這一內蒙古空前的大冤案，毛主席、黨中央給徹底地翻過來了！

　　事情又很奇怪。高錦明的冤案得以昭雪，滕海清的「取而代之」，就不只是停留在原來的水平上，而是發展，提高到更高的水平了！4月17日老滕從北京一連給權星垣同志來了兩封信，信中寫道：

> 高錦明的檢查我們看是比較深刻，現在不要發，有些問題還要修改一下，待我們回去研究。按照偉大領袖毛主席「**懲前毖後，治病救人**」，「**既要弄清思想，又要團結同志**」的教導，請高錦明同志立即工作。

　　同志們看了要啞然失笑的。中央的指示，被老滕「取而代之」得多麼巧妙啊！明明事情搞翻了，挨了中央的批評，但還能面對一千三百萬人民煞有介事地大講什麼「高錦明的檢查我們看比較深刻，還要做些修改以後再發」；還能裝出一副執行毛主席幹部政策的模樣，「立即請高錦明同志照常工作」？！

　　滕海清玩弄的「取而代之」術，是多麼有方呵！真有瞞天過海的奇能！

　　毛主席提出「**革命大批判**」和「**清理階級隊伍**」，老滕取而代之為「挖肅」；毛主席提出「鬥、批、改」，老滕取而代之為「挖、肅、改」；毛主席講穩、準、狠，要注意解決「準」字，老滕取而代之為「狠字基礎論」；毛主席講**有反必肅，有錯必糾，在什麼範圍搞錯，也應該在什麼範圍內平反**，老滕

取而代之為「告訴本人經審查無問題就行了」，而且被整者還得感謝；毛主席**說革命委員會好**，老滕取而代之為「按派性需要成立的合股公司」，「革委會領導班子癱瘓了」「是好事」。

如此怪事，枚不勝舉。毛主席的指示，毛主席無產階級革命路線，毛主席的偉大戰略部署，以毛主席為首，林副主席為副的無產階級司令部的戰鬥號令，就這樣被老滕「取而代之」殆盡！

老滕到內蒙時間不長，僅僅二年半，只及烏蘭夫統治內蒙二十年的十分之一，然而就在這短短的二年半的時間裡，老滕就把內蒙搞成一個上抗中央，下壓群眾的「獨立王國」。他封鎖，抗拒，篡改，閹割以毛主席為首，林付主席為付的無產階級司令部的聲音，同中央大唱反調，背著中央另搞一套；他步楊成武的後塵，用盡一切辦法大樹特樹自己和「滕辦」小山頭的絕對權威，大搞反動的「多中心即無中心論」；他在內蒙專橫跋扈，稱王稱霸。對同志搞赫魯曉夫式的突然襲擊，對群眾進行法西斯式的野蠻鎮壓。這一樁樁的罪惡，鐵證如山。

據此種種，想想毛主席關於「要特別警惕像赫魯曉夫那樣的野心家和陰謀家，防止這樣壞人篡奪黨和國家的各級領導」的偉大教導，我們確乎要「取而代之」術的老滕，不大放心了。照老滕那樣「取而代之」下去，到什麼地步才算終極呢？！

取而代之，取而戴之。老滕是否有勇氣將自己慷慨送給高錦明同志的那頂資產階級野心家的桂冠而取而戴之呢！

師院東縱《批滕聯絡站》

內部資料：滕海清同志「左」傾錯誤的惡果在工交戰線上開始反映

革命決定生產。在前一段，由上而下在滕海清同志「左」傾機會主義錯誤指導下，製造了工人之間的矛盾，破壞了工人群眾的團結，把一大批工人打成「內人黨」，使他們受到殘酷鎮壓和摧殘。反應到生產上，遭受了比「二月逆流」時期還要嚴重的損害。現在把我們初步瞭解到的點滴情況整理如下，供革

命的同志們從生產這個側面看一看「左」傾錯誤所造成的惡果。

鐵路運輸幾乎處於癱瘓狀態。呼和鐵路局臨河機務段有17台機車，目前只有一台運轉，造成正線不能通車，鐵道部不得已從蘭州局調來五台機車，勉強維持客車和少量貨車的運轉。烏達車站有3台調車機，只有一台給吉蘭太鹽場送水。海勃灣車站有三台調車機，也和烏達一樣，只有一台工作。烏、海兩個車站閉塞，礦石運不出，烏達站已有五、六天煤、石不能外運。包鋼從維持生產出發，支援海勃灣兩台調車機，又人為的不能投入生產。呼和機務段，共有30台機車，投產的很少，在鐵道部支援五台、集寧支援三台的情況下，才能維持正線十對客貨車通行。

鐵路是國民經濟的命脈。鐵路的嚴重問題，直接影響到工業生產。包鋼，由於宋家壕車站（請注意：內蒙古日報六月三日還在表揚這個車站的先進經驗）基本處於停駛局面，載貨車大量積壓（積壓包鐵貨車670輛，其中精煤518車，礦石152車），生產原材料庫存大大下降，礦石僅有2000噸（日耗量是6000噸），精煤20000噸，僅夠四天煉焦用量，石灰石也相當緊張，使15、13兩個高爐生產受到威脅。

呼、包電網生產用煤告急，經常處於斷煤邊緣。據包頭生建部反映：在這種情況下，建議電廠生產適當壓縮，同時採取限電措施，一部分工廠將被迫停產。

內蒙革委會生建部批滕聯絡站
1969年6月5日

《5·22通訊》第八期，內部刊物，不得外傳
內蒙古自治區革命委員會機關批滕聯絡總站
1969年7月11日

40.關於《東聯》《決聯站》及《工人公社》的嚴正聲明

最高指示

對廣大人民群眾是保護還是鎮壓，是共產黨同國民黨的根本區別，是無產階級同資產階級的根本區別，是無產階級專政同資產階級專政的根本區別。徹底的唯物主義者是無所畏懼的……。

長期以來，滕海清同志不高舉毛澤東思想偉大紅旗，大搞反動的多中心論，頑固地堅持資產階級世界觀，背離了毛主席的無產階級革命路線，犯了「左」傾機會主義路線的錯誤。除在大挖新「內人黨」方面犯了極其嚴重的「左」傾機會主義路線錯誤外，另一個十分突出的就是殘酷鎮壓革命造反派，為二月逆流翻案。

滕海清同志站在反動的資產階級立場上，對革命造反派根本沒有什麼感情，而有的是仇恨和鎮壓。他把革命造反派罵得一塌糊塗，比敵人還壞。他大肆叫囂什麼「三、四十年」的走資派也「沒有今天造反派這樣囂張」，大罵革命造反派頭頭背的「包袱」「不是什麼金銀財寶」，而「是一包稻草」，他咬牙切齒地喊叫：這個造反派垮了「活該」，那個造反派垮了也「沒有什麼了不起」！於是滕海清同志對革命造反派進行了無情打擊，殘酷鎮壓，其中最典型的，是對《東聯》、《工人公社》及《決聯站》三個革命造反派組織的鎮壓。

《東聯》、《工人公社》、《決聯站》是二月逆流中衝殺出來的革命造反派，他們和呼三司、火車頭、八一八、華建等革命造反派一起同黃王劉張反革命集團及王鐸、王逸倫之流進行了艱苦而英勇的鬥爭，他們與形形色色的資產階級反動路線進行了不屈不撓的鬥爭。特別可貴的是，他們從一九六七年八月份以來，與滕海清同志右的和極「左」的錯誤，進行了堅決的鬥爭。在這一系列的鬥爭中，儘管存在著這樣或那樣的缺點錯誤，但他們的大方向始終是正確

的，是忠於毛主席的無產階級革命路線的。

　　但是，《東聯》、《工人公社》、《決聯站》的革命行動，特別是一九六七年八月份以來與滕海清同志右的和極「左」的錯誤的鬥爭，激怒了滕海清同志，他一下子跳起來，擺出一付殺氣騰騰的架式，對《東聯》、《工人公社》、《決聯站》大肆鎮壓、造謠言、放暗箭、大打出手，無所不用其極，他調動不明真象的群眾去圍攻《東聯》、《工人公社》、《決聯站》。他用高壓手段，乃至不惜盜用革委會的名義鎮壓《東聯》、《工人公社》、《決聯站》。這個時候，他一手殘酷鎮壓《東聯》等三個革命造反派組織，一方面在《人民日報》上發表文章，吹捧自己如何作不同觀點的群眾組織的思想工作，欺騙黨中央，欺騙全國人民，真是惡劣到了極點！當圍攻、高壓手段一一失敗之後，滕海清同志便動用專政工具，非法地取締《東聯》、《工人公社》、《決聯站》這三個革命造反派組織，編造了一系列莫須有的罪名，捏造了種種「事實」，逮捕和軍管了這三個造反派組織的大小頭頭，對他們及其家屬，進行了非法的政治迫害和精神迫害，對他們搞什麼單人隔離軍管，進行慘無人道的毒打和刑訊。逼著他們承認「錯誤」，交待「罪行」，不惜以高官厚祿為誘餌，對他們實行卑劣的分化瓦解政策，挑動群眾鬥群眾，並美其名曰：這是「單人學習班」！在長達七八個月的關押期間，致使一些人死亡、殘廢。滕海清同志對《東聯》、《工人公社》、《決聯站》的鎮壓時間最長（達兩年之久），也最殘酷（至今一些頭頭，依然被關押、軍管）。內蒙革發（69）4號文件《內蒙古自治區革命委員會關於處理〈東聯〉、〈工人公社〉、和〈決聯站〉三個組織的批覆》，就是滕海清同志殘酷鎮壓這三個組織的一個鐵證！然而，到目前為止，在廣大革命群眾批判滕海清同志的「左」傾機會主義路線的高潮中，滕海清同志態度依然很頑固，拒不從思想上承認自己的嚴重錯誤，不給被打成反革命組織的《東聯》、《工人公社》和《決聯站》平反。為此，我呼三司內大井岡山批滕縱隊和井岡山縱隊特發嚴正聲明如下：

　　一、《東聯》、《工人公社》和《決聯站》是革命造反派組織，儘管他們在前進中有這樣或那樣的缺點、錯誤，但他們的大方向是始終正確的，是忠於毛主席的革命路線的。我們一如既往，堅決支持《東聯》《工人公社》和《決聯站》的大方向及一切革命行動。

二、滕海清同志老虎屁股摸不得，殘酷鎮壓《東聯》、《工人公社》和《決聯站》三個革命造反派組織，是完全錯誤的，是根本背離毛主席的革命路線的，是滕海清同志為二月逆流翻案的一大鐵證。滕海清同志必須公開承認這一背離毛主席革命路線的錯誤，公開為《東聯》、《工人公社》和《決聯站》平反，恢復名譽，公開宣佈收回內蒙革發（69）4號文件《內蒙古自治區革命委員會關於處理〈東聯〉、〈工人公社〉〈決聯站〉三個組織的批覆》，公開宣佈呼和浩特群眾專政總指揮部關於處理《東聯》、《工人公社》和《決聯站》的幾點決定是荒謬的，一律無效。

三、立即釋放關押、軍管的《東聯》、《工人公社》和《決聯站》的頭頭。滕海清同志要公開向被關押、毒打的《東聯》、《工人公社》和《決聯站》的頭頭及戰士賠禮道歉。對於殘廢者、病者給予治療，向死者的家屬賠禮道歉並予撫卹。

四、對由於和《東聯》、《工人公社》、《決聯站》有過串聯和革命行動而被打成「反革命」「壞頭頭」「非法活動」的必須予以徹底平反，並肅清其流毒。

五、我們呼籲全市、全區革命造反派團結起來，聯合起來，共同批判滕海清同志的「左」傾機會主義路線，按著偉大領袖毛主席的五‧二二批示及中央首長對內蒙文化大革命的重要指示，加強團結，糾正錯誤，總結經驗，落實政策，穩定局勢，共同對敵，把內蒙的無產階級文化大革命進行到底，爭取更大的勝利！

呼三司內蒙古大學井崗山批滕縱隊井縱

一九六九年六月九日

革命沒有完，革命在繼續——重新發表《決聯站》成立宣言

在兩個階級兩條路線的激烈搏鬥中，內蒙地區的廣大無產階級革命派，緊跟偉大領袖毛主席走過了光輝戰鬥的三年。在無產階級文化大革命的歷史上，寫下了雄偉壯麗的篇章。

　　「踏遍青山人未老」，在經歷了滕海清同志右的和「左」的嚴重錯誤的鍛鍊之後，今天我們重新發表「《內蒙古決心把無產階級文化大革命進行到底聯絡總站》（決聯站）宣言」。（即「告內蒙革命人民書」，1967年12月5日）

　　「決心把無產階級文化大革命進行到底」！這是豪邁的誓言，戰鬥的誓言。

　　但是，能不能完成毛主席交給我們的光榮的鬥批改的歷史任務，能不能實踐「決心把無產階級文化大革命進行到底」的誓言，能不能做徹底的無產階級革命派而不做保「官」保「權」維護舊序秩的半截革命派，這依然是需要未來的實踐予以證明的事情。

　　革命沒有完，革命在繼續。以劉少奇叛徒集團為代表的資產階級司令部被摧垮了，烏蘭夫反黨叛國集團為代表的反動勢力被摧垮了，對他們那套資產階級反動路線必須給予徹底的批判，其流毒必須徹底肅清，形形色色的非無產階級思潮，仍然企圖腐蝕我們的革命意志，各種機會主義者仍然企圖使革命帶上改良主義的溫和色彩；鬥批改的歷史任務還沒有全面完成，兩條路線的鬥爭仍然在繼續。

　　毛主席最近教導我們：「無產階級文化大革命，有些事沒有做完，現在還要繼續做，譬如講鬥、批、改」。對於那種在勝利面前止步不前或居功自傲的人和那種忘記了我們所進行的是偉大的無產階級文化大革命的人，學習這一教導該有何等深刻的教益啊！

　　無產階級文化大革命，就是用戰無不勝的毛澤東思想改造人們世界觀的大革命；就是鏟除修正主義土壤鞏固無產階級專政的大革命；就是同幾千年來的舊傳統觀念實行徹底決裂的大革命。因此，在改造客觀世界的同時，必須改造自己的主觀世界，否則，革命將是一句漂亮的空話。

　　革命沒有完，革命在繼續。

　　讓我們高舉毛澤東思想的偉大紅旗，團結在毛主席為首林付主席為副的黨中央的領導之下，把無產階級文化大革命進行到底！

41.大字報選：滕海清提出的「挖肅」口號究竟 是什麼貨色？

滕海清同志別出心裁地提出了「挖肅」這個口號後，社會上引起了不同的反映。革命群眾認為這個口號不符合毛澤東思想，是和毛主席提出的鬥、批、改的指示相背離的。但有些人卻拍手叫好。在滕海清獨斷專行、瘋狂壓制不同意見的時期，這一爭論始終沒有得到正確的解決。在中央對內蒙當前工作的指示下達的今天，回頭再來看看這條口號究竟是什麼貨色？

模糊了鬥爭的方向

為了辨明「挖肅」這一口號正確與否，首先必須弄清這一口號的內涵。令人十分吃驚的是「挖肅」這一口號在不同時期，不同場合，在同一個滕海清嘴裡，竟有不同的解釋。一開始，滕海清提出的「挖肅」鬥爭的概念原是十分明確的。這就是「挖烏蘭夫黑線，肅烏蘭夫流毒」。可是當革命群眾提出「挖肅」口號與毛主席提出的鬥、批、改精神不符時，滕海清馬上用魔術家的手法一下使「挖肅」的內容變為「清理階級隊伍和大批判」。到了去年年底，「挖肅」口號又成了專挖「內人黨」的代名詞了。

由於滕海清提出的「挖肅」只限於挖烏蘭夫黑線，肅烏蘭夫流毒，這就與中央多次指示的有關清理階級隊伍的精神不符。中央曾明確指出，清理階級隊伍要把矛頭指向「叛徒、特務、死不改悔的走資派，沒有改造好的地、富、反、壞、右和其他反革命分子」。試問，那些不屬烏蘭夫線上的「叛徒、特務、死不改悔的走資派，沒有改造好的地、富、反、壞右和其他反革命分子」是不是還要挖呢？劉少奇的反革命修正主義路線的流毒是不是還要肅呢？顯然，「挖肅」這個口號，不符合中央關於清理階級隊伍工作指示的精神，模糊了鬥爭的方向、影響了內蒙地區清理階級隊伍工作的勝利進行，給這項工作造成了嚴重的惡果。

在階級鬥爭中提出的口號，必然要指導鬥爭的方向，影響運動的發展。這

本是個十分嚴肅的問題。但作為內蒙革委會第一把手的滕海清，對待政治口號竟採取如此荒唐的態度。

「多中心論」的產物

在毛主席親自主持制定的十六條中早就提出了文化大革命的任務就是鬥、批、改。後來毛主席又規定了鬥、批、改的具體內容，這就是建立三結合的革命委員會，大批判，清理階級隊伍，整黨，精簡機構、改革不合理的規章制度、下放科室人員。毛主席提出的鬥批改的指示極其明確，極其簡練，極其科學地規定了文化大革命的任務，它具有普遍的指導意義，全國各地都必須認真地，不折不扣地貫徹執行。

可是，滕海清卻強調內蒙特殊，提出了「挖肅」的口號，把鬥批改的任務局限在「挖烏蘭夫黑線，肅烏蘭夫流毒」的範圍內，說什麼「挖肅」是「我們根據內蒙階級鬥爭的特點提出來的⋯⋯挖肅就是大批判和清理階級隊伍為內容，是按照毛主席的偉大戰略部署的」。人們不禁要問：為什麼內蒙地區就不能以中央明確提出的鬥批改的幾個階段為指導，非要用「挖肅」來統一部署呢？時分明顯，滕海清提出的「挖肅」口號實際上閹割了鬥批改的內容，從而否定了毛主席這一偉大指示的普遍指導意義。

拋開毛主席的指示，強調內蒙古的特殊，亂提口號，另行一套，這是不折不扣，道道地地「多中心論」的表現。「挖肅」的提出，就是滕海清大搞「多中心論」的鐵證！

為自己的「左」傾大造輿論

滕海清靈魂深處有一個頑固的資產階級王國。因此，他無法正確估計革命的形勢。他認定內蒙古的天不是毛澤東思想的天，而是烏蘭夫的天，他不相信內蒙古百分之九十五以上的群眾和幹部都是革命的。在他看來，烏蘭夫黑線又粗又長，一直伸到蒙古包內。

基於上述的估計，滕海清劃框框，定調子，嚴重擴大化。他說什麼烏蘭

夫有明班子，還有「暗班子」，為了「挖」烏蘭夫的「暗班子」，肆意踐踏黨的政策，大搞逼、供、信。滕海清說：「某些單位壞人比好人多」，認為群眾裡「有百分之四十到五十的好人，那就不錯了」。「誰知道內人黨占百分之幾？」這就從根本上背離了偉大領袖毛主席**要堅決相信大多數群眾是好的，壞人是極少數**的偉大教導，把「挖肅」的矛頭指向群眾。把成千上萬的革命群眾打成「內人黨」徒。又說什麼「有的負責人表面上是共產黨書記，實際上是內人黨的書記」。進一步把許多共產黨支部打成內人黨支部，將「挖肅」矛頭指向廣大共產黨員。滕海清還說：「內人黨混進了軍隊，還被他們奪了權」，「這些單位的槍桿子基本上掌握在內人黨手裡。」於是又把「挖肅」矛頭對準了毛主席親手締造、林副主席親自指揮的中國人民解放軍，在廣大指戰員中大抓「內人黨」，自毀長城。滕海清又說什麼「內人黨」「有的已鑽進了革委會裡」，於是又在各級革委會裡大抓「內人黨」，使得各級紅色政權處於癱瘓狀態，無法行使職權。就是在「挖肅」的口號下，把全區數以幾十萬計的工人、貧下中農、貧下中牧、革命軍人、革命幹部、青年學生「挖」成了烏蘭夫黑線上的人物——「內人黨」徒。這樣就嚴重混淆了兩類不同性質的矛盾，攪亂了階級陣線，造成了巨大的損失。正如中央正確指出的那樣，「挖烏蘭夫黑線，面上就沒有辦法控制了，風一下子就吹到下邊去了，一直刮到蒙古包裡。」

滕海清犯下「左」傾機會主義的嚴重錯誤。而「挖肅」這個混亂的口號為其製造了輿論。可是不能令人容忍的是，滕海清把自己亂提的口號竟說成是「廣大革命群眾在鬥爭中創造的」，又說什麼「群眾對它已有了感情」，這完全是強姦民意。「挖肅」的口號篡改毛主席關於鬥批改的偉大指示，是對毛主席的最大不忠，必須徹底批判！

（原載內大井岡山批騰戰報，1969年6月，本刊略有刪改）

42.滕海清同志背著中央幹了些什麼？
——給中央的一封信

最高指示

要特別警惕像赫魯曉夫那樣的個人野心家和陰謀家，防止這樣的壞人篡奪黨和國家的各級領導。

要點

滕海清同志在內蒙大搞獨立王國，大搞反革命的「多中心論」，大樹特樹自己的絕對權威；瘋狂地為「二月逆流」翻案、頒佈法西斯的「六抓」政策，實行白色恐怖，殘酷地鎮壓革命造反派，把在去年二月逆流中被打成反革命的革委會主要負責同志高錦明等同志重新打成反革命，自上而下地分裂和顛覆各級革委會，從組織上政治上全盤否定了內蒙兩年多的文化大革命，對內蒙的文化大革命犯下了滔天的罪行。

一、內蒙革命造反派同滕海清同志存在著嚴重的分歧

六八年春以來，內蒙革命造反派，革命領導幹部，自治區以及各級革委會的大部分成員和滕海清同志在一系列根本原則問題上存在著嚴重的分歧。這些分歧關係著內蒙文化大革命的命運，關係著全區一千三百萬人民的命運，關係著內蒙向何處去。

分歧的要害是要不要毛主席文化革命的路線、要不要在內蒙繼續堅持無產階級專政，要不要繼續服從毛主席的領導；分歧的集中表現是支持還是反對全盤否定內蒙兩年來文化大革命的罪惡勾當，是迎頭痛擊今春為「二月逆流」翻案的逆流還是為這股力量推波助瀾。

今春以來，滕海清同志不斷地對毛主席的革命路線進行修正和篡改，他的最近十個月的上百個講話，在內蒙的革命派隊伍中引起了極大的思想混亂，使為「二月逆流」翻案的活動公開地進行起來；使全盤否定文化大革命的修正主義思潮大為氾濫起來；造反派全面受壓，老保全面翻天，走資派和二月逆流的黑幹將瘋狂地進行反攻倒算，在全區很多地區、單位歷史已經完全被顛覆，正在經歷著一次時間最長、壓迫最重的反覆。

同托洛茨基醜化十月革命、赫魯曉夫醜化社會主義制度一樣，滕海清同志醜化偉大的無產階級文化大革命，醜化偉大的紅衛兵運動和偉大的反擊「二月逆流」的鬥爭，否定一月風暴的偉大革命，抹殺革命造反派批判反動路線的功績，抹殺革命造反派反擊「二月逆流」功績，抹殺革命造反派保衛毛主席革命路線的功績。

最近，內蒙地區又出現了一連串的重大政治事件（如內蒙革委會四次全委擴大會議和把高錦明、權星垣、李質、雷代夫等一大批內蒙革委會主要負責同志打成右傾機會主義分子的事件等），使內蒙文化大革命到了一個非常重要的關鍵時刻。

我們一直希望和滕海清同志交換一下關於內蒙地區文化革命的意見，但是滕海清同志堅決的拒絕了我們的正當要求。六八年五月底，滕海清同志來到集寧後，烏盟革委會主任和幾個副主任一再建議他接見我們，但他根本不理睬！請問滕海清同志，難道幾個年輕的中學生和您談談觀點對您也會有什麼危險嗎？

跟滕海清同志走嗎？這樣，他就會高興，我們也可以避免一連串政治的，人生的打擊，但是不行：我們不能出賣原則去換取安逸！如果我們雖然犧牲了自己年輕的生命，但因此而捍衛了毛主席的革命路線，我們就會感到最大的滿足，感到人生最大的幸福。

現在，我們懷著誓死保衛毛主席、誓死保衛毛主席革命路線、誓死保衛文化大革命偉大成果的鋼鐵之心，向中央彙報，滕海清同志在一系列問題上所幹的卑鄙勾當。

二，關於對毛主席、林副主席，中央文革的態度問題

對毛主席、林副主席、中央文革的態度問題，是一個革命者的大節問題，我們應該無限忠於以毛主席為首，林副主席為副的無產階級司令部。對以毛主席為首，林副主席為副的無產階級司令部的每一項指示，我們都要堅決執行，理解的要執行，不理解的也要執行。

但是，滕海清同志卻在一些重大的原則問題上和中央大唱反調；我們敬愛的林副統帥在今春說：「右就是防老保翻天」，總理、伯達、康生、江青等中央首長在今春的一系列講話中也一再強調全國都有「老保翻天」，總理在三·二一講話中還明確指出：「從去冬到現在，極左的批判了，右的又起來了，二月逆流復辟了，老保翻天了，反攻倒算。」而滕海清同志在三·二五馬上就說：「有人就怕老保翻天，這是錯誤的。」在公開發表的四·一三講話中。（載內蒙古日報四月十四日報第三版頭條）說：他們錯誤地認為受蒙蔽群眾起來革命是「老保翻天」。以後又多次說「老保翻天」是「假洋鬼子的一根大棒」，直到現在，我們還沒有發現有「老保翻天」。

我們敬愛的林副主席、總理、伯達、康生、江青在三月二十四日，三月二十七日都明確指出：「目前在全國，右傾翻案是主要危險。」要迎頭痛擊右傾翻案的妖風。而滕海清同志卻在四月八日的內蒙古編輯部文章裡急急忙忙泡製出要反「以極左形式出現的右傾翻案風」。

今春伯達同志說，文化大革命有五個回合，而滕海清卻提出內蒙文化革命「三個回合論」。

今春中央報刊一再強調「緊跟毛主席的戰略部署」，而滕海清同志針鋒相對地提出要「緊跟內蒙革委會的既定部署」。

以上事實充分說明，滕海清同志對毛主席，林副主席，中央文革的態度是不忠的。

三、關於內蒙革委會第四次全委會和高錦明同志的問題

滕海清同志把持的內蒙革委會第四次全委會，背著中央把中央八條肯定的高錦明、權星垣等同志打成「烏蘭夫死黨分子」，「右傾機會主義分子」，這是嚴重的無組織無紀律行為。

這次會議，大樹特樹滕海清同志的個人威信，把「多中心論」的內容篡改為「和滕海清同志唱反調」（見會議簡報）；這次會議，圍剿革命派，壓制不同意見，實行白色恐怖，把革命派打成反革命；這次會議，採取了赫魯曉夫式的對同志搞突然襲擊的手段，發動各盟市代表大整特整和滕海清同志持不同觀點的同志，僅內蒙革委會簡報點名的內蒙革委會常委就有：高錦明、權星垣、雷代夫、李質等同志，至此內蒙革委會中內蒙一級的革命領導幹部僅剩李樹德一人。這次會議，在各盟市各單位大揪特揪高錦明的代理人，於是，內蒙自上而下各級革委會的大部分成員或被點名，或被揪，或被「吐」。「誓與高錦明血戰到底」這不見了一年多的六七年二月逆流中最常見的標語又重新出現在街頭。

在會議期間，滕海清同志採取了「壓」、「打」、「拉」的手段讓呼市工宣隊，革委會對高錦明同志表態打倒。在會議期間和會議以後，呼市及各盟市、旗縣甚至公社都分別舉「打倒高錦明」的有線廣播大會。

這次會議後，內蒙為二月逆流翻案的邪風刮到了最高峰。在呼市有一次竟出動八輛大卡車抓人。這次會議，實質上是一次像蘇共二十大那樣的宮廷政變會議。是一次二月逆流黑幹將向無產階級革命派反奪權的黑會。

四、關於內蒙古日報的問題

《內蒙古日報》從二月二十六日「打倒假洋鬼子」到現在基本上執行了一條為「二月逆流」翻案的路線。

《內蒙古日報》一在地煽動「老保翻天」，炮製出支持「小人物」打倒「假洋鬼子」的離奇理論。《內蒙古日報》創造出一系列多中心論和否定文化

大革命的口號：像「內蒙的既定部署論」（內蒙古日報四・八、四・一三編輯部文章）、「重新發動群眾」（三・二二編輯部文章），「二次奪權論」（一一・一日編輯部文章），等等。

《內蒙古日報》用空前的規模把下一級革委會機關報──緊跟中央的三・二六《烏蘭察布日報》公開點名，打成反革命。

《內蒙古日報》最善於用反動的排版方法，對中央的稿件實行「擠」、「壓」，拼命抵消中央的影響。四・二八人民日報發表《紅旗雜誌》評論員文章，《對派性要進行階級分析》，提出要堅持無產階級派性：而內蒙日報馬上在四・三〇也發表評論員文章，裡邊提出「階級敵人利用堅持無產階級派性大搞資產階級的派性」。公開反對紅旗雜誌評論員文章。

《內蒙古日報》最善於進行顛倒黑白的報導，最集中的表現在把「老保翻天」的集寧肉廠樹成「典型」，把優秀造反派掌權的集寧絨毛廠打成「馬蜂窩」，並為此發表長篇報導。

更有甚者，《內蒙古日報》還公開地在重要文章裡反對紅八條。在四・八編輯部文章裡竟然明目張膽地寫道：「從去年四月《中共中央關於處理內蒙問題的決定》下達以來，鑽進我們革命隊伍內部的烏蘭夫殘黨餘孽曾經是何等的神氣呀！」這和黃厚，王良太的「八條下來牛鬼蛇神高興」的論調有什麼兩樣？

《內蒙古日報》最後發展到自己八月末九月初的三篇社論由於較為露骨地否定文化大革命，被美帝，日本，蘇修電臺廣播，成了帝修反向我們進攻的炮彈。

《內蒙古日報》接連出現了這一系列嚴重的問題，受到了全區革命派的指責和抵制，各地革命派紛紛來電、來信、來人責問，《內蒙古日報》社，《內蒙古日報》社的無產階級革命派對此也進行了抵制。在這樣的情況下，滕海清同志便召集《內蒙古日報》緊跟他的一部分人說「現在內蒙報有人反對，說明你們很有成績了」，「有人反對你們，你們要頂住」，「我們垮不了你們就垮不了」。

《內蒙古日報》還利用版面大樹特樹滕海清的權威，在報紙上多次全文刊登滕海清同志的長篇講話，每次都排在一版或二版重要位置。並且在內蒙古日報上把滕代司令員的「代」字偷偷換掉。

五、關於「三‧二六《烏蘭察布日報》」事件和烏盟問題

震驚全區的「三‧二六《烏蘭察布日報》事件」是一樁政治大迫害案！

給「三‧二六《烏蘭察布日報》事件」得以命名的三月二十六日《烏蘭察布日報》編者按只不過是五百字的中央首長三月八日關於反擊二月逆流翻案邪風的講話摘錄。

《烏蘭察布日報》3‧26編者按原文如下（現將文中中央首長江青、康生同志或《人民日報》評論員文章的原話改為楷體字）。

「編者按」：這兩篇《人民日報》評論員文章寫得何等好啊！文章向我們一切無產階級革命派提出了一個十分重要的問題，一個當前無產階級文化大革命中階級鬥爭的新動向新問題。每一個無產階級革命派必須看到，現在有人在為「二月逆流」翻案，在用種種手段推翻中央八條，在用種種手段搞垮革命造反派！「二月逆流」的鬥爭矛盾是直接針對以毛主席為首、林副主席為副的無產階級司令部的。「二月逆流」被擊垮後，還有一定的社會基礎，表現在當前的各種翻案風！他們猖狂地明目張膽地否定偉大的革命群眾運動，否定毛主席親自發動的偉大的史無前例的震驚世界的無產階級文化大革命，否定毛主席的革命路線，是可忍孰不可忍！什麼叫無產階級文化大革命？文化革命是無產階級政治革命，也是國內戰爭的繼續，國民黨與共產黨階級鬥爭的繼續，資產階級和無產階級鬥爭的繼續。（這段最新指示二十天後《人民日報》公開發表了，此處按康生同志講話寫的）有些同志也反右傾，但是，請問，什麼是右傾？！忘記了路線鬥爭，忌諱提路線鬥爭，這就是根本的右傾！絕頂的右傾！

一切無產階級革命派都要站穩立場，提高警惕！保衛毛主席，保衛毛主席的革命路線，保衛毛主席為首的無產階級司令部，保衛內蒙地區文化大革命的綱領性文件中央八條，給這種種翻案活動以迎頭痛擊！（原載《烏蘭察布日報》三月二十六日第一版）

「三‧二六」《烏蘭察布日報》的背景就是中央首長的「三‧一八」講話，背景就是烏盟存在著為「二月逆流」翻案的邪風，背景就是烏盟革命人民反擊「二月逆流」翻案的高潮。

「三・二六」《烏蘭察布日報》緊跟中央反擊「二月逆流」新反撲好得很！「三・二六」《烏蘭察布日報》大方向全然沒有錯！

但是滕海清同志顛倒是非、混淆黑白，親臨集寧，動員全區所有的廣播電臺和幾十種報紙（包括《內蒙古日報》）圍剿《烏蘭察布日報》，把「三・二六」《烏蘭察布日報》打成了反革命。

滕海清同志在六八年八月一日接見烏盟報社軍管會、新縱代表的講話中說：「『三・二六』不是孤立的，問題是出來後，領導沒有抓住。內蒙報點烏盟報的名，不是點烏盟報，是點烏盟革委會。『三・二六』事件僅僅是個現象，是資產階級司令部向無產階級司令部進攻的信號，是資本主義復辟的信號。」

《內蒙古日報》在「四・一三」重要編輯部文章裡這樣點了烏盟報的名：「《烏蘭察布日報》在烏盟地區起了十分惡劣的作用。他們連篇累牘地發表了有嚴重政治錯誤的文章，公開地同自治區革命委員會的既定部署唱反調。」

絲毫不用上綱，我們可以明顯地看到，滕海清同志是打著反對「三・二六」烏盟報的旗號，反對康生、江青同志的「三・一八」講話，反對中央所發動的擊潰今春那股為「二月逆流」翻案邪風的鬥爭。

經過滕海清同志的努力，烏盟各級革委會在實際上幾乎完全被顛覆，烏盟二年來的文化大革命全盤被否定。因為持烏盟報「三・二六」觀點而受壓的近十萬人口的集寧市就有兩萬以上，被抓的將近一千，通緝令都貼到了北京。

滕海清同志關於烏盟的講話（十五個以上）都是錯誤的。並且在這些講話中錯誤地提出了「內蒙的既定部署論」（全國只有一個戰略部署！）「內蒙特殊論」等等鼓吹「多中心論」的口號。

六、「六抓」和滕海清的御林軍「群眾專政指揮部」

毛主席教導我們說：「**對廣大人民群眾是保護還是鎮壓，是共產黨同國民黨的根本區別，是無產階級同資產階級的根本區別，是無產階級專政同資產階級專政的根本區別。**」

最近滕海清下達了法西斯的「六抓，」命令，即：支持高錦明跳得高者

抓！反對滕海清者抓！搞串聯者抓！開黑會者抓！反對「挖肅」者抓！在所謂「暗流」中跳得高者抓！這和一九二五年六月，湖南軍伐趙恒惕的「四斬」何其相似乃爾！對待有不同意見的革命同志採取這種辦法，這不是共產黨的做法，這是國民黨的做法，這是軍閥的做法！

執行「六抓」的工具是「群眾專政指揮部」。

「群眾專政指揮部」是滕海清同志搞的一種專政形式，這種專政機構比公檢法抓人還自由，不要任何人批准。雖然「群專」抓了一些壞人，但仍然掩蓋不了其法西斯專政的實質。凡是和滕海清同志有不同意見的，格抓無論。「群眾專政指揮部」實際上是滕海清同志的御林軍。

從「六抓」的標準看，革命和反革命的政治標準完全不是看對黨中央的態度，對毛主席、林副主席、中央文革的態度，而是對滕海清同志的態度。

七、滕海清同志大樹特樹自己的絕對權威

在內蒙，跟不上滕海清者謂「右傾機會主義」（如高錦明等同志），和滕海清唱反調者謂「多中心論。」（也如高錦明等同志），反對滕海清者為反革命格抓無論！一句話，滕海清成了內蒙的中心。

同楊成武一樣，滕海清在報紙上，電臺上從三月到現在長達八個月的時間內，偷偷地把自己代司令員的「代」字取消。

滕海清把自己比作毛主席，曾經恬不知恥地宣稱：「群眾說：『毛主席就在內蒙坐鎮』。」（見六‧一四在包頭一次大會上的講話）

滕海清的講話在內蒙報頭版二版頭條多次刊登，並在內蒙廣播電臺裡多次播放錄音。

毛主席清理階級隊伍樹了一個新華印刷廠，而滕海清卻馬上樹了一個包鋼二冶，內蒙人民根本不知道有個新華印刷廠經驗。

在內蒙，隨處可以見到這樣的大標語：「滕海清××講話是無產階級司令部的戰鬥令！」「誰反對以滕海清為首的內蒙革委會誰就是反革命！就堅決打誰！」

如：烏盟揪叛站的《告全區人民書》中有這樣的句子：「在這次決定勝負

的關頭，滕海清同志三月二十七日的講話代表無產階級司令部痛擊了階級敵人的以極『左』形式出現的右傾翻案風。」

在五月二十八日滕海清來時，集寧死灰復燃的保守派在他的住所賓館兩邊貼上「滕司令來集寧指導運動，是對我們的最大關懷、最大鼓舞！」在滕海清八月來集寧時，集寧大街上帖滿了「堅決貫徹全面落實、字字落實滕司令的五・二八講話！」「對滕海清同志五・二八講話的態度是一個根本的態度問題，是一個大是大非問題！」並把滕的話用特大號字寫成標語貼在大街上，滕對此是知道的，但一直不做制止。

在烏盟竟有這樣事，烏盟革委會委員張文然同志、《烏蘭察布日報》兩名負責同志王念赤、張穎清（紅衛兵小將，未逮到）同志、集寧市革委會常委高哲同志（紅衛兵小將）、集寧一中革委會委員李敏孜同志（紅衛兵小將）理科生翻騰的罪名（這是唯一的罪名）被扣上反滕的罪名（這是唯一的罪名）被實行「群專」，張文然、王念赤等同志被抓起來五個月了。呼三司紅衛兵陳金銳因到集寧賣報（呼三司報）也被扣上反滕的罪名被滕海清同志親自點名讓呼市群專逮捕。而集寧×廠的一個傢伙公然反對江青同志，這個案子報到了群專，「群專」又和軍管會研究，軍管會的答覆是：「這不是反革命！不能專政！因為中央文件上規定只有反對毛主席、林副主席、中央文革才是反革命。」

集寧一中紅炮兵（布）在今春堅決痛擊「二月逆流」翻案風，滕海清便由滕辦公室直接派遣大批「特務」來集寧，滕辦祕書自誇道「紅炮兵（布）每一個負責人每天幹了什麼，我們當天晚上就知道，我們每天晚上用長途電話聽一次彙報。」

因為滕海清大搞多中心論，有人給他一個外號「內蒙小月亮」，因為內蒙二次、三次、四次全委會和中央唱反調，所以被群眾認為「二中全會、三中全會、四中全會」。滕海清同志對中央實行封鎖，不准到中央反映情況，對到中央反映情況，只要他知道，那就格捕無論！

八、與楊余傅的關係和對劉格平同志的態度

今春二月，正當楊成武活動猖狂的時候，楊成武對集寧文化大革命的黑指

示有兩次，一次是滕海清辦公室主任接見烏盟革委會代表時傳達的，一次是從烏蘭察布軍分區傳出來的，可見楊成武是極其重視集寧的，在內蒙也是很有市場的，其他種種事實證明，滕海清是楊成武路線的執行者。

三月下旬，滕海清同志在內蒙學代會期間用文件發過一個傅崇碧的反動講話。

三月二十四日公佈了楊余傅的問題，毛主席接見了北京軍區團以上幹部，三月二十五日各盟市都向盟市革委會報了喜。當時滕正在呼市主持內蒙學代會，學代會的代表自動組織起來要去自治區革委會報喜，而滕指示不准報喜，結果沒有報成。

三月二十四日公佈了楊余傅的問題，在三月二十四日到三月二十七日間的一次座談會上，滕說：「楊成武揪出來了，我就感到很突然」（參加座談會的×××——學院革委會內蒙××副主任親耳聽到）。

滕辦公室的陳祕書一同和滕海清接見烏盟報社的代表，並做了「指示」，其中說：「楊成武歷史上沒有問題。」滕本人在場，但不做糾正。

集寧鐵一中毛澤東思想紅衛兵在他們學校裡貼出了一條標語：「揪出楊成武在內蒙的代理人！」此事驚動了滕海清，特派內蒙報記者前往集寧拍回照片，並借此大整烏盟革委會和造反派。

滕海清在他辦公室下設了一個劉格平專案主組，師範學院、林學院均有人參加，專門整山西劉格平同志的材料，反對劉格平同志，同中央大唱反調。

九、自上而下地分裂和顛覆各級革委會

內蒙古的各級革委會都是在去年八月以後成立的，基本上是無產階級革命派掌權。自治區革委會是經過中央批准的，盟市一級革委會都是經過北京軍區批准，中央備案的。

可是滕海清認為各級革委會是推行他反革命「多中心論」大搞獨立王國的絆腳石，竭力創造分裂和顛覆各級革委會的理論。在八月一日滕海清在烏盟支左人員大會上說：

「我昨天講的（盟）革委會有兩個司令部，看你們軍管會站到那個司令

部一邊。我當時沒有點名，你們想去。我們就是要把資產階級司令部的蓋子徹底揭開，堅決摧垮。是不是兩個司令部，當然我也不一定有把握。」並說：「三・二六事件是資產階級司令部向無產階級司令部進攻的信號。」

他在八月五日回到呼市在內蒙報社全體人員大會上又講：「烏盟革委會是兩個司令部，兩個班子，這是不是普遍現象，我不敢說。」

在一一・一八內蒙革委會第四次全委擴大會議的總結報告中又把烏盟的情況作為典型提出來。他說：「今年春天的三・二六事件鬧得很凶，公開鎮壓群眾（指痛擊為二月逆流翻案的邪風）對抗挖肅鬥爭，根子在哪兒呢？就在盟革委會混進了許集山、孔祥瑞、達瓦這幾個反革命兩面派。他們在紅色政權裡組織起資產階級指揮部，利用某些領導同志的嚴重右傾，利用資產階級派性，結黨營私，安插親信，大搞復舊，死捂蓋子，烏盟的教訓，難道不值得我們認真研究，吸取教訓嗎？烏盟的情況是比較典型，比較突出的。其他地方和部門，是不是也有類似情況。」

經過滕海清同志三次大努力，兩次親赴集寧，烏盟革命革委會盟一級革命領導幹部揪出了百分之九十九點九：趙軍（原盟委第一書記、革委會第一副主任）、許集山（原盟委副書記、革委會常委）、孔祥瑞（原盟委副祕書長、革委會常委）等，剩下的一個也被點了名，至此盟革委會常委中革命領導幹部已幾乎全被揪光。至此照委革委會常委中革命領導幹部已被吐光。

滕海清在一一・一八重要講話中明確指出：「革委會也要吐故納新。」《內蒙古日報》以「革委會也要吐故納新」為題在頭版頭條發表社論。這樣全自治區就開始了對革委會組「吐故納新」運動。這樣一大批無產階級革命派被吐了出去，一大批二月逆流黑幹將被納了進來，可笑的是集寧一中革委會成員紅衛兵小將今年才二十歲也被當作廢料吐了出去。烏盟革委會最近又宣佈吐出革命群眾組織代表十四名委員或常委，烏盟革委會主任周發言同志宣佈全盟旗縣以上革命委員會已吐出了百分之二十，但在盟革委會實際上只剩了四名委員是革命群眾組織代表。

對革委會實行吐故納新實際上是典型的復舊，是一次資產階級向無產階級的反奪權。

十、「挖肅」實質上是「多中心論」的產物

以上各個問題，都是挖肅鬥爭中的重要問題，重大事件。

在內蒙，滕海清同志創造了一整套新的「理論」、「路線」、「方針」、「政策」，如：「二次革命論」、「二次奪權論」、「重新站隊論」、「重新發動群眾論」、「革委會中無產階級司令部和資產階級司令部鬥爭論」、「內蒙特殊論」、「支持小人物」（即支持垮了臺的保守組織死灰復燃）、「內蒙的既定部署論」來對抗毛主席的關於文化大革命的理論、路線、方針、政策，用挖肅鬥爭代替無產階級文化大革命，否定文化大革命，推翻文化大革命的偉大成果。

挖肅鬥爭實質上是「多中心論」的產物，是一次資產階級向無產階級的反奪權。是一次為二月逆流的大翻案。

今春二月，滕海清提出「支持小人物」，在呼市解散了去年二月逆流中衝殺出來的以呼三司、火車頭、八一八為代表的八大總部所組成的呼市革命造反派聯絡總部。接著在全區所有的單位都分成了兩派——原來已經掌權的革命造反派和滕海清打著挖肅旗號重新支持起來的一派，這實際為滕海清搞多中心論做好了組織準備。現在，權力已經基本轉到滕海清支持起來的「小人物」手中，革命造反派第三次被打成了反革命！

內蒙革命造反派日夜想念毛主席！

衷心敬祝毛主席萬壽無疆！

（注：此材料很不全，因為我們是烏盟的造反派，所以知道的不多。）

內蒙古集寧一中紅炮兵（布）

一九六八年十二月一日

此材料已於六八年十二月份送毛主席、林副主席、周總理、陳伯達、康生、江青等中央首長。

43.滕海清同志沒有吸取1931年的教訓
（1969.07.11）

張國燾在鄂豫皖蘇區從政治上、軍事上、組織上，思想上全面地忠實地推行了王明的「左」傾機會主義路線。滕海清當年就曾在鄂豫皖蘇區執行過張國燾的「左」傾機會主義路線，參加打改組派，但滕海清同志沒有從中吸取教訓，在文化大革命中舊病復發，重犯「左」傾機會主義的錯誤。為了捍衛毛主席的無產階級革命路線及各項無產階級政策，為了吸取1931年的歷史教訓，我們將滕海清同志的「左」傾機會主義同張國燾的罪惡加以比較，辨明是非。僅供革命同志參考。

一、政治上

張國燾和王明一樣，在政治上同毛主席關於新民主主義革命的基本思想相對抗，否定中國革命的基本特點和基本規律。因此，在革命任務和階級關係上犯了嚴重錯誤。他們認為，在新民主主義革命階段，不僅要打倒帝國主義和封建主義，還要打倒資產階級。認為中間派、國民黨「改組派」是最危險的敵人。具體表現如打「改組派」，搞嚴重的擴大化。懷疑一切，打倒一切，唯我獨「左」，在黨內、軍內、知識分子和群眾中大抓「改組派」，使大批革命同志遭到打擊和迫害。大規模鎮壓了工農基本群眾，形成了嚴重的關門主義。

在少數民族問題上，以大漢族主義代替了列寧主義的民族政策。在鬥爭策略上，否認或者不重視敵人內部的矛盾，盲目地認為「鬥爭高於一切，一切為了鬥爭」，「不斷的擴大和提高鬥爭」。因而使革命陷入失敗。

滕海清同志在政治上同毛主席關於無產階級專政下繼續革命的理論相對抗，不是把鬥爭矛盾緊緊對準一小撮叛徒、特務、死不改悔的走資派、民主分裂主義和沒有改造好的地富反壞分子。他把「烏蘭夫黑線」誇大為「又粗又長」，並說什麼烏蘭夫有「一套又一套的明班子和暗班子」，有一批又一批的烏蘭夫死黨分子，有一股又一股的反革命勢力，因而大抓烏蘭夫的「社會基

礎」、「烏蘭夫勢力」,嚴重混淆了兩類不同性質的矛盾。具體表現在如:抓「內人黨」過程中,胡說內蒙的「共產黨支部就是『內人黨』支部」,說這是「一套人馬,兩套組織」,並說「內蒙的部隊是『內人黨』的部隊」,說「烏蘭夫不發展地富反壞右參加『內人黨』,專門發展工人,貧下中農和解放軍參加『內人黨』」。這就完全否定了二十年來,毛澤東思想在內蒙的絕對領導。滕海清把鬥爭矛頭直接指向工農兵廣大革命群眾,也就是指向了無產階級專政的社會基礎,動搖無產階級專政。

在少數民族問題上,滕海清借挖「內人黨」之機,大整民族幹部,認為民族幹部掌權不可靠。他還把一大批少數民族群眾打成「內人黨」。他排斥民族語言文字,不尊重民族特點,嚴重違反黨的民族政策,破壞了民族團結。

在鬥爭策略上,對敵人不是分化瓦解,利用矛盾,各個擊破。對犯錯誤的幹部,不是及時教育,及時解放。不是團結百分之九十五以上的群眾,不是依靠和相信群眾大多數,而是搞孤家寡人政治。

二、軍事上

盲動主義、實行冒險進攻,使紅軍脫離群眾。搞軍閥主義,反對軍事服從政治。把紅軍的三項任務縮小為單純為打仗,鼓吹單純軍事觀點和流寇思想。這就是王明「左」傾機會主義路線在軍事上的重要表現。

在作戰問題上,要求戰略上的速決戰,戰役上的持久戰。要求全線出擊和「兩個拳頭打人」。不瞭解正確的人民戰爭,從進攻中的冒險,發展到防禦中的保守主義,最後變為逃跑主義。在鄂豫皖大搞「左」傾路線,以後又擅自放棄根據地。紅軍長征中,則發展為革命戰爭中的左傾機會主義,其內容是他的退卻路線、軍閥主義和反黨行為的綜合。

滕海清,他的所作所為,在實質上也是如此。他提出了一個混亂不堪的「挖肅」口號,代替毛主席提出的「鬥、批、改」,擴大打擊面。中央提出來,清理階級隊伍要「穩、準、狠」滕海清公然提出「狠」是基礎,聲稱要在「狠」的基礎上解決「穩」和「準」。專案工作只靠少數人大搞神祕化。在所謂的「挖肅」中,大搞武鬥,大搞逼供信。他認為「武鬥是積極性高的表

現」，「逼供信沒有什麼了不起」。還揚言要揪「地平線以下的階級敵人」。他把「挖肅」挖到了工廠裡，挖到了軍營裡，挖到了蒙古包裡，一直挖到了羊群裡。他積極推廣折磨群眾的「車輪戰術」的典型經驗，他組織夜襲隊，私設公堂和監獄。他採取了解放二十年來人們見所未見，聞所未聞的數種酷刑，把幾十萬貧下中農、貧下中牧、革命軍人、革命幹部、革命知識分子打成反革命「內人黨」。其野蠻殘酷，真是駭人聽聞，古今罕見。

三、組織上

王明在組織上實行宗派主義。對於那些對他的錯誤路線不堅決執行的、持懷疑、抵制態度的同志，不管情況如何，一律戴上「右傾機會主義」、「調和主義」、「富農路線、兩面派」等等大帽子，加以「殘酷鬥爭」和「無情打擊」。以無原則的派別觀念和政客手腕拉攏幹部進行非組織活動。他們輕率地提拔一些和他們臭味相投，只知盲目復仇，隨聲附和，缺乏工作經驗，不聯繫群眾的人來代替原有的幹部。不是從政治上教育和組織群眾，而是以軍隊威脅群眾。對下級實行軍閥主義和打罵制度。發展黨內家長制，以懲罰和恐嚇代替布爾什維克的思想鬥爭和自我評判。

滕海清呢？同樣，宗派主義極其嚴重。對於抵制他錯誤路線的同志，打成「右傾機會主義」、「反革命兩面派」，進行殘酷鬥爭，無情打擊。他借反對「右傾機會主義路線」之名，在各級紅色政權和革命群眾組織中大抓「小高錦明」，並把它們從各級革委會中「吐」出去。這就使許多革委會處於癱瘓、半癱瘓狀態。對於「緊跟」滕海清、附和滕海清、吹捧滕海清的一些人，則不問情況如何，一律加以提拔重用。他還大樹特樹個人權威，大搞一言堂，破壞民主集中制，專橫跋扈，獨斷專行。他把滕辦小山頭凌駕於革委會之上，實行祕書專政。對群眾則支一派壓一派。凡不跟著老滕走的，則一律被打成「死摳階級鬥爭蓋子派」，「新老保」，「反動組織」，「反滕小集團」等等，加以鎮壓。他上欺中央，下壓百姓，大搞獨立王國，大搞資產階級反動的「多中心論」。他不請示中央，私自停止高錦明同志工作。他對於中央對他的歷次批評，不傳達、不執行。嚴重的無組織，無紀律。

四、思想上

王明背離馬克思列寧主義、毛澤東思想，違反辯證唯物主義和歷史唯物主義，不從中國革命的客觀實際出發，不以馬克思主義、毛澤東思想的普遍真理，從事對中國社會實際情況的調查研究，而是主觀主義、形式主義、教條主義、經驗主義地看問題。他們不是實事求是，而是自以為是，自高自大，誇誇其談，坐在指揮臺上，盲目地稱英雄，擺老資格。害怕正確的批評和自我批評。

滕海清呢？他不瞭解內蒙人民實際，不從內蒙的實際情況出發，不調查，不研究，主觀片面，任意誇大敵情，把內蒙看作一團漆黑，以至於否定毛主席在內蒙一千三百萬各族人民心中的崇高威望，把自己當成「草原上的紅太陽」。「老子天下第一」，蠻橫地稱王稱霸。他把群眾的正確批評視為「逆流」。對挖肅中出現的擴大化，逼供信、武鬥這樣一些嚴重違反政策的惡劣行為，一概視而不見，聽而不聞。輕描淡寫，說成「支流」，從來不作自我批評。自以為是，一意孤行，擺老資格，坐在指揮臺上頑固的堅持左傾機會主義錯誤。

張國燾長期以兩面派手法對抗中央，拒不承認和改正錯誤，最後發展為可恥的叛徒，遺臭萬年。

滕海清同志長期以來也是以兩面手法，上欺中央，下壓群眾。用種種手段抵制中央的指示和對他的批評。至今，還在抵制革命群眾對他的批評，甚至挑動群眾鬥群眾，給中央施加壓力。

張國燾的教訓值得記取！黃王劉張用兩面派手法對抗中央的教訓也值得記取！

滕海清如何抉擇，我們將拭目以待！

徹底批臭滕氏「左」傾機會主義路線！

（原載「54」戰報）

《5‧22通訊》第八期，內部刊物，不得外傳
內蒙古自治區革命委員會機關批滕聯絡總站
1969年7月11日

44.滕海清陷害吳濤同志的鐵證（1969.07.05）

最高指示

隱瞞是不能持久的，總有一天會暴露出來。

下面公佈的材料是軍區宣傳部賽西的交待和揭發，從這份資料可以看出滕海清是怎樣陷害吳濤同志，為「二月逆流」和黃王劉張翻案的。

67年413後滕海清同志是拿著偉大領袖毛主席親自批准的「紅八條」來到內蒙的。但他的所作所為背叛了紅八條，背離了毛主席的革命路線。與以毛主席為首、林副主席為副的無產階級司令部相對抗。

紅八條指出：「內蒙軍區黨委某些同志，不經中央批准，把軍區黨委書記、副政委吳濤同志打成三反分子，停止他的工作，這是嚴重的政治錯誤，嚴重的無組織無紀律行為。」67年4月27日中央首長接見內蒙赴京上訪人員時，周總理又一次指出：「我們告訴你們，吳濤同志他不是烏蘭夫那個集團的分子，是有人誣衊他，故意地陷害他。內蒙古軍區黨委的一部分人陷害他，說他是烏蘭夫分子，並且把他打成三反分子是錯誤的。」但是滕海清出於不可告人的目的，大整吳濤同志的材料，把吳濤同志打成「內人黨」「中央委員」「書記」「烏蘭夫軍事政變領導核心成員」「軍事組組長」等妄圖把吳濤同志置於死地。這是明目張膽地繼承黃王劉張想完成而未完成的事業，公開對抗中央，肆意踐踏「紅八條」。

69年2月4日中央首長接見滕海清時又一次嚴肅指出：「有人還在整吳濤同志的材料，說吳濤同志是烏蘭夫分子『內人黨』並要求中央取消吳濤的『九大』代表資格，這是錯誤的。」「九大」期間中央首長又一次嚴肅地批評了滕，但滕無視中央的批評，暗中來信指示他的忠實門徒：「吳濤可能被選為中央委員」「馬上不揪這是個策略問題」「只不過是個時間問題」等等。

在這次中央首長接見內蒙革委會核心小組時，中央首長又一次嚴屬指出：

「有人整吳濤同志的材料，吳濤同志是可以信任的《前門飯店會議》是反烏蘭夫的，決不能說吳濤同志和烏蘭夫有什麼別的關係。」

滕海清對自己的錯誤，不僅不悔過自新，檢查交待，反而大要資產階級政客手段，狡猾抵賴，矢口否認，並且還把責任推給了下面，說什麼是下面搞的。事實勝於雄辯。滕海清所說的下面究竟是什麼人呢？就是軍區宣傳部的周平部長、王平副部長，支左辦公室副主任馬×元，軍區專案辦公室負責人周漢元，「真正的無產階級革命派」鍾長宏等人，究竟陷害吳濤同志的罪魁禍首是誰？用鍾長宏的話足以證明：「我們的後臺是滕司令員。」

這不是很清楚了嗎，賴是賴不掉的。

滕海清公開對抗中央，踐踏紅八條，陷害吳濤同志為「二月逆流」翻案，鐵證如山，罪責難逃！

附：我是怎樣揭發吳政委的

我揭發吳政委是從去年十二月十三日開始的，到今年5月5日截至，共寫了二十份揭發材料，計180頁，字數為五萬餘字其中大部分是假的，特別是所謂「實質性」東西的問題和「過硬」的材料，全部是假的。

5月19日寫了新年前鍾長宏誘逼我揭吳政委的情況，下面繼續寫新年後我揭發吳政委的經過。一、二月份主要是讓我交待宣傳部「內人黨」的組織活動，從三月又開始繼續搞吳政委的問題。

二月下旬，有一天鍾長宏說：「我給你傳達一下中央首長對內蒙問題的指示精神」他說：「2月初，總理、伯達、康生、江貴等11個中央首長接走了滕司令員一個人，說明中央對內蒙問題非常關心。為什麼不讓吳去呢？說明中央對吳的問題已經比較清楚了。中央首長指示：領導做到心中有數就行了。所以現在對吳已經心中有數了。馬上不揪，這是個策略問題，你不要抱有任何幻想，揪是肯定的，只不過是個時間問題，我們的決心已定，不把他挖出來誓不罷休的。」

3月初，有一天鍾長宏對我說：「軍區要來一個政委曹中南，原來是六十九軍政委，並兼建設兵團政委。你想這是為什麼？難道內蒙軍區需要兩個政委

嗎？吳已調離軍區是內蒙革委會第二副主任，這是個策略問題，先還讓他作第二副主任的工作。」

三月十三日晚，鍾長宏突然讓我交待軍區政變問題。他說「我剛才看了李錫盛的揭發提綱，吳為什麼是『內人黨』軍區長委書記和政變計劃寫的很具體，這兩個是一致的。他把政變的目的、組織、領導、計劃寫得很有條理。你打算怎麼辦？現在李錫盛、包音扎布都有很大進展，如果你要落在後面，那可有你的好下場，你就走著瞧吧。你現在趕快起來急起直追還是可以立功的。」接著他就讓我口頭交待吳的「內人黨」軍區長委書記的依據。我說：「政變問題，吳沒有和我直接講過」鍾說「現在就看你的態度了，看你能不能和他劃清界限，看你走不走出路，你要走出路必須揭出實質性的問題來。」我說：「六九年十一月我向吳請示軍區大批判辦公室與學辦合併時，吳說：這兩項工作都是抓部隊同志的，可以合併。你們要抓好部隊，把部隊權掌握在咱們手裡。」鍾說：「這不是實質性的問題，部隊權早就在你們手裡了。還有，你不老實講我就給你點了，點出來可不算你揭發的。時至今日你還是不想走出路，死保你們的頭子。」我說：「吳對我說：部隊的方向你清楚嗎！將來要走合併的道路。」鍾說「明確一些，什麼合併的道路，和誰合併」我說「走內外蒙合併的道路」。鍾說：「這算你有點進步，但還差的遠啦！」實際上我講的全部都是假話，他還說很不夠。

3月18日，鍾長宏對我說：「現在圖門昌已經起義了，包音扎布、李錫盛也在起義了，就看你了。王健壯說了『你起義就起義，不起義就泡他媽拉扯蛋。』你有什麼了不起，讓你和你的頭子（指吳濤）一起完蛋。你要跟中國共產黨走，不要還一味緊跟著吳走到天黑。」

三月底，有一天我正寫六七年「4‧13」後「內人黨」軍區常委組成寫到六月初吳政委在新城賓館時曾找李錫盛談過話，鍾長宏一邊看一邊說：「你盡寫別人，你在過新城賓館沒有，吳和你談過沒有，你的常委究竟是誰指定的，你要老實交待，我已經給你點出來了。」在鍾長宏給我明確地點出後，並在這種壓力下，我編寫了「6月10日左右，我到新城賓館向吳濤彙報駐呼包部隊政工會議討論整訓問題時，吳對我說：『你現在責任不同了，要管整個軍區部隊的工作，這是我們「黨」（內人黨）對你的信任，你要承擔起這個責任來參

與「黨」的領導工作，要對「黨」作出貢獻。』」等謊言。鍾長宏看了後說：「你看你還是一點一點吐出來了把。」

4月1日「九大」隆重開幕。「九大」的召開對我的壓力就更大了。當晚我也聽了廣播，第二天又給了我特大喜訊的報紙，這是我隔離五個來月看的第三張報紙。（給看過69年元旦社論，和內蒙日報發表的從二月逆流到九月暗流）這次對我特別照顧但不給我看，而且給了兩張，鍾長宏說：「讓你看個夠，吳濤是代表大會主席團成員，你怎麼辦，過去揭發的推翻不推翻，再繼續揭不揭，這也是考驗你的時候」。我說：「過去揭的不推翻，我還要繼續揭，是壞人什麼時候也跑不了。」接著我又編造了吳濤是內蒙古自治區政變領導小組的主要成員，是政變機構中軍事小組組長。揭了這個後，鍾長宏說：「這還很不夠，必須把具體策劃政變的過程詳細交待出來，那才能說明你和他真正決裂了。」同時還對我說：「滕司令員已經打回電話吳可以（能）被選上中央委員，選上了你怎麼辦？」我說：「我還是繼續揭發。」鍾說：「沒有什麼了不起，選上中央委員也保不了他，早晚也得把他揪出來。現在已經掌握了大量的材料，我們心中是有數的，他一個人也翻不了天。我們晚揪一天怕啥。」4月24日中央委員名單公佈後，又讓我談活思想，當我說了態度不變後，鍾說：「你不怕給你戴攻擊無產階級司令部的帽子。吳是中央委員，你揭發他那不是攻擊無產階級司令部了嗎？」他故意來套我，刁難我。在這樣情況下我5月2日又寫了16頁的揭吳濤的資料，我認為這一下可能達到了周平本人的願望，但鍾長宏看了後卻說：「你這個揭發就能立功，你想的倒美，別人的揭發比你的過硬的多的多，你不要抱有幻想了。『九大』結束回來後，就要搞他，到那個時候別人立了功了，你呢？再想揭也晚了。」這樣我又按照海山揭吳濤的口徑寫了一個補充，說什麼吳濤6月初在新城賓館問到下面「黨」的組織恢復了沒有？「黨」的戰鬥力怎麼樣？又寫吳說：「咱們文化大革命前的計劃（指政變計劃）失敗了，要吸取教訓，繼續幹下去。這個事情，以後再找個時間扯扯。」等等，爛言。

5月5日，鍾長宏卡了我「揭吳濤的補充」後說「你光是揭不行，態度的兩個方面，一是交待材料，一是拿出物證來，你要把這個物證拿不出來」我說：「這個我當時既沒有記錄又沒有作筆記，只是口頭上說的，心裡記的。」鍾

說：「你害怕了吧，揭發了材料，又拿出物證，將來打不倒怕報復吧。」

　　以上是我想到的一些零碎材料，很不系統，寫的也很粗糙，所寫材料是否屬實，請核對，我認為都是真實情況，絕無虛構。

賽希

69年5月2日

　　注：搞我的是鍾長宏，主要都是來自周平部長，而周平部長後面又有人支持，這就不必明點了。所以他們整吳政委的材料有計劃的。

附：我揭吳濤的目錄

18、關於政變問題的補充交待　4月25日14頁

19、揭吳濤　5月5日4頁

20、揭吳濤的補充　5月2日16頁

（供參考勿抄貼）

《資料選集》第十四期
內部資料，不得外傳
內蒙財貿口批滕聯絡站

45.挖「內人黨」挖到墳墓裡了（1969.07.04）

內蒙革委會核心小組：

　　我是哲盟科左中旗花胡碩公社一心屯大隊的貧農社員。我代表我們大隊的廣大貧下中農，向領導上彙報一件非常痛心的事情。我們隊在挖「新內人黨」時，在滕海清同志的錯誤思想的指導下，和全區兄弟社隊一樣。大搞逼、供、信，有多少無辜的貧下中農那個被誤打成「新內人黨」，就連已經死了的人也不放過。我們隊的土改老幹部、共產黨員、為了搶救階級兄弟而光榮犧牲的包孝興阿同志，就是以「內人黨」魁為名，遭到了扒墳掘墓、糟蹋屍體的下場。這種行動若是發生在萬惡的舊社會還可以理解，在共產黨毛主席領導的社會主義國家裡，竟然發生此種事情，實在是令人難忍。即使他是「內人黨」魁，反革命分子，我們認為人死了也算了事。然而清白無辜的人卻遭到扒墳掘墓。我們用毛澤東思想武裝起來的貧下中農，對這種違反黨紀國法，肆意踐踏黨的方針政策的行為決不能視而不見，見而不管，我們要向上級反映，我們要控訴滕海清同志左傾錯誤所造成的惡果。

　　包孝興阿同志，是個貧農出身，在暗無天日的舊社會裡，給地主榜過青，扛過活，受盡了地主的剝削和壓迫，一年到頭吃不飽穿不暖，過著牛馬不如的生活。一聲春雷震天響，一九四五年，包孝興阿同志和我們全體貧下中農一樣，盼來了救命恩人共產黨和毛主席，領導我們翻了身。包孝興阿同志帶領我們鬥地主、分田地，大鬧土地革命，一九四八年他光榮地加入了中國共產黨；在合作化運動中，他又積極響應毛主席「組織起來」的偉大號召，帶領廣大貧下中農組織互助組、初級社，處處以身作則，為人民服務，他不叫苦，不怕累，不怕犧牲自己的寶貴性命。

　　在一九五四年，新開河發生洪水，人們全力以赴去搶險，他們為了搶救自己的階級兄弟，在關鍵時刻獻出了自己的生命，包孝興阿同志就是這樣地光榮犧牲了。他為了人民的利益，犧牲了自己，他的死是比泰山還要重的，是我們學習的好榜樣。為了紀念他，當地政府和廣大貧下中農，開了追悼會，用磚砌了墳墓，以示我們的哀思。

　　在這次挖「新內人黨」的運動中，在滕海清同志左傾錯誤思想的指導下，就連死去多年的包孝興阿的屍體也沒漏掉，通過逼、供、信，說他是「內人黨」魁，公然扒墳掘墓，把骨骼砸碎，在上面澆尿，說是「狗骨頭」。包孝興阿同志的骨骼，在這次所謂挖「新內人黨」的運動中挖了出來，可謂「戰果輝煌」。

　　包孝興阿同志到底是不是「內人黨」魁？在這次落實政策中，我們到公社專案組要證據材料，其結果根本沒有。包孝興阿同志毫無根據地打成了「內人黨」魁。……提起此事貧下中農無不傷心落淚，然而，地富反壞分子卻暗自拍手叫好，萬分高興，真是親者痛，仇者快呀！

　　因為包孝興阿同志在我處沒有親屬，沒有兒子，兩個姑娘還在錫盟，我們……從無產階級感情出發，……向上級領導反映這個情況。

哲盟科左中旗花胡碩公社一心屯包桑傑

1969年7月4日

46.歷史的經驗值得注意（1969.07.20）

團結起求，爭取更大的勝利──毛澤東

〈社論〉歷史上，各色各樣的資產階級革命家，在他們為著奪取政權而進行「革命」的時候，他們也曾「需要」過群眾（僅僅是需要而已），甚至還要斥責群眾的「愚昧」和「落後」！可他們一旦奪得政權之後，迫不及待的第一件事就是對廣大人民群眾，尤其是對無產階級實行新的鎮壓。這是歷史的經驗。

那些代表了資產階級利益而偽裝革命的機會主義分子、修正主義分子們，在他們需要「革命」的時侯也曾鼓吹革命、也曾「需要」群眾。他們一旦大權在握的時侯，就會毫不猶像地出賣革命、出賣群眾，向資產階級討好。這也是歷史的經驗。

無產階級革命是為著解放全人類。人民群眾在革命鬥爭中求得自身的解放。所以，在任何情況下，相信群眾、依靠群眾、放手發動群眾、尊重群眾的首創精神，都是無產階級革命的根本路線。這就是毛主席的革命路線。

可是，在無產階級專政條件下，那些偽裝革命並竊取了某些職權的資產階級代表人物，總是千方百計地篡改、歪曲和踐踏毛主席的無產階級革命路線。

滕海清的「左」的嚴重錯誤的實質，就是對廣大人民群眾的鎮壓，就是在無產階級專政條件下，利用革命的口號，對廣大人民群眾實行了資產階級專政。滕海清「左」的嚴重錯誤的精采表演，具體地告訴人們：他是怎樣地把無產階級專政變為資產階級專政，而且是法西斯式的專政。

這是歷史的經驗，也是現實的教訓。

滕海清在「清理階級隊伍」的革命口號下，鎮壓了廣大的工人、貧下中農（牧）、革命軍人、革命知識分子，從而為資產階級「清理」了「階級隊伍」，並討得資產階級的一片喝采。

滕海清在「支持受蒙蔽群眾起來革命」的革命口號下，嚴重加深群眾之間的對立情緒，鎮壓了無產階級革命造反派，扼殺了革命人民的革命。滕海清在

「維護革命委員會權威」的革命口號下，把自己作為革委會的化身，扼殺了人民群眾最可貴的革命精神、摧殘了人民群眾關心國家大事的革命精神、踐踏了無產階級專政條件下的民主空氣、使相當大的一部分革命群眾變成消遙派，從而博得修正主義者的一片掌聲。

需知，在無產階級專政條件下，廣大革命人民用運四大批評錯誤的領導，批判資產階級的一切方面、敢於造修正主義、資產階級的反，這正是防修、反修、挖修的最可靠堤防。而這些被滕海清給扼殺了、給摧殘了。

滕海清用他自己的「偉大的」「既定的」戰略部署，有計劃，有步驟地否定了無產階級文化大革命的偉大勝利成果，恢復了舊章法、恢復舊秩序，嚴重干擾了毛主席的偉大戰略部署。

滕海清接過「實現一元化領導」「反多中心論」的革命口號，把反打擊、迫害了為數不少的堅持毛主席革命路線的革命幹部和革命群。

滕海清在「這是群眾運動」的革命口號下，運動了群眾，助長了階級敵人的破壞和搗亂、嚴重地踐踏了黨的方針政策，嚴重地破壞了民族團結，嚴重地混淆了無產階級專政同資產階級專政的根本區別。

還有比這些更能討好資產階級的事情嗎？還有比這種卑鄙的獻媚更卑鄙的事情嗎？

滕海清的錯誤，向人們清楚地展示了在無產階級專政條件下階級鬥爭的新特點、新形式。這就是歷史的經驗，這就是現實的教訓。

因此，批判滕海清錯誤的鬥爭，決不是什麼形式上的「平反」和「燒材」，而是要從理論上，路線上，徹底批判「左」的嚴重錯誤的本質，並徹底肅清其流毒。不如此，不足以糾正錯誤；可如此不足以保證「左」的嚴重錯誤不會捲土重來秋後算帳。不如此，不能使毛主席革命路線深入人心。

只有在對「左」的嚴重錯誤的系統的徹底的批判中，才能更加明白什麼是正確路線，什麼是錯誤路線，才能更加明白什麼是真革命，什麼是假革命；才能清楚究竟是誰在為受害的革命群眾徹底平反，誰又在假批判中企圖蒙混過關；誰又企圖用派別鬥爭來掩蓋路線鬥爭。

廣大人民群眾，自覺地捍衛毛主席的革命路線，自覺地抵制錯誤的領導、堅持革命原則，發揚無產階級革命造反精神、在毛主席為首林主席為付的黨中

央的正確領導下團結起來，這就是批判「左」的錯誤的大勝利，這就是迅速落實無產階級各項政策、加快鬥批改步伐的重大勝利。

在糾正錯誤落實政策的過程中，不應該存在群眾之間的對立情緒或對立的兩派組織。更不應該人為地製造群眾之間的對立情緒和對立的兩派組織。即使是「左」的錯誤的受害群眾與被「左」的錯誤所欺騙蒙蔽的群眾之間，同樣也不應該有什麼對立情緒。

但是時至今日，有的地方有的單位極少數「左」的錯誤的代表人物仍然堅持錯誤一意孤行，既不給受害的革命群眾認真平反，也不給受蒙蔽的群眾做細緻的思想工作。前者當然要批判「左」的錯誤，而後者當然也一時轉不過彎來。而「左」的錯誤的代表人物極力混淆本單位運動的全過程，利用群眾之間的意見分歧、製造對立製造再一次反覆的條件。這是阻礙團結和政策落實的障礙。

一個時期，總有一個主要傾向，必然掩蓋著另一個傾向，分裂中掩蓋著聯合，聯合中掩蓋著分裂。

時至今日，少數應該在前一段「左」的嚴重錯誤中承擔一定責任的代表人物，既不想承認前一階段的歷史、又沒有受「左」的錯誤迫害的切身體會，既不想觸及「左」的錯誤的本質與要害，又沒有從滕海清的錯誤中吸取教訓。他們這些人也在高唱批判錯誤的「戰歌」，可沒有點具體有力的行動：他們也在高談批判「左」的錯誤，可是總想在批判過程中再搞一點什麼「多中心論」再拉一點宗派山頭。他們有意把別人推到什麼「保滕」的一邊藉以證明自己是「批滕」。如此下去，團結何時實現？政策何時落實？局勢何時穩定？！

還有一種「左」的錯誤的代表人物，也是用一種傾向來掩蓋另一種傾向。他們把這場糾正錯誤落實政策的生動的具體的路線鬥爭，歪曲為個簡單的形式上的「甄別」過程、把對資產階級反動路線的深入的革命大批判，歪曲為「實力政策」或什麼「山頭主義」的派別鬥爭。他們以此來抵消對「左」的錯誤的本質的批判，以此來保留「左」的錯誤死灰復燃的土壤。他們在社會上似乎很起勁地「批滕」，可在自己單位裡卻不給受害革命群眾認真平反，甚至還在轉移、上報黑材料，似乎可以把社會上的鬥爭同本單位的鬥爭割裂開來，似乎社會上鬥爭的全過程和本單位的全過程是兩碼事！這種人還想熬過一段時日，再

捲土重來「老帳新帳一起算」。不過，階級鬥爭的歷史會再一次教訓他們：滕海清沒有辦到的事，他們也不會辦到。

毛主席最近教導我們：「無產階級文化大革命，還有些事沒有做完，現在還要繼續做，譬如講鬥、批、改。」這是毛主席向全國人民發出的偉大戰鬥號令。

在內蒙地區，出現了「左」的嚴重錯誤的反覆之後，只有徹底批判資產階級反動路線的一切方面，並肅清其流毒，才能保證鬥批改在毛主席革命路線上迅速前進。沒有正確的政治路線，就不能保證革命的勝利。這是滕海清的錯誤給予我們的主要教訓，也是歷史的經驗。

當前不把廣大群眾團結在毛澤東思想旗幟下，就不能加快鬥批改的步伐，就不能迅速落實政策，就不能保證正確路線的執行。這也是滕海清的錯誤給我們的教訓。過去滕海清利用一派群眾鎮壓另一派群眾的教訓夠沉痛的了，這是為時不遠的歷史經驗。「我們要做親者所快仇者所痛的事，而為親者所痛仇者所快的事一件也不做」。

毛主席教導我們說：「國家的統一，人民的團結，國內各民族的團結，這是我們的事業必定要勝利的基本保證。」這對我們有何等深刻何等現實的教益啊！

我們向全區一千三百萬各族革命人民呼籲：全面落實毛主席的五‧二二批示，全面落實中央對內蒙的二十四字方針，在毛澤東思想偉大旗幟下團結起來！

「團結起來，爭取更大的勝利」。

工人東方紅內蒙古《工人公社》《決聯站》第29期

一九六九年七月二十日

47.喪家的哀鳴（1969.07.27）

一夥更名為「清隊積極分子」的「挖肅戰士」的頭目，「無家可歸」，「被迫來呼」，風塵撲撲，行跡匆匆，串通他們的三親六故，諸如冒牌的「六大院校」，頗具臭名的xxx「無革派」之流，連日鼓噪，十分賣力，發聲明，出口號，貼標語，寫大字報，還有洋洋萬言的「為什麼」，大有同舟共濟，風雲狂瀾之勢，實則不過是死前回光的返照，喪家的哀鳴。

「挖肅戰士」的頭目們，究竟喪了一個什麼樣的「家」，又是怎麼因「喪家」而「哀鳴」的呢？

其一曰：「內蒙革委會對某某兩大派要一碗水端平」這話本是對的，但，這話出自某某「無革派」此時出口，就有了「別具一格」的含義。去年二月以來，老滕（滕海清）大肆謾罵，鎮壓革命造反派，公開叫嚷，「就是要支持老保翻天」，「九月暗流」以後，又大搞革委會內部的「吐故納新」，用「莫須有」的罪名，「百分之六十的把握」，把大批革命造反派代表和革命領導幹部「吐」了出去，甚或揪鬥，逮捕，在那時候，你們怎麼不說一聲「要一碗水端平呢」？

過去你們緊靠著老滕，飛揚跋扈，為所欲為，打擊別人，抬高自己，從來也不會想到「一碗水」平不平；現在，老滕的「獨立王國」破產了，好多受壓受害的革命群眾起來要糾正老滕的錯誤，要把過去歪著的「碗」正過來，這就不可避免地要觸及到你們非理非法選取的權益，你們心疼難忍，割愛不得，於是，跳起來大叫：「要一碗水端平」，其實，你們所說到過去的「不平」，你們所謂的「一碗水端平」云云，叫嚷的「平」，正是為了維護過去的「不平」，你們所謂的「一碗水端平」云云，只不過是妄圖阻止革命群眾批判滕的錯誤，藉以保全自己私利的一塊遮蓋布！

其二曰：「內蒙革委會領導支一派壓一派罪責難逃」，這是以小人之心，度君子之腹的惡毒攻擊，過去滕海清實行祕書專政，獨斷專行，之一派壓一派的時候，《如鎮壓毫沁營子東方紅，集寧紅衛兵（布）派的時候》你們為啥連吭也不吭一聲呢？現在內蒙革委會恢復了集體領導，糾正老滕的錯誤，給受害

受壓群眾翻案平反了，你們感到在政治上多少有點「失利」，於是，就無中生有大叫「內蒙革委會領導支一派壓一派罪責難逃」了，其實，不是內蒙革委會支一派壓一派，而是你們站在老滕的左傾錯誤立場上，妄圖用「支一派壓一派」的罪名，來抵制內蒙革委會和廣大革命群眾，糾正老滕的「左」傾錯誤。歸根結底，還是要保你們自己；當然，我們絕不會因糾正錯誤而去壓你們；這你們儘管放心，用不著可憐巴巴地「哀鳴」，但把糾正錯誤，與「支一派壓一派」混為一談，存心渾水摸魚，那也是辦不到的，如果你們堅持錯誤，拒不改正，而感到受壓，那是咎由自取。

其三曰：「內蒙革委會封鎖中央指示，罪責難逃」！這是以攻為守，外強中乾的騙人鬼話！毫無根據，造謠可恥！

試問「挖肅戰士」的頭目們！第一，既然內蒙革委會封鎖了中央指示，你們又怎麼能「突破」封鎖，而得知中央指示呢？是誰告給你們的？你們敢不敢，能不能把真相公之於眾呢？第二，你們既然知道了中央指示，而且又是不應封鎖的，為什麼不大張旗鼓地宣傳，以便讓廣大群眾去貫徹執行呢？你們的「聲明」，你們的「為什麼」等等，貼了個滿街飛，怎麼都不見你們一張宣傳中央指示的大字報呢？

還是給你們戳穿了吧！過去老滕多次對抗中央批判，封鎖中央指示，你們不吭一聲，群眾起來反老滕的反動多中心論的時候，你們充當急先鋒，把緊跟毛主席偉大戰略部署的革命群眾運動打成「逆流」和「妖風」，現在，老滕的這些錯誤尚未徹底肅清，你們就捕風捉影，大造「恢復了集體領導的內蒙革委會封鎖中央指示」之謠，目的還是轉移視線，圍魏救趙，為此而已，豈有他哉？！

當然，有些中央指示，你們不知道，但，這不是非理的封鎖！你們有什麼資格要知道你們所不應知道的中央指示呢？

其四曰：「內蒙革委會個別領導人煽動上訪，破壞抓革命促生產，罪責難逃」，這簡直是賊喊捉賊，血口噴人！

第一，受害群眾上京和來呼上訪，反映情況，是對無產階級司令部和紅色政權的信任和愛護，有利於幫助糾正滕海清左傾錯誤，對這些同志不表示歡迎，反倒應當抵制嗎？

　　第二，許多「挖肅戰士」打人兇手，也蜂擁來呼，數以千計，難道這些人不正是你們為了給內蒙革委會施加壓力，以達到保滕目的而煽動來的嗎？

　　第三，受害群眾在被關期間，不但不能「抓革命，促生產」，而且還要比受害者多出數倍的生產人員看管，審訊，那時候，有些單位並沒有停工停產，為什麼受害群眾來上訪，許多單位就停工停產了呢？那些不曾受害，而且因受蒙蔽做了錯事的人，都幹什麼去了？

　　在批判滕海清錯誤的時候，把滕海清所造成的惡果強加在恢復了集體領導的內蒙革委會頭上，究竟是想幹什麼？是批判滕海清，還是批判革委會？還是按著滕海清的願望「各打五十大板」？

　　其五曰：內蒙革委會165號和178號文件是大毒草。這兩個文件「毒」在哪裡呢？就「毒」在沒有按著滕海清的「左」傾錯誤思想及其「挖肅戰士」們的意願辦事。而是上按中央指示，下承群眾要求所作出的正確決定。

　　141號文件是滕海清堅持錯誤，鎮壓群眾，不經革委會常委討論通過，一手炮製的，「挖肅戰士」的頭目們，對此興高采烈，大叫「好得很」。

　　165號文件是經革委會常委討論通過制定的，它體現了中央5‧22批示精神，糾正了141號文件的錯誤，宣布141號文件作廢，在這種情況下，「挖肅戰士」們的頭目，高叫「165號文件是大毒草」豈不是完全可以理解的嗎？站在死保滕氏錯誤路線的立場上，怎能不反對165號文件呢？

　　178號文件，按著中央《六六通令》，以通知形式嚴肅處理了綁架，毆打內蒙革委會副主任霍道余同志的嚴重政治事件，這本是完全正確的，但因肇事者是那些「無家可歸」，「被迫來呼」的「挖肅戰士」的頭目，所以一些物傷其類的難兄難弟，就又跳出來大喊大叫，「178號文件是大毒草」。而過去滕海清發了那麼多鎮壓群眾的黑文件，為什麼時至今日，「挖肅戰士」的頭目們也不罵一聲那些「大毒草」呢？

　　事情十分明顯，並不是165號和178號文件本身有什麼過錯，所謂「大毒草」云云，只不過是「挖肅戰士」的頭目們，在失利之後所發出的又幾聲哀鳴而已！「哀鳴」大致如此，現在該回到喪家的問題上來了。

　　「挖肅戰士」們，究竟「喪」的個什麼「家」呢？我們說的不是他們那「無家可歸」的「家」，而是滕海清那個反動「多中心論」的「家」，「獨

立王國」的「家」；左傾機會主義的「家」。在這個「家」繁榮昌盛的時候，「挖肅戰士」的頭目們，從沒有這麼多的「哀鳴」，現在「喪家」了，沒人寵愛庇護了，擔心別人以其人之道還治其人之身，而受壓了，於是貌似頑強，實則率而不露，「哀鳴」自然也就難以忍耐了。

現在，「挖肅戰士」頭目們的這個「家」是「喪」定了，不管你們怎麼留戀難捨，一保再保卻再也沒有挽回的餘地了，「哀鳴」幾聲，情有可原，亦所難免，長期「哀」而且「鳴」下去，以至利令智昏，與新生紅色政權為敵，那是要自找苦吃的！「挖肅戰士」頭目們，不可不鑒「紅衛軍」「無產者」前車之覆，還是快點背叛這個「家」，另走新路為好！

《呼三司》第四號
呼三司內蒙師院《東縱》一分隊
內蒙古呼三司紅代表大批判指揮部
一九六九年七月二十七日

48.烏蘭巴干何許人也（1969.07.27）

可恥的變節分子

烏蘭巴干，舊內蒙文聯副主任兼作家協會內蒙分會主任，家庭出身是大地主（謊報中農），本人是偽滿「興安陸軍軍官學校」學生，一九四五年日本投降後混進我軍，任通遼分軍區聯合司令部作戰參謀，為連級幹部，一九四六年，烏蘭巴干被敵人俘虜，下跪求饒，成了可恥的變節分子，一九四七年，隱瞞歷史鑽進黨內，一九四九年在審幹運動中被開除黨籍。

烏蘭夫的黑幹將

烏蘭巴干一貫仇視黨和人民，曾惡毒咒罵，「共產黨推完磨殺驢。勞動人民受苦得解放，那麼牛，馬，驢過去受人的壓迫，今天也該解放了。」他用極其惡毒的語言攻擊偉大的馬克思主義者斯大林，（以上罪行在檔案裡均已作結論），反之，肉麻地吹捧烏蘭夫為「革命領袖」，「民族政策的權威」，還要寫小說，編劇本為烏蘭夫樹碑立傳。烏蘭巴干在反胡風，反右等歷次政治運動中，都有嚴重的反黨言行，受到了嚴厲批判。特別是在一九六四年內蒙文藝界整風和一九六五年土默特旗四清運動中，烏蘭巴干猖狂反對毛主席關於文學藝術的兩個批示和二十三條，大搞所謂「民族問題」，殘酷鎮壓革命群眾，成了烏蘭夫在文藝界一員最得力的黑幹將。

滕海清的活寶貝

在史無前例的無產階級文化大革命中，烏蘭巴干隱瞞成分、歷史，活動於北京和內蒙各地，到處做報告，寫文章，積極為他自己和大叛徒羅廣斌翻案。為達到這個陰謀目的，他竟狗膽包天偽造毛主席最高指示和中央文革意見，在

群眾中散佈什麼；「中央要立四個作家，有浩然，胡萬春，楊益言和我。毛主席說了，內蒙還出了個寫小說的，好哇！」（此言論於六七年末在師院等地散佈，也向文聯的扎拉嘎胡等人說過。）

就是這樣一個變節分子，烏蘭夫的黑幹將，政治大流氓，竟受到滕海清同志和他的「滕辦」的信任，重用，成了滕的依靠力量，革命造反派和革命群眾為了捍衛毛主席的革命路線和維護紅色政權的無產階級權威，曾進行過多次鬥爭。但這些革命行動，都被滕海清反誣為「右傾勢力」，「反撲」，「反挖肅」，遭到了殘酷鎮壓。滕的祕書陳小莊一九六八年對《呼三司》報編輯人員談話時談：「烏蘭巴干確實給敵人下過跪，也是烏蘭夫的紅人，打倒他很容易，但考慮到他是蒙族，能站出來挖內人黨，所以還得保他。」劉樹春在報社也曾談：「我們從來沒有談過烏蘭巴干是個好同志，烏蘭巴干搞『挖肅』，我們就支持」。滕海清本人談得更露骨：「有人談我是烏蘭巴干的保皇派，我這個保皇派當定了。」（六九年二、三月滕海清於北京接見孫玲玲時的談話）。

由於滕海清的支持、重用，兩三年來烏蘭巴干從來不參加本單位運動，專門在社會上胡作非為，招搖撞騙。他先後成立了內蒙揪叛國集團聯絡站任「站長」，內蒙文藝界大會戰總指揮部任「副總指揮」，內蒙直屬文教界鬥、批、改指揮部任專案組「負責人」，成了內蒙「xxx派」的頭面人物，滕的三大挖肅積極分子之一，在「九大」期間，滕不顧革命群眾的反對，還硬把烏蘭巴干樹為「內蒙直屬機關學習毛主席著作積極分子」，派他出席了直屬機關「學代會」。我們認為：這是對毛主席的不忠，對毛澤東思想的背叛。

挖「內人黨」的功臣

烏蘭巴干成為「毛著學習積極分子」，唯一的理由是挖「內人黨」有功，烏蘭巴干挖「內人黨」到底給誰立了功？

一、從一九六七年冬到一九六九年春，烏蘭巴干在呼市地區做了二十多次關於「內人黨」的大型報告，提出了「四個演變」的反動謬論，這就是：「內蒙的共產黨是內人黨演變過來的」；「內蒙的軍隊是內人黨的自治軍演變過來的」；「內蒙的幹部是王公貴族演變過來的」；「內蒙的共青團是內人團演變

過來的」。（此言論在內大等處作報告時均提出過。）他還胡說：「烏蘭夫二十年來打著共產黨的旗號發展內人黨，因此草原遍地都是內人黨，甚至十二中全會後還在發展內人黨」。這反動謬論難道和滕海清同志現在的左傾機會主義路線錯誤無關嗎？

二、烏蘭巴干在報告中竭力挑撥民族關係，煽動民族情緒，說什麼：「內人黨的自治軍從哲盟一直殺到昭盟，把遼河兩岸的漢族都殺光了。」並高喊「為漢族同胞報仇」的口號，（每次報告均有此內容）在清理階級隊伍中，把挖「新內人黨」，抓「叛國集團」變成了唯一的大方向。專門整蒙古人，在文聯揚言：「放著三個蒙古人不揪，為什麼揪兩個漢人？」直接背離了毛主席的無產階級革命路線和各項無產階級政策，踐踏了黨的民族政策，擴大了打擊而，嚴重混淆了兩類不同性質的矛盾。

三、烏蘭巴干誇大敵情，謊報軍情，給滕海清繪制了兩幅地圖：一幅是「內人黨分佈圖」；另一張是「內外蒙合併示意圖」。他先後給滕海清報送了一百八十多份「內人黨」材料，稱發現的「內人黨」及其變種組織有一千另三十多個。這些東西有多少是真的？多少是假的？我們強烈要求進行嚴格審查，鑒定。

左傾機會主義路線的打手

烏蘭巴干不僅在挖「內人黨」問題上為滕海清立下了奇功，其他方面，借滕海清的左傾機會主義錯誤，也幹了大量破壞文化大革命的壞事。

1、烏蘭巴干在滕辦的領導下組織了一個祕密的情報站，成員有十餘人，分散在各地搜集情報，「滕海清同志即使在北京，也能及時電話或見面，從而控制呼市地區局勢。」（烏蘭巴干語）

2、烏蘭巴干利用挖「內人黨」權勢，殘酷鎮壓了革命造反派和革命群眾，進行階級報復。他對革命領導幹部，內蒙革委會副主任高錦明同志及常委那順巴雅爾同志等恨之入骨，整理了黑材料，他和喬彤，孫玲玲等人，密謀策劃揪起了反擊所謂「九月暗流」高潮。他參與了「批高會務組」和「批高戰報」的決策性會議，並親自主持對高錦明的批鬥大會，高喊「堅決打倒高錦明」的口號。他還和馬伯岩串通起來，大搞打砸搶抄抓，他自稱親自點名抓

了兩千多人，被他搞垮的革命造反派組織至少有十幾個。宣教口的《魯迅兵團》，《文化總部》，文藝界以歌舞團《紅旗》為代表的其他基層造反派組織及介入文藝界的各大院校的學生組織，凡是支持過造反派的，反對過烏蘭巴干的，都遭到他不同程度的打擊和報復。特別對文聯的革命造反派組織《翻江倒海》，為了達到其迫害鎮壓之目的，與頑固不化的走資派珠嵐結合起來，用她提供的黑材料，用文藝整風中布赫鎮壓群眾的黑材料，偽造了事實無限上綱，煽動不明真象的小將，遊鬥、毆打、抄家、進行「專政」。

3、臭名遠揚的大毒草，滕海清同志的《三‧七》對文藝界講話，就是根據烏蘭巴干、孫玲玲等人謊報軍情，捏造事實炮製出來的。一年多的事實證明，這個報告從根本上說是反動的。這個報告是包庇布赫，包庇十七年文藝界黑線，轉移鬥爭大方向，鎮壓革命造反派，擴大打擊面的黑報告，是和江青同志對文藝界的講話根本對立、水火不相容的。這是烏蘭巴干保布赫、保自己、鎮壓群眾的一個反革命大陰謀。

抓住他！

烏蘭巴干罪行罄竹難書，烏蘭巴干不但在文藝界，在全區也是臭名昭著的，民憤極大的，滕海清同志依靠這樣的人搞所謂「挖肅」實際上是依靠他來鎮壓內蒙廣大革命人民，對革命人民實行資產階級專政。目前烏蘭巴干仍打著「一貫站在毛主席革命路線上」的旗號跑到北京招搖撞騙，繼續其破壞文化大革命的反革命活動。烏蘭巴干是個地地道道的鑽進革命隊伍來的，踐踏黨的政策，破壞清理階級隊伍的階級敵人，我們一定要抓住他！

（原載內大《井縱戰報》23期）

《呼三司》第四號
內蒙古呼三司紅代表大批判指揮部
一九六九年七月二十七日

49.當前宣傳口號（1969.08.03）

一、「七‧二三」佈告是毛主席的英明決策！

二、「七‧二三」佈告是奪取更大勝利的動員令！

三、「七‧二三」佈告是毛主席偉大戰略部署的重要組成部分！

四、「七‧二三」佈告是無產階級專政的強大武器！

五、「七‧二三」佈告是穩定內蒙局勢的強大動力！

六、最熱烈地擁護「七‧二三」佈告！

七、堅決貫徹執行「七‧二三」佈告！

八、「七‧二三」佈告、「五‧二二」批示和中央對內蒙當前工作的指示
　　必須條條落實，全面落實！

九、堅決貫徹「九大」精神！

十、堅決落實毛主席「五‧二二」批示！

十一、堅決貫徹中央對內蒙當前工作的指示！

十二、加強團結，糾正錯誤，總結經驗，落實政策，穩定局勢，共同對敵！

十三、要把落實「七‧二三」佈告與貫徹「五‧二二」批示緊密結合起來！

十四、團結起來，共同對敵！

十五、加強戰備，準備打仗！

十六、全面落實毛主席各項無產階級政策！

十七、加強無產階級專政，嚴厲打擊破壞社會秩序的現行反革命！

十八、堅決搞臭打、砸、搶、抄、抓！

十九、搶劫國家財物是土匪行為！

二十、搶劫的國家財物必須無條件的迅速繳回！

二十一、武鬥隊必須無條件地解散，必須立即繳出一切武器和武鬥工具！

二十二、增強無產階級黨性，反對資產階級派性！

二十三、反對山頭主義、宗派主義！

二十四、重拉起來的「隊伍」必須迅速解散！

二十五、鞏固發展革命大聯合、三結合！

二十六、信任、尊重、支持、幫助、保衛革命委員會！

二十七、上訪人員必須返回本地區、本單位就地鬧革命！

二十八、加強紀律性，反對無政府主義！

二十九、認真落實「九大」提出的各項戰鬥任務！

三十、抓革命，促生產，促工作，促戰備！

三十一、緊跟毛主席偉大戰略部署！

三十二、堅決落實毛主席一系列最新指示！

三十三、團結起來，奪取更大的勝利！

三十四、無產階級專政萬歲！

三十五、各族人民大團結萬歲！

三十六、堅決相信、依靠、支持偉大的中國人民解放軍！

三十七、偉大的中國人民解放軍萬歲！

三十八、偉大、光榮、正確的中國共產黨萬歲！

三十九、毛主席的無產階級革命路線勝利萬歲！

四十、無產階級文化大革命勝利萬歲！

四十一、戰無不勝的毛澤東思想萬歲！

四十二、偉大領袖毛主席萬歲！萬歲！萬萬歲！

內蒙古自治區革命委員會辦公室編

一九六九年八月三日

50.打倒蘇修新沙皇（1969.08.11）

最高指示

辦學習班，是個好辦法，很多問題可以在學習班得到解決。

我們邊防部隊為了保衛毛主席，保衛毛澤東思想，保衛毛主席的無產階級革命路線，保衛社會主義祖國，受黨和人民的重托，我們日夜巡邏，守衛在祖國的北大門。

今年三月二日蘇修侵略軍向我珍寶島地區發動了大規模的武裝進攻，挑起了極為嚴重的邊境流血事件。

我們遵照毛主席「人不犯我，我不犯人」的教導，在忍無可忍的情況下，給蘇修侵略者以應得的懲罰，取得了偉大的勝利，保衛了祖國的神聖領土。我們能夠參加這一次自衛反擊戰，是我們一生的幸福和光榮，是以毛主席為首、林副主席為副的無產階級司令部對我們的最大信任，最大關懷。

珍寶島從來就是中國的領土。一八六〇年以前，珍寶島所在的烏蘇里江還是中國的內河。從十九世紀鴉片戰爭後，資本主義列強紛紛以不平等條約強加於中國，一八六〇年「中俄北京條約」才規定中俄兩國以烏蘇里江為界。根據公認的國際準則，凡通航界河均以主航道中心為界，並以此劃分島嶼歸屬。珍寶島位於烏蘇里江中心線中國一側，無可爭議地屬中國，並一直在中國的管轄之下。

即使按照不平等的「尼布楚條約」「中俄北京條約」珍寶島也無可爭議地是中國的領土。

早在一九一〇年就有中國漁民梁二茂、梁三茂在島上打魚，在珍寶島居住了五十多年的虎林縣虎頭澳場73歲的退休老魚工陳錫山從一九二四年就在珍寶島住了下來打漁為生，進行生產勞動。

我們邊防人員一直在這個地區執行正常的巡邏任務。勃列日涅夫、柯西金

上臺以來，蘇聯叛徒集團在他們內、外交困，走投無路之下，出於內政，外交的需要，在我國邊境不斷進行武裝挑釁，以此來討好美帝，以實現美蘇勾結，重新瓜分世界的侵略野心。

從一九六七年是十一月二十三日到一九六八年三月二日蘇修在兩年間的封凍季節裡僅入侵珍寶島地區就達16次之多。蘇修侵略軍的武裝挑釁手段逐步升級，殺人、放火、打死、軋死手無寸鐵的中國農民、漁民，甚至活活把他們扔到江裡，從拳打腳踢到開槍、開炮。在七里泌島、卡脖子島等地方一個月之間就觸動侵略軍1750多人次，打死打傷我邊防軍民多人。

今年一月二十三日蘇修侵略軍悍然侵入我珍寶島地區對我從事正常巡邏任務的邊防戰士大打出手，搶劫槍支彈藥，並在今年三月二日、三月十五日連續製造大規模的流血事件，打死、打傷我邊防戰士多名。欠下了中國人民一筆又一筆血債，勃列日涅夫、柯西金的雙手沾滿了中國人民的鮮血。

我們偉大領袖毛主席教導我們說：「蘇修、美帝狼狽為奸，做了這麼多壞事、醜事，全世界革命人民是不會饒過他們的。世界各國人民正在起來。一個反對美帝、蘇修的歷史新時期已經開始。」我們邊防戰士的誓言：「生用毛澤東思想統帥生命的每分每秒，死為捍衛毛澤東思想而獻身。我們寧願前進一步死，決不後退半步生。仇一定要報，血債一定要用血來還。」

三月二日巡邏出發前，我們在毛主席像前宣誓，然後出發去珍寶島執行正常的巡邏任務，邊走邊觀察敵人的動態，黨走到珍寶島上時，敵人從下米海洛夫卡，庫米洛夫凱業內等幾處出動了裝甲車、步兵向我放開來，我全體戰士面對著蘇修侵略軍怒火滿胸膛，背誦著：「下定決心，不怕犧牲，排除萬難，去爭取勝利。」這段語錄繼續前進，我第一組巡邏人員為了避免衝突轉移到另一個小島上，我第二巡邏組與蘇修的烏龜殼碰上了，此時蘇修侵略軍不顧我方連續喊出停止前進的口令並堵住了我第二巡邏組的前進道路。同時敵人分三路包圍了我們，他們企圖佔領了珍寶島，並把我們消滅在當地，我邊防戰士識破了他們的陰謀，立即向蘇修侵略軍發出警告：這是中國的領土，你們必須立即撤出！但蘇修侵略軍把我邊防戰士的克制態度，當成軟弱可欺，並首先開槍開炮打死打傷我邊防戰士多名。這是一場蓄謀已久的有組織有計劃的武裝侵略事件。

　　我們面對著豺狼成性的蘇修侵略軍展開了一場自衛反擊戰鬥。我們高呼著：「下定決心，不怕犧牲！」「打倒蘇修！」「堅決消滅侵略者！」「打倒蘇修新沙皇！」「誓死保衛毛主席！」「誓死保衛祖國！」等口號，把仇恨集中在敵人身上，把怒火集中在槍口上，按照我們偉大領袖毛主席「務殲入侵之敵」的教導，個個奮勇地向敵人衝擊。那裡有敵人就往那裡衝，那裡有槍聲就往那裡上。

　　共產黨員班長周忠國懷著對蘇修侵略者的滿腔仇恨一梭子彈立即把作惡多端的民憤極大的反華小丑「瘸子上尉」當場擊斃。

　　這次戰鬥只用了一小時13分鐘的時間，就把分成五路向我進攻的蘇修侵略軍從指揮員到駕駛員全部殲滅。

　　蘇修在三月二日遭到慘敗後，在政治上、軍事上都處於極端被動的局面，他們為了挽救其失敗後的命運，一面搞政治上的反華宣傳，一面集結軍隊，在邊境上像熱鍋上的螞蟻，企圖伺機對我方進行報復活動。

　　我們遵照毛主席關於「有來犯者，只要好打，我黨必定站在自衛立場上堅決徹底乾淨全部消滅之（不要輕易打，打則必勝），絕對不要被反動派的氣勢洶洶嚇倒。」的教導隨時準備消滅侵略者。

　　三月十五日蘇修侵略者又集結了大量的部隊數十輛坦克和裝甲車，在飛機和炮火的掩護下向守島小分隊發動猖狂進攻，我們守島戰士發揚了一不怕苦，二不怕死的徹底革命精神，發揚了我軍打近戰，夜戰的優良傳統擊退了敵人一次又一次進攻。

　　戰鬥一打響，敵人擺開氣勢洶洶的架勢，敵人的大批步兵在坦克和裝甲車的掩護下向我們猛撲過來，敵人的炮火打得島上硝煙彌漫，炮彈像雨點一樣，敵人企圖用猛烈的炮火把我們壓住，然後坦克和步兵跟上來，但是毛澤東思想武裝起來的戰士最勇敢、最頑強、最機智，「你打你的，我打我的，」你靠坦克和大炮，我靠戰無不勝的毛澤東思想；你打你的機械化，我打我的思想革命化，用毛澤東思想統帥著我們的每一分每一秒，不管你火力多猛，我們胸有成竹。火力猛，我們分散隱蔽派人觀察，監視敵人，緊緊抓住戰機，跟敵人打近戰。

　　敵人使用坦克、裝甲車，我們僅有輕型武器，機槍、反坦克手雷等，我們

採用把敵人放進來打的方法，不看見步兵不打。在長達九小時的戰鬥中打退了敵人的三次進攻，敵人的進攻一次比一次猛，我們的鬥志一次比一次高昂，消滅敵人的決心一次比一次更大，勝利的信心一次比一次增強，把敵人打得一次比一次狼狽，我們面不改色，心不跳，人在陣地在。

敵人的一、二次進攻被我邊防戰士打退以後，又發動了規模更大的第三次進攻，在不到200米的陣地上就集中了20多輛坦克，裝甲車在上百門大炮的掩護下向我邊防戰士猛撲過來，我邊防戰士遵照毛主席教導：「如果他們要打，就把他們徹底消滅。……消滅一點，舒服一點；消滅得多，舒服得多；徹底消滅，徹底舒服。」敵人越是發瘋，越是走向死亡的掙扎，他來勢雖猛，正反映了他們虛弱的本質，我們用戰無不勝的毛澤東思想一眼就看穿了它。決心給予入侵者以沉重打擊，叫入侵者有來無回。

敵人遭到了連續幾次慘敗以後，內心非常恐懼，他們的坦克在開上島以後，走走停停，不敢往前開，有一輛走在前面的，一看後邊未跟上來就停下來等著，我們的觀察員看了說：「同志們，敵人害怕了，你們要耐心的等啊！」敵人的車子開得很慢，可炮火拼命地打，打也沒個目標，東一炮，西一炮，打的大樹一分兩截，槍也打得高的高，低的低。我們邊防戰士有了第一、第二次的勝利，心裡更有把握，更沉著、冷靜地等敵人上來，並且總結前兩次的戰鬥經驗，發揚一不怕苦，二不怕死的大無畏精神，把敵人放進來，放的越近，打起來越有把我。300米不打，200米不打，100米還是不打，80米不打，70不打，等敵人距離我們50米左右，反坦克手一齊開火，打得很準，一發打一輛，敵人的裝甲、坦克在我軍的強大炮火下亂作一團，哭的哭，嚎的嚎，有一坦克就消滅在我們面前4米遠的地方，我們站起來頭上就是坦克的炮口，裝甲車著火以後，敵人燒死在裡面，燒焦的屍體臭得難聞。

在長達九小時的戰鬥中，打毀坦克、裝甲多輛，消滅了敵人大量的有生力量，敵人狼狽敗退了。在這樣激烈的戰鬥中，我邊防暫時依然屹立在祖國的領土珍寶島上，我們立即在陣地上高呼毛主席萬歲！萬歲！萬萬歲！

通過幾次戰鬥，我們深深體會到毛主席的偉大教導：「一切反動派都是紙老虎」這一偉大真理。

蘇修軍隊現在已墮落成為地地道道的資產階級的軍隊，下流得很，沒有鬥

志，沒有士氣，追求金錢、美女，當我們與蘇修說理鬥爭時，他們竟跳起來搖擺舞，士兵身上都有女人照片。

在我們克制忍耐時，他們靠炮火張牙舞爪，他們離開了坦克、裝甲車、大炮就玩不轉，我們一還擊，他們就狼狽不堪，逃命是一個比一個快。

三月二日反擊戰後，我方主動撤出現場讓他們收屍，他們怕得要死不敢來收，先用飛機偵查2-3個小時，偵查之後兩個小時才來收屍，但到達前沿時又不敢上島，上了島只能在地上爬著走，見了屍體花很大功夫爬在地上往回拖。

前面我說的那個瘸子上尉叫伊萬，這個人反華最積極，我們從六七年巡邏就和他打交道，六七年他是中尉，因反華做壞事有功而升成上尉，我們的邊防軍民都認識他，三月二日就是他帶領造謠記者，油條翻譯等七人想切斷我巡邏組的通路，當場全部被擊斃在冰上，來收屍體的敵人膽戰心驚爬在島子的地上接近屍體，用繩子套住脖子往回拖，不敢站起來。有時從岸上滾下來就趴在屍體旁一動不敢動，就像死人一樣。老首長們說：他們和美國鬼子是一樣的膿包。

三月十五日的戰鬥，蘇修紙老虎的本質暴露得更加充分，

蘇修的坦克和裝甲車上島之後，不敢前進，但也不敢回去（因為他的上級沒有下令讓他回去），只好拼命地把炮彈打光，在炮彈打光後立即退回去向上司交差。

第三次打得蘇修更狼狽，步兵藏在坦克、裝甲車裡，不敢出來。這樣為我們消滅敵人創造了有利條件。車輛被打著起火，步兵就爭先恐後往外跑，我們的步槍、機槍封住窗口，把敵人活活燒死在車裡，蘇修的指揮員被打得焦頭爛額，接二連三地向他們上司打電話要求撤退，而他的上級卻要他們等一等，再打一陣跑。在撤退時輕傷的跑了，重傷的不管，在我們打掃戰場時，扒拉一兩個還有點哼哼的。

蘇修侵略軍最怕的是近戰、夜戰，一到下午五點鐘以後就趕忙跑回去了，確實是不堪一擊的紙老虎。這次戰鬥，充分說明了蘇修社會帝國主義的軍隊，是地地道道的資產階級軍隊，失敗是註定了的，我們軍隊是用毛主席思想武裝起來的堅強的革命戰士，是必定勝利的，在珍寶島反擊戰中，很明顯的比較出來了。

　　偉大領袖毛主席教導我們：「武器是重要的因素，但不是決定的因素，決定的因素是人不是物。」

　　林副主席教導我們：最大的戰鬥力是用毛澤東思想武裝起來的人。

　　這次戰鬥也是兩種軍隊，兩種社會主義制度的鮮明對比。

　　我們在這次自衛反擊戰中參加戰役的同志沒有一個人打過仗，有的新戰士入伍才十幾天，還未摸過槍，打坦克，打裝甲車誰也沒有打過，但我們靠的是毛澤東思想來武裝，就什麼也不怕，就無敵於天下，同仇敵愾打豺狼。以一不怕苦，二不怕死的徹底革命精神，戰勝了用現代化軍事裝備武裝起來的蘇修。沒打過坦克、裝甲車就在戰鬥中學，戰鬥中用，及時總結戰鬥經驗。開始打時100米命中率不高，後來80米，70米就比100米好一些，到50米就更準了。說我們就用50米距離來打擊敵人。我們守島分隊在零下20℃的嚴寒中堅持20多小時，吃不上飯，喝不上水，打仗時棉衣汗水透，打後汗水冷成冰，同志們堅持戰鬥，用一不怕苦，二不怕死的徹底革命精神激勵著自己。

　　共產黨員陳少光在戰前就立下誓言：「毛主席號召我緊跟，……」戰鬥一打響就高喊：「共產黨員、共青團員，保衛毛主席，打倒蘇修的時候到了，衝呀！」帶頭衝了上去首先打死三個敵人，不幸他右臂負傷，他忍住疼痛繼續戰鬥，後來左臂也負傷了，但他仍用頑強的毅力堅持戰鬥，衛生員來要給他包紮，說不包紮有危險，他說：「不消滅敵人，祖國有危險。」後來胸部又中了一彈，他捂住傷口繼續戰鬥，有打掉了敵人幾個火力後暈了過去，他醒過來第一句話就是「同志們回來沒有？」在陳少光同志犧牲前的幾分鐘裡，不斷高呼毛主席萬歲！共產黨員班長楊林在戰鬥中左臂被打穿，右手打斷三個指頭，同志們要他下去，他說：「為黨的事業，敵人能打斷我的指頭，打不掉我忠於毛主席的紅心。」他繼續戰鬥，打出報仇的炮彈，消滅最後一輛坦克。

　　共產黨員王慶榮在搶救戰友時中彈，臨犧牲時向同志們說：「人在陣地在，同志們，堅持！堅持！堅持！」他光榮犧牲後，在他的衣服裡找到了一份決心書和一條腰帶，英雄在他的要帶上寫著：「為革命，捨個人，想人類，保衛毛主席粉身碎骨不變心。」英雄在決心書上寫出了對黨和毛主席的一片忠心，他寫道：「十年黨的懷抱生，願把青春獻人民，我的黨內生活永不離，40元供交黨費。」簽名是：「王忠東」。

衛生員○發同志，在搶救傷員中腸子被打六個洞，暈倒在這地上，醒過來時，看到同志們為他包紮，又看到戰鬥在繼續著，他說：「不要管我，消滅敵人要緊。」「不要把我抬下去。」說著又端著槍衝上去了。

副班長胡慶林同志，衝在全班最前面，不幸被敵人冷槍打中腹部，碗口大的傷口，腸子都流了出來，他把腸塞了進去，用碗扣在傷口外面，繼續戰鬥，當同志們抬他下去時，他仍然背誦著：「下定決心，不怕犧牲……。」的語錄，醫生檢查他的腸子被打穿六個洞，膀胱兩個洞，糞便滿腹腔，血壓量不到時，他仍在背誦：「下定決心，……。」在醫院動手術七個小時他沒哼一聲，醫生們感動得流下眼淚說：「我手術這麼多年，沒看到過這樣堅強的戰士，真是毛澤東思想的威力啊！」現在胡慶林同志傷癒，重返前線戰鬥。

余慶祥同志看到一個蘇修侵略軍向我們開槍，他對敵人一個點射，打死了這個敵人，為我軍打開了進攻的通路，他又衝上去想奪下那挺蘇修機槍，作為揭露新沙皇的罪證，不幸太陽穴上部中彈，在昏迷中他只有一個信念：「堅決消滅新沙皇」，只要還有一點知覺就要堅持戰鬥，當他昏倒在地，衛生員給他包紮以為他犧牲了，但余慶祥知覺稍一回復，馬上撤下了頭上蓋著眼睛的包紮布，端起衝鋒槍一衝而起向前衝了五、六步，朝敵人射出了報仇的子彈，打了兩個點射後倒下了。這最後的五、六步是他無限忠於毛主席的體現，毛澤東思想真正統帥了他的靈魂的每一秒鐘。（據醫生說：「太陽穴中彈是致命的，根本不能站起來，而我們的英雄為了保衛毛主席站起來向前衝了五、六步，是世界上罕見的。」）

有英雄的戰士，也有英雄的母親，當部隊首長把余大娘接到部隊，向她彙報戰鬥情況，讓她看看兒子的遺容時，余大娘不流淚、不悲傷。當首長問余大娘有什麼要求時，余媽媽說：「我什麼要求都沒有，我只有兩個不放心，一個是余慶祥生前是不是聽毛主席的話；第二個是不是在衝鋒時犧牲的。」當首長告訴她說：「余慶祥是忠於毛主席，在衝鋒時犧牲的。」余媽媽聽了以後對著烈士的遺容滿意地說：「好孩子，有骨氣，媽向你學習！」

反修戰士華英傑在戰鬥中非常頑強，他沉著、勇敢地戰鬥，那裡敵人多他就打到那裡，他為了戰鬥方便，在零下20幾度的嚴寒裡把皮帽子摘掉，棉衣服脫掉，只穿一件襯衣，扛著火箭筒在陣地上來回跑著打擊敵人的坦克，他發揚

了近戰的威力，總是等敵人的坦克很近時才開火，他一個人擊毀了敵人4輛坦克，有一輛就在他面前4米遠的地方被擊毀的。

我們有了戰無不勝的毛澤東思想，有了一不怕苦，二不怕死的革命精神，我們就戰勝一切敵人，我們就無敵於天下。有了毛澤東思想，這是戰勝敵人的最好武器。

我們這次所以能取得三月二日、三月十五日的勝利，是因為我們靠的是毛澤東思想，用毛澤東思想統帥我們每個戰士靈魂的每分每秒。毛主席教導我們：「革命戰爭是群眾的戰爭，只有動員群眾才能進行戰爭，只有依靠群眾才能進行戰爭。」在珍寶島反擊戰中，廣大民兵和人民群眾給予了我們最大的配合支援，他們當中有白髮蒼蒼的老人，有十幾歲的小孩，他們為戰鬥修橋修路，送水、送糧、運彈藥，搶救傷員非常勇敢。珍寶島的居民全部動員起來，冒著槍林彈雨支援我們，出來了許多擁軍愛民的動人事蹟。

又一個80多歲的老大娘，在戰鬥打響後提著水桶在路旁堅持送水到深夜。在搶救傷員中，民兵和群眾負了傷再三不肯下火線，體現了深厚的無產階級感情。

北京下放支邊的知識青年陳放同志只有19歲，當他把彈藥送到前線是激動地對戰士們說：「解放軍同志你們打吧！你們要多少子彈我送多少子彈。」當他看到解放軍乾渴的情況是，就馬上把自己身上的水壺送給戰士說：「解放軍同志，你們一定很渴了，快喝水吧！」這壺水在陣地上傳來送去，有個解放軍在水壺上寫道：「兵民是勝利之本。」誰也不肯喝，最後送給了傷員，當陳放他們運送傷員碰著敵人炮火轟擊時，陳放為了不使親人解放軍再受第二次傷，就用身體爬在傷員身上，用自己身體和生命保衛受傷的戰士。

邊防地區的居民爭先恐後地為解放軍傷員輸血，有一位60多歲的老大娘也來獻血，因為人多，她往前面擠，當有的人問她來幹啥時，她說：「就許你們獻血，不許我獻血嗎？偉大領袖毛主席也沒有說年紀大不能獻血。」許多群眾把家裡的好東西拿來給傷員吃；把小孩鎖在家裡照顧傷員，這種擁軍愛民的事例多得很，非常感動人。

在珍寶島反擊戰中得到了全國人民的支援，在內地掀起了抓革命，促生產的戰備新高潮，全國各地都寫了慰問信，送來了慰問品，這種軍民的魚水關係

使全體解放軍深受感動，任何困難的環境只要有群眾的支持，最後的勝利總是屬於我們的。

我們的邊防是打不爛摧不垮的鋼鐵長城。珍寶島反擊戰的勝利，完全是戰無不勝的毛澤東思想的偉大勝利，是毛主席無產階級革命路線的偉大勝利，完全歸功於偉大領袖毛主席。

偉大領袖毛主席教導我們：「帝國主義者和國內反動派決不甘心於他們的失敗，他們還要作最後的掙扎……。」同樣蘇修社會帝國主義也決不甘心於他們的失敗，我們一定要在「九大」精神的鼓舞下，更加提高戰鬥觀念，常備不懈地嚴陣以待，隨時準備，給那些敢於來犯的敵人迎頭痛擊，堅決、徹底、乾淨、全部地消滅他們。

中國的勝利是打出來的！

世界革命的勝利也一定是打出來的！

（口號：略）

（根據記錄整理，未經本人審閱）

（內部資料嚴禁外傳）

《工人通訊》第六期

呼和浩特市工代會

69年8月11日

51.公開信一（1970.03.30）

最高指示

堅決地將一切反革命分子正壓下去，而使我們的革命專政大大地鞏固起來，以便將革命進行到底，達到建成偉大的社會主義國家的目的。

不管什麼地方出現反革命分子搗亂，就應當堅決消滅他。

公開信

工人，貧下中農（牧）、解放軍，紅衛兵小將，革命的同志們：

在偉大領袖毛主席「**提高警惕，保衛祖國**」，「**備戰，備荒、為人民**」的偉大戰略方針指引下，在以毛主席為首，林副主席為副的黨中央的親切關懷下，在中央「一二·一九」決定的鼓舞下，我區各族革命人民滿懷革命豪情，緊密團結，鬥志昂揚，狠抓革命，猛促生產，城鄉鬥、批、改的偉大革命群眾運動更加深入發展，工農牧業生產呈現出一派潮氣蓬勃的可喜景象，形勢大好。

但是，一小撮階級敵人不甘心於他們的滅亡，妄圖復辟他們失去的天堂，積極配合帝、修、反，瘋狂地進行反革命破壞和搗亂，他們無惡不作，危害很大，是帝、修、反的「別動隊」。為了進一步加強戰備，鞏固國防，鞏固無產階級專政，保護無產階級文化大革命的偉大成果，必須對現行反革命破壞活動給予狠狠的打擊。

遵照偉大領袖毛主席「**無產階級專政是群眾的專政**」的教導，最近準備公判一批現行反革命和重大刑事犯罪分子。現將李中崗等二十七名罪犯的罪行材料印發給你們，請各級軍管會（組）、革命委員會，組織革命群眾認真討論，提出處刑意見，速告各盟、市公安機關軍管會。同時對犯罪分子進行批鬥，把他們鬥倒、批臭。

「**喚起工農千百萬，同心幹**」。同志們：讓我們更高的舉起毛澤東思想偉大紅旗，更加緊密的團結在以毛主席為首、林副主席為副的黨中央周圍，緊跟毛主席的偉大戰略部署，以戰鬥的姿態，積極行動起來，堅決打擊反革命破壞活動，立即展開大檢舉、大揭發，大清查，大批判的群眾運動，打一場消滅帝、修、反「別動隊」的人民戰爭，為鞏固無產階級專政貢獻力量！

（此材料只供內部討論，不准張貼，不准登報，

不准廣播，由各盟、市定期如數收回銷毀。）

中國人民解放軍內蒙古自治區公安機關軍事管制委員會

一九七〇年三月三十日

一、現行反革命集團首犯李中崗，男，三十四歲，漢族，山西省人。因盜竊被判過刑，刑滿後戴壞分子帽子，留包頭新生砂石廠就業。

現行反革命集團首犯譚忠，男，三十三歲，漢族，河北省人。因貪污被判過刑，刑滿後留包頭新生砂石廠就業。

現行反革命集團主犯燕維民，男，三十五歲，漢族，山西省人。因投機倒把被判過刑，刑滿後留營盤灣新生煤礦就業。

現行反革命集團主犯李秀春，女，二十九歲，漢族，河北省人。係燕犯之妻，原包頭市三醫院護士。其父被我鎮壓。李犯屬自首投案，坦白交待，並有揭發。

現行反革命集團主犯吳蓬贏，男，二十八歲，漢族，山西省人，地主出身。因盜竊被判過刑，刑滿釋放後在包頭作臨時工。

現行反革命集團主犯王克儉，男，三十三歲，漢族，內蒙包頭市人。因盜竊被勞教、判過刑，刑滿後留包頭新生砂石廠就業。

現行反革命集團主犯劉維德，男，二十八歲，漢族，內蒙托縣人。因盜竊，三次被判刑，刑滿後戴壞分子帽子，遣送原籍管制勞動。

上列罪犯，頑固堅持反動立場，特別在無產階級文化大革命運動中，以李中崗、譚忠二犯為首，祕密串聯，勾結刑滿就業人員，反革命子弟及勞改

犯家屬十九名，組織反革命集團，積極配合帝、修、反，猖狂地進行反革命破壞活動。他們祕密召開反革命會議，制定反革命綱領，規定反革命聯絡點、暗語和標記；書寫反革命宣傳材料，惡毒的污衊無產階級司令部，攻擊無產階級專政；偷聽敵臺廣播，大肆散佈反動言論，散佈戰爭恐怖；刺探軍情，破壞生產，擾亂社會治安；預謀殺害我革命幹部和群眾；大肆盜竊國家和人民財產，積極籌備反革命經費；多次策劃叛國投敵。

上例罪犯，反革命氣焰極為囂張，是死不悔改的反革命分子，是帝、修、反的「別動隊」，實屬罪大惡極。

二、現行反革命殺人犯胡存海，男，二十一歲，漢族，河北省人，富農出身，包頭機械工業學校學生。胡犯思想極端反動，妄圖叛國投修。一九六九年七月二十二日晚，結夥盜竊機工學校圖書館圖書，造成火災，損失萬元。在打擊反革命破壞活動的群眾運動中，張金柱同志揭發了胡犯罪行，胡犯懷恨在心，伺機報復。一九七〇年二月二十七日下午二時許，胡犯趁張不備用教練手榴彈向張的的太陽穴猛擊數下，打昏在地，胡犯認為張已死，即畏罪潛逃，後被追捕歸案。胡犯公然進行反革命報復，行兇殺人，實屬罪大惡極。

三、現行反革命犯白忠，男，四十七歲，漢族，河北省人。曾當過偽軍、保丁、情報員。因盜竊罪被判過刑，刑滿釋放後，流竄內蒙古固陽縣落戶。

白犯思想反動透頂，對我黨和社會主義制度極端仇視，一九六九年以來經常偷聽敵臺廣播，同年十二月十一日向敵特機關密寫我軍政情報，要求敵特援助，陰謀組織反革命集團，進行反革命破壞活動，妄圖通敵叛國顛覆無產階級專政，實屬罪大惡極的現行反革命分子。

四、現行反革命集團首犯任虎虎，四十五歲，漢族，內蒙卓資縣人。曾當過偽軍、情報員。

任犯解放前以巫神迷信活動為職業，詐騙民財，殘害人民。解放後頑固堅持反動立場，繼續進行反動迷信。自一九五八年以來，以迷信活動為掩護，組織反革命集團，先後發展「仙員」一百八十三人。一九六〇年九月正式成立了反革命組織「仙員國委會」，並制定了反革命綱領和發展反革命組織計劃，組織書寫反革命匿名信，惡毒的攻擊我黨和社會主義制度，攻擊三面紅旗，鼓吹單幹，破壞生產，毒害群眾，妄圖復辟資本主義，顛覆無產階級專政，反革命

氣焰極為囂張。

五、現行反革命犯明元章，男，三十歲，漢族，內蒙集寧市人，商人出身。因呼喊反動口號曾被拘留三次。

明犯思想反動透頂，對我黨懷有刻骨仇恨。一九六七年書寫反動日記一百九十餘篇。一九六九年連續投遞反革命匿名信十四封，惡毒攻擊社會主義制度和三面紅旗，誣衊誹謗無產階級司令部，極力吹捧叛徒，內奸，工賊劉少奇。明犯在押期間，拒不認罪，反革命氣焰仍很囂張，實屬死心踏地的反革命分子。

六、因姦殺人犯高二小，男，三十二歲，漢族，陝西省人。係內蒙達拉特旗生產小隊長。

高犯品質惡劣，道德敗壞。與本隊社員王義長之妻路二女通姦，為達結婚目的，伺機殺害王義長，事先派王到大隊油坊工作。在一九六八年一月十三日夜，高犯乘油坊工人熟睡之機，用炸藥將王義長炸死，並將同屋兩名工人炸傷。高犯為逃避罪責，唆使路犯報告假情，製造王自殺輿論。高、路二犯又予謀毒害高犯之妻，未逞。實屬手段殘忍，罪大惡極。

七、現行反革命犯張振興，男，三十五歲，回族，遼寧省人。系錫盟公安農場勞改犯。

張犯思想反動透頂，一九六〇年畫了內容極其惡毒的反動漫畫，並加有極為反動的註解，因而以現行反革命罪被判刑十年。張犯在勞改期間頑固堅持反動立場，於一九七〇年一月三十一日，又書寫反革命標語，惡毒攻擊我黨和社會主義制度，誣衊誹謗無產階級司令部，反革命氣焰極為囂張。張犯實屬死心踏地，罪大惡極的現行反革命分子。

八、反革命殺人犯王根順，男，四十七歲，漢族，內蒙豐鎮縣人，富農分子。其父係反革命分子。

王犯於一九四五年混入我區政府工作，一九四六年八月叛變投敵，在豐鎮縣當偽軍。自同年八月至一九四七年十一月，王犯勾結匪徒多次到後營，老虎溝、王家營村等地，搶劫民財，抓捕我方人員，並親手殺害我區、村幹部二名，參與殺害我村幹部二名。一九四八年十一月豐鎮縣解放後，王犯又親手殺害我區幹部一名，而後畏罪潛逃到察右後旗，改名換姓，偽造歷史，假報貧

農，混入我縣、社、隊貧協組織，竊據要職。在無產階級文化大革命運動中，拒絕群眾審查，蓄謀殺害我村幹部文王美龍，被揭發抓獲歸案。王犯在押期間，將同屋四名犯人打傷，越獄潛逃未逞，反革命氣焰極為囂張。王私血債累累，民憤極大，實屬死心踏地堅決與人民為敵的反革命殺人犯。

九、反革命殺人犯高成明，男，四十六歲，漢族，內蒙伊金霍洛旗人。曾當過偽軍。

高犯隱瞞歷史，拒絕群眾審查，對抗無產階級文化大革命。在一九六七年一月十七日，手持鐮刀窮凶極惡地行兇殺人，連續砍傷會計楊毛眼的女兒、女婿和母親，直將鐮刀把砍斷，又持另外一把鐮刀將生產隊長韓交其砍成重傷。高犯罪大惡極，反革命氣焰極為囂張。

十、現行反革命犯鍾崙，男，二十六歲，漢族，偽職員出身，湖南省人。係呼和浩特鐵路局勘測設計所測量工。

鍾犯思想反動透頂，極端仇視我黨和社會主義制度。經常偷聽敵臺廣播，散佈反革命言論。自一九六二年至一九六七年，鍾犯先後書寫了三十餘篇反動日記，極其惡毒地攻擊我黨和社會主義制度，攻擊無產階級文化大革命，極力吹捧叛徒、內奸、工賊劉少奇，為帝、修、反搖旗吶喊，妄圖叛國投敵。鍾犯在押期間，頑固地堅持反動立場，繼續猖狂地散佈反動言論，書寫反革命材料，反革命氣焰極為囂張。

十一、現行反革命叛國犯王鳳岐，男，四十七歲，漢族，內蒙杭錦後旗人，偽職員出身。系國民黨三青團員，中統特務、右派分子。

王犯思想反動透頂，一九五八年被定為右派分子，在被監督勞動中，不服改造，頑固堅持反動立場，書寫反動標語，被判刑二十年。在勞改期間，仍拒絕改造，定策劃犯人外逃。一九六九年一月十二日王犯越獄叛國投修，被我追捕歸案。實屬死心踏地的反革命分子。

十二、現行反革命分子敖斯爾，男，四十六歲，蒙古族，內蒙阿巴哈納爾旗人。曾當過偽祕書。

敖犯思想極端反動，仇視無產階級文化大革命，抗拒群眾審查，一九六九年六、七月間，多次瘋狂地當眾呼喊反革命口號。在反省期間，又多次到處書寫反動標語，以寫檢查為名，書寫反革命材料，惡毒地污衊無產階級司令部，

極力吹捧蒙修和蔣匪，反革命氣焰極為囂張。

十三、現行反革命殺人犯李德虎，男，四十七歲，漢族，內蒙固陽縣人。曾參加過軍統別動軍。

李犯長期堅持反動立場，隱瞞反革命歷史。在無產階級文化大革命運動中，拒絕群眾審查，蓄謀報復殺人。於一九六九年二月一日晚，縣工作組李昌，軍宣隊田作功等三人向李犯交代政策時，李犯用鐵瓢將李、田二人砍傷。李犯在被群眾看管期間，於同年五月一日晨，用鐵爐圈將管理員郭明生和群眾專政對象白相廷打死，並將看管人員鄭忠旦打傷。當群眾捕獲時，李犯手持兇器拒捕，實屬窮凶極惡的反革命殺人犯。

十四、殺人犯李榮生，男，三十九歲，漢族，遼寧省昭盟克旗人。

李犯一九五七年與牟桂蘭結婚，長期懷疑牟作風不好，即懷恨在心，產生殺人之念。於一九六八年六月八日夜，乘牟熟睡之機，用菜刀將牟活活砍死。被捕後拒不認罪。李犯行兇殺人，手段極為殘忍，實屬罪大惡極。

十五、現行反革命犯朱維柱，男，四十六歲，漢族，內蒙包頭市人，地主分子。

朱犯思想反動透頂，拒不接受群眾監督改造，極端仇視我黨和社會主義制度，於一九七〇年二月四日有極其惡毒的手段攻擊無產階級司令部。二月十三日又用同樣手段在大街上明目張膽地進行反革命破壞活動，反革命氣焰極為囂張，實屬死心踏地的反革命分子。

十六、現行反革命犯石澤漫，男，五十二歲，漢族，遼寧省昭盟克旗人，偽官吏出身。曾充當日偽上尉所長，蔣匪營長，少校大隊長，軍統特務情報員。

石犯解放後隱瞞罪惡歷史，混入我張家口鐵路局工作，應造謠惑眾被開除，勞動教養。釋放後流竄內蒙落戶，仍頑固堅持反動立場，散佈反動言論，敵視社會主義制度。一九七〇年二月多次惡毒誣衊無產階級司令部，極力吹捧人民公敵蔣介石。石犯在押期間，拒不認罪，實屬死心踏地的反革命分子。

十七、現行反革命犯斯楞，男，二十六歲，蒙族，遼寧省昭盟克旗人。係錫盟寶力格公社代課教員。

斯犯思想極端反動，一九五九年以來，經常閱讀反動書籍，偷聽敵臺廣播，積極串連，預謀建立反黨叛國的反革命組織，親手擬定了反革命組織綱

領，制度和紀律。書寫反動日記，惡毒污衊無產階級司令部，攻擊我黨的政策和社會主義制度，反革命氣焰極為囂張。

十八、殺人犯郝玉林，男，五十三歲，漢族，內蒙臨河縣人。

郝犯品質惡劣，道德敗壞，一九六九年八月與本村社員王正和之妻高桂花通姦，為達到和高結婚之目的，伺機殺害王正和。於一九七〇年一月三十一日晚，郝犯趁王到飼養室途中，將王突然按倒在地，用麻繩將王正和活活勒死。當即被群眾抓獲歸案，實屬罪大惡極。

十九、現行反革命犯曾廣雲，男，五十一歲，漢族，福建省人，土匪出身。因土匪罪惡被判處死刑，緩期二年，一九五四年改判十五年。

曾犯思想反動透頂，在勞改期間，連續書寫反動標語，呼喊反動口號，極其惡毒的污衊無產階級司令部，攻擊社會主義制度，謾罵管教幹部，行兇打人，反革命氣焰極為囂張。

二十、現行反革命犯李德海，男，二十八歲，蒙族，遼寧省人，富農出身。一九六〇年流竄到內蒙磴口縣混入化工廠工作。

李犯思想極端反動，仇視社會主義制度。在無產階級文化大革命運動中，祕密串連，策劃組織反革命集團。一九六八年三月九日書寫，散發反革命傳單，惡毒污衊無產階級司令部，妄圖顛覆無產階級專政。李犯在押期間，頑固堅持反動立場，又多次公開呼喊反革命口號，煽動犯人「暴動」，反革命氣焰極為囂張。

二十一、現行反革命，行兇殺人犯郭俊士，男，二十五歲，漢族，陝西省人。係內蒙五原縣民族公社完小教員。

郭犯一九六八年十一月與貧農女兒賈秀花結婚，因賈患病常住娘家，郭犯不但不同情，反而懷恨在心，於一九六九年十二月十九日下午四時許，用鎬頭將賈秀花活活砍死。郭犯在押期間，拒不認罪，大肆散佈反動言論，呼喊反動口號，積其惡毒地污衊無產階級司令部，攻擊社會主義制度。郭犯罪大惡極，反革命氣焰極為囂張。

52.呼和浩特軍民慶祝偉大的中華人民共和國成立二十一周年籌備工作方案（1970.09.15）

最高指示

領導我們事業的核心力量是中國共產黨。

領導我們思想的理論基礎是馬克思列寧主義。

偉大領袖毛主席親自創建的中華人民共和國誕生二十一周年的大喜日子就要到來了。呼市各族人民，在偉大領袖毛主席和黨中央的親切關懷下，現在中共中央「一二·一九」決定的光輝指引下，在北京軍區「前指」的正確領導下，在中國人民解放軍的大力支持和幫助下，高舉毛澤東思想偉大紅旗，突出無產階級政治，意氣風發，團結戰鬥，在軍管半年多的時間裡，形勢發生了巨大的變化。形勢大好，越來越好。在這大好形勢下，全市各族人民，要更高地舉起毛澤東思想偉大紅旗，堅決貫徹落實黨的九屆二中全會的精神，努力活學活用毛澤東思想，認真搞好鬥、批、改，以「**抓革命，促生產，促工作，促戰備**」的優異成績迎接中華人民共和國成立二十一周年。用新的勝利，迎接第四屆全國人民代表大會的召開。為了隆重的慶祝建國二十一周年，提出如下慶祝方案：

一、搞好節日宣傳活動：宣傳活動和慶祝活動總的指揮思想是：高舉黨的「九大」團結勝利的旗幟，以戰備為綱，深入宣傳、堅決落實黨的九屆二中全會精神，宣傳國際，國內大好形勢，宣傳全市各族人民深入貫徹毛主席親自批示的中共中央「一二·一九」決定以來的新勝利；宣傳偉大的、戰無不勝的毛澤東思想在全市人民中空前大普及，空前深入人心的新局面，深入貫徹內蒙、呼市活學活用毛澤東思想積極分子代表大會的精神，把活學活用毛澤東思想的群眾運動推向新的高潮；宣傳全市各族人民在毛主席的「**備戰、備荒、為人民**」的偉大戰略方針指引下，緊密地團結在以毛主席為首林副主席為副的黨中

央周圍，以無產階級的革命英雄氣概，抓革命，促生產，促工作，促戰備，鼓足幹勁，力爭上游，多快好省地建設社會主義，在各條挑戰線上取得新的成就。

各單位要組織群眾認真學習黨的九屆二中全會公報，並充分利用各種宣傳工具，廣泛進行宣傳。各專業、業餘毛澤東思想宣傳隊要緊跟形勢，深入工廠、農村、街頭進行宣傳演出。

通過宣傳，進一步提高廣大人民群眾的階級鬥爭覺悟和兩條路線鬥爭覺悟，更加激發廣大勞動人民的革命積極性和創造性，掀起一個偉大的社會主義革命和社會主義建設的新高潮。

二、慶祝活動：

1、十月一日上午十時整，在新華廣場舉行呼和浩特軍民慶祝「偉大的中華人民共和國成立二十一周年大會」。參加大會與遊行群眾定為十五萬人，四萬餘人參加遊行，十萬餘人留場歡呼。遊行隊伍的順序，人數和組織單位是：

順序	隊名	人數	組織單位
1	前衛隊	3000	籌備辦公室
2	中國人民解放軍	1500	內蒙古軍區、呼市「前指」
3	民兵	3000	呼市警備區
4	工人	14000	
	其中：工業	9000	市工業局
	鐵路	1000	呼鐵局
	交通建築	2250	市城交局（包括郵電）華建
	手工業	1500	市手工業局
5	農民	2000	呼市郊區革委會、貧代會
6	財貿	3000	市商業局、財糧局
7	紅小兵	2750	市內三個區
8	紅衛兵、中學生	9000	市文教局、紅代會
9	革命幹部	1000	內蒙古自治區一室三部、市革委會政治部
10	衛生	500	呼市、內蒙衛生局
11	文藝	1000	市文教局
12	體育	750	內蒙體委軍事接管委員會

　　各單位參加遊行的隊伍要抓緊時間迅速組織訓練，各大隊都要搞出方案，交國慶籌備辦公室審批，遊行隊伍一定要體現出各族人民嶄新的精神面貌。

　　2、十月一日晚七時在新華廣場舉行聯歡和篝火晚會（聯歡活動由市文教局負責組織，方案另發）。

　　3、內蒙體委軍事接管委員會和市體委軍事接管小組要組織各種體育活動。十月一、二兩日人民公園免費開放。

　　三、搞好節日氣氛和供應工作

　　1、搞好節日氣氛。在前幾次整飾市容的基礎上，有進一步整飾市容。各單位掛的毛主席像一定要位置適當，形象準確，有礙偉大領袖毛主席光輝形象的要請下來，各級革委會要認真做好此項工作；毛主席語錄牌，褪色的要一律更換；革命大批判專欄要進行整飾，更新內容；過去沒有洗刷乾淨的派性標語殘跡和陳舊的大字標語要一律洗刷掉，各單位都要把自己周圍的環境搞好，今後張貼大字標語要字大（每張只寫一個字）醒目，位置適當，莊嚴整齊。各商店的櫥窗也要進行整飾，要突出政治。有條件的單位要製作過街橫聯，把全市的政治氣氛搞得濃濃的。

　　2、大搞秋季愛國衛生運動，乾乾淨淨迎接國慶。各單位要發動群眾徹底搞一次衛生大清掃，把堆積的垃圾全部清除乾淨，特別是街道兩旁，公共場所的衛生，更要搞好，這一工作衛生部門要組織力量進行檢查。

　　3、商業部門要組織好貨源，保證節日的供應工作，進一步改進服務態度，提高服務質量。市場管理部門要整頓市場，加強管理，各類攤販一律不准在通衢要道兩旁銷售，馬路兩旁的人行道上一律不准堆積蔬菜，副食品，水果商店在門前售貨必須設架搭棚，保證食品衛生，保證市容整潔，保證交通安全。

　　上述各項工作務必在九月二十八日以前完成。

　　四、加強節日的保衛工作。在節日前要結合國慶宣傳教育活動，進行保密、保衛工作的教育，整頓城市交通秩序，嚴防階級敵人的破壞和搗亂。各單位要健全和加強保衛組織，嚴格制度，指定專人做好國慶節的安全保衛工作。（保衛工作方案由市公安機關軍管會制定）

　　五、各單位都要堅決貫徹執行毛主席關於「**要進一步節約鬧革命**」的偉大指示，本著少花錢多辦事，不花錢也辦事的精神，搞好國慶活動，一定要嚴格

財務制度，防止鋪張浪費。

六、組織領導：

在北京軍區「前指」的領導下，由內蒙古自治區辦公室關超同志、政治部曹持成同志、生建部之伯皋同志、人保部馬振聲同志，內蒙古軍區陳子萍同志，內蒙生產建設兵團李光前同志，呼市「前指」邵名澤同志，呼市革委會劉傳芝同志，呼市警備區袁德錄同志，呼鐵局軍管會李吉甫同志組成「呼和浩特軍民慶祝偉大的中華人民共和國成立二十一周年」籌備領導小組，具體籌備、組織工作由呼市「前指」負責，設籌備辦公室，處理日常工作。辦公室由曲振東、呂志誠同志負責。各遊行大隊、各口、各區要由領導同志負責組成三至五人的專門班子，各單位也要有專人負責，搞好今年「國慶」的各項工作。

呼和浩特軍民慶祝偉大的中華人民
共和國成立二十一周年籌備辦公室
一九七〇年九月十五日

參加大會人數分配表

單位	遊行人數	留場人數	備註
工業	9000	12000	
手工業	1500	4000	
城交、華建	2250	5000	包括郵電
物資		300	
文教	10000	10000	包括文藝大隊1000人
衛生	500		包括內蒙衛生系統
商業	2500	3500	
財糧	500	1000	
民勞		300	
東風區	750	15000	紅小兵參加遊行
向陽區	1000	15000	紅小兵參加遊行
紅旗區	1000	15000	紅小兵參加遊行
郊區	2000	2000	

市革委機關	250	300	
內蒙一室三部機關	250		
呼鐵局	1000	1000	
河西公司	250		
大學口	500	1000	
內蒙電管局		1000	
內蒙直屬單位		10000	
內蒙生產建設兵團	500	1000	由內蒙一室三部分別組織

53.公開信二（1970.12.06）

最高指示

　　人民靠我們去組織。中國的反動分子，靠我們組織起來人民去把他打倒。凡是反動的東西，你不打，他就不倒。

　　人民得到的權利，絕不允許輕易喪失，必須用戰鬥來保衛。

工人、貧下中農（牧）、紅衛兵小將、革命幹部、革命的知識分子、革命的同志們：

　　在以毛主席為首、林副主席為副的黨中央的親切關懷下，在中共中央「一二・一九」決定的光輝照耀下，在北京軍區和呼市兩級「前指」的正確領導下，我市各族革命人民，認真貫徹執行黨的九屆二中全會提出的各項戰鬥任務，活學活用毛主席的光輝哲學思想的群眾運動深入發展，鬥、批、改運動不斷取得新的成就，「一打三反」的群眾運動正在深入進行，整建黨工作已全面展開，偉大的社會主義革命和社會主義建設的新高潮正在蓬勃發展。形勢大好，越來越好。

　　但是，「**一切反動勢力在他們即將滅亡的時候，總是要進行垂死掙扎的。**」一小撮階級敵人大肆進行貪污、盜竊、投機倒把和流氓犯罪活動；破壞毛主席關於「**知識青年到農村去**」的偉大戰略部署，拉攏青少年犯罪；反革命翻案活動又有抬頭。為了鞏固無產階級專政，繼續有力地打擊一小撮破壞社會主義革命和社會主義建設、妄圖復辟資本主義的反革命分子，保衛無產階級文化大革命的偉大成果，發展革命大好形勢，我軍管會根據呼市「前指」的指示，將在最近公開宣判一批現行反革命份子和刑事犯罪分子，現將盧白白等二十二名罪犯的罪行材料發給你，請各級革委會及軍管會（組）接此《公開信》後，立即認真組織廣大革命群眾充分進行討論和批判，並將討論情況和對罪犯的處理意見告知我們。

此《公開信》不准張貼，未經許可不准廣播。用後由各單位如數銷毀。

中國人民解放軍呼和浩特市公安機關軍事管制委員會

一九七〇年十二月六日

現行反革命犯盧白白，男，三十一歲，漢族，內蒙古呼市郊區人。一九五八年六月因盜竊罪被判刑二年半；一九六三年六月因巫神活動被判刑二年，後加刑一年，一九六六年五月刑滿釋放戴壞分子帽子，交群眾監督改造。

盧犯雖經政府兩次判刑改造，仍持惡不改，繼續堅持反革命立場，於一九六九年春又在本村、鄰村、集寧等地大搞巫神活動，詐騙民財，毒害群眾；更為嚴重的是，在巫神活動中，大肆散佈反革命言論，惡毒地攻擊無產階級司令部和無產階級文化大革命運動；還利用吃喝、介紹對象、磕頭結拜等手段，拉攏腐蝕青年。盧犯於一九六七年至一九六八年流竄市內盜竊自行車三輛。在押受審中，拒不供認反革命罪行。

現行反革命犯王士傑，男，二十幾歲，家庭出生資本家，內蒙古呼市人。其父係偽保長。

王犯思想反動，一九六年八月，書寫反動標語，經教育，仍頑固堅持反革命立場，竟於一九七〇年九月二十四日，連續六次呼喊反革命口號。拘押審訊期間，在黨的政策感召下，能共認其罪行。

殺人集團首犯任富貴，男，二十一歲，漢族，河北省懷安縣人。

同案犯賈存柱，男，十三歲，漢族，內蒙古豐鎮市人。

同案犯宋蒙俊，男，十三歲，漢族，山西省忻縣人。

上列三犯，一貫偷盜，雖經政府多次教育，仍以流竄偷盜為生。一九七〇年四月十二日上午，以任犯為首，夥同賈犯、宋犯等人將一少年騙至呼市車站西場，進行毆打，並搶走了衣物。當晚十時許，受害者在呼市長途公共汽車站找到任犯，索要其衣物。任犯對此不滿，即起圖財害命之意，偕同賈、宋二犯將其騙至公主府大西廟小河畔的樹林內，任犯首先將其按倒，雙手卡住脖子，賈犯按腿，宋犯按胳膊，卡至昏迷，任犯怕受害者復活，而後在其嘴內塞土致死。三犯扒走衣物，掩埋屍體，畏罪逃跑，罪行嚴重，後被我公安機關追捕歸

案。在押審訊中，能認罪。

現行反革命犯李連枝，又名李世傑，男，四十二歲，漢族，山西省長子縣人。其舅父常文魁因反革命罪被我政府鎮壓。

李犯思想一貫反動，敵視社會主義制度，對黨的政策不滿。一九六九年春，竟然當眾裝扮《收租院》中受地主殘酷壓榨的「老貧農」，惡毒攻擊誣衊社會主義制度和黨的政策，攻擊紅色政權——革命委員會。更為嚴重的是，李犯在一九六七年至一九六九年期間，竟多次當眾以講古舊黃色書為手段，含沙射影地惡毒攻擊、誣衊無產階級司令部，並公然為修正主義、民族分裂主義分子烏蘭夫翻案。

盜竊犯張成通，男，十八歲，漢族，河北省新河縣人。

張犯自一九六七年以來，勾結社會上的盜竊分子先後在內蒙古醫院，人民商店，東方紅電影院、新華書店等處，進行盜竊、偷竊活動，作案二十餘次，竊得人民幣200餘元，布票32尺及其他票證，還盜竊軍服，家禽等，折合人民幣100餘元。一九七〇年四月被我公安機關軍管會多次審查教育後，仍惡習不改，又偷竊作案八次，竊得人民幣48元，布票25尺。

反革命流氓搶劫犯胡叔達，男，二十二歲，漢族，河北省獻縣人。其父胡超眾係歷史反革命份子，一九六四年因現行反革命罪和流氓罪被逮捕，後遣送原籍監督改造。

胡犯思想反動，對其父被紅衛兵抄、鬥、趕極為不滿，妄圖舉行反革命階級報復，並多次在信件中大肆散佈反革命言論，對社會主義制度和無產階級文化大革命懷有刻骨仇恨。胡犯以革命為目的，以資產階級腐朽糜爛思想拉攏、腐蝕青少年，教唆他們偷竊犯罪，從中分贓；並以各種卑鄙手段姦污少女一名，猥褻少女兩名。一九六九年以來勾結流氓盜竊分子，冒充「群專」工作人員、身帶匕首、鋼鞭、活動與火車站、公園等公共場所，搶劫財物，嚴重破壞了革命秩序。拘押受審中態度惡劣。拒不認罪。

盜竊犯張巨川，男，十九歲，漢族，山西省原平縣人。

張犯資產階級思想嚴重，自一九六八年十二月以來，與社會上的盜竊分子相勾結，大肆進行盜竊活動，在火車站、二毛、內蒙大學等處盜竊自行車五輛、各種衣物十六件；一九六九年十一月至一九七〇年三月，兩次盜竊錫林路

菜市場人民幣180多元、糧票811斤、油票54斤、布票15尺、轉帳支票18張及電池、肥皂等物品。此外還盜竊紅旗區革委會、南馬路小學等單位棉被兩床、被裡兩塊、手搖唱機、電唱機、油印機各一臺及日光燈、手電筒、唱片等。還將盜竊來的自行車銷贓後又盜回。被拘押後，在事實面前拒不認罪，態度惡劣。

投機倒把、貪污盜竊犯秦紹禹又名秦毓英，男，五十三歲，漢族，家庭出身地主，內蒙古和林縣人。解放前曾在國民黨黃埔軍校受訓並加入國民黨和特務組織「復興社」，畢業後充任反動軍官，積極為蔣匪效力，依仗權勢指使其弟秦高室殺害長工祁德如；命令部下傷害我八路軍和無辜百姓各一名。一九五二年曾因販賣毒品罪被判刑四年。

秦犯任外貿處辦事員以來，借職務之便大肆進行投機倒把、貪污盜竊活動。一九六一年以來，勾結原江蘇省武進縣魏村公社眼鏡廠反革命投機倒把犯高士法等人，倒賣國家統一調撥物資水晶石，從中秦犯牟取暴利1776.25元，同時又索取魏村公社眼鏡廠匯款470元，眼睛26付（出售值611元）；一九六二年以其為首結成集團，倒賣國家統一調撥化肥20噸，又夥盜一噸半，從中牟取暴利527.43元。秦犯上述罪惡活動。共計牟取暴利3380餘元。在押受審中，狡辯抵賴，認罪態度惡劣。

盜竊犯李春，男，十六歲，漢族，河北省豐潤縣人。

盜竊犯牛鳳雲，男，二十歲，漢族，河北省獲鹿縣人，係下鄉知識青年。

李犯一九七〇年以來，在紅色劇場、東方紅照相館等處自盜自行車四輛，夥同牛犯等人在文化局又盜竊自行車一輛。七、八月份，又夥同牛犯本人先後在車站百貨大樓、人民商店等處、偷盜商店小商品數十件，折價100餘元。二犯在押受審中能坦白交代罪行。

現行反革命犯段順奎，男，十九歲，漢族，家庭出身地主，內蒙清水河縣人。

段犯在其反動家庭的影響下，頑固堅持反動立場，公開散佈反動言論，謾罵我政府工作人員，打架鬥毆。更為嚴重的是，一九七〇年七月十六日，竟在光天化日之下呼喊反革命口號，惡毒攻擊無產階級司令部。

偷竊犯王慶元，男，三十四歲，漢族，山東省濟南市人。一九六二年因偷

竊被勞動教養兩年。

王犯解除勞教留廠就業中，惡習不改，從一九六七年十月至一九六八年期間，先後流竄於北京、大同、呼市、蘭州、五原等十餘個市、縣，進行偷竊犯罪活動，作案三十餘次，竊得人民幣800餘元、手錶一塊、自行車一輛，糧票500餘斤、布票60餘尺、工業卷40餘個。此外，還與社會上女流氓相勾結，進行流氓活動。在押受審中，尚能交代罪行。

行兇打人犯崔來慶，男人，三十五歲，漢族，呼市郊區人，其父崔鐵中系國民黨諜報員。

崔犯一貫道德敗壞，流氓成性。一九六八年七月對XXX之女多次姦污，威逼結婚，遭到拒絕後懷恨在心。一九七〇年六月二十四日下午，崔犯乘XXX在倉庫稱糧之機，尋機報復，發生爭吵，之後崔犯手持鋤頭行兇，將XXX頭部連擊數下，將鋤柄打成三節，致使XXX頭部多處受傷，打掉門牙四顆，休克三十多小時，造成嚴重腦震盪，雖經兩個多月治療，但已造成嚴重後遺症。

偽造公章、投機倒把犯樊存厚，化名郭開文、劉守義，男，三十歲，漢族，家庭出身地主，內蒙古托縣人。其父樊凱旺系惡霸地主，為保長，於一九五〇年畏罪自殺。

樊犯好逸惡勞，不務正業，從一九五八年以來，先後流竄於呼市、包頭、太原、銀川等十餘個地區，與流氓盜竊、投機倒把分子相勾結，進行犯罪活動，被我政府抓獲教育多次，仍不悔改，繼續作案。嚴重的是複製公章印模六種，盜竊、偽造介紹信十餘張，到處造謠撞騙進行盜竊、投機倒把罪惡活動，倒賣布票千餘尺，糧票一千五百餘斤，煙葉、瓜子各一百餘斤及其它商品、票證、共計牟取暴利六百餘元。在押受審中，拒不認罪。

流氓偷竊犯李天明，男，二十四歲，漢族，河北省河間市人民。

李犯流氓偷竊成性，曾在上學期間受過處分，一九五九年被公安機關拘留教育，一九六四年被開除廠籍，一九七〇年被隔離。更為嚴重的是，糾集社會上的流氓盜竊分子，以其家為據點，大肆盜竊、銷贓、夥同他犯盜竊銷贓自行車一輛，將一名正被我追捕的盜竊犯白六十七帶領潛逃。僅一九七〇年五至七月期間，偷竊作案八起，竊得現款150元及各種票證等。李犯並經常出沒於公共場所追逐婦女、大搞流氓活動，與多人亂搞兩性關係，實屬屢教不改的流氓

偷竊分子。

盜竊犯賈長雲，化名牛文義，宗剛，男，三十二歲，漢族，家庭出身地主，山西省大同市人。一九六一年曾因盜竊罪被判刑四年，後戴壞分子帽子送原籍監督改造。

賈犯抗拒監改，從一九六八年以來更名改姓先後流竄於集寧、大同、呼市等地，作案三十餘次，竊得人民幣300餘元、自行車兩輛，手錶兩塊，毛毯、毛料等大量衣物。更為重要的是，在拘留審查中，於一九六九年十月潛逃，流竄於包蘭鐵路沿線繼續作案二十餘次，偷盜大量現金、衣物。一九七〇年十月被抓獲歸案。在押審訊中，態度惡劣，拒不認罪。

流氓偷竊犯吳翠英，女，蒙族，黑龍江省寧安縣人。其父因強姦生女罪被叛刑二十年。

吳犯資產階級思想嚴重，道德品質敗壞，流氓成性，雖經多次教育和兩次拘留，群眾專政，仍惡習不改，勾結社會上的流氓盜竊分子進行流氓偷竊活動。僅從一九六七年七月至一九七〇年四月期間，流竄行竊賣淫，與十多人亂搞男女關係，偷去人民幣180多元及各類票證。實屬屢教不改的流氓偷竊分子。

汽車肇事犯王輯國，男，四十歲，漢族，家庭出身富農，遼寧開原縣人。捕前係內蒙古送變電工程處司機。

王犯一九七〇年七月九日駕駛載重大卡車從吉林出發，途經涼城時，酗酒後行車，於當日下午5時許行至呼涼公路20公里處，將車翻倒在公路旁溝內，造成乘車四人死亡、三人重傷、二人輕傷的嚴重人身傷亡事故。

貪污犯任懷文，男，三十八歲，漢族，河北省平山縣人。其母喬花朵因反革命罪於一九四三年被我政府鎮壓。

任犯隱瞞家庭罪惡歷史混入革命隊伍後，利用職權，勾結商販，抬高收購價格，洩露國家經濟祕密，破壞社會主義經濟，多次受處分。但惡習不改，自一九六八年以來，借職之便，合夥盜竊，投機倒把國家統購統銷的豬鬃九十餘斤和皮衣、眼鏡等物品，牟取暴利2213.19元、布票10餘尺。任犯在押期間狡猾抵賴，態度很不老實。

破壞知識青年上山下鄉犯李寶辰，男，30歲，漢族，河北省鹽山縣人，捕前係本市五塔寺東街小學教員。

　　李犯自一九七〇年六月以來，向學生散佈對上山下鄉的不滿言論，用許願的手段，煽動學生對抗毛主席關於「**知識青年到農村去**」的偉大號召，破壞了毛主席的偉大戰略部署。李犯並以各種卑鄙手段對學生進行流氓犯罪活動，多次對一名女學生進行姦污。

群眾討論處理意見、批判情況表

1970年12月6日

討論單位			參加討論人數			參加批判人數			場次	
罪犯姓名	處理意見						批鬥罪犯情況			
	處理意見	人數	處理意見	人數	處理意見	人數	參加單位數	場次	人次	
盧白白										
王士傑										
任富貴										
賈存桂										
宋蒙俊										
李連枝										
張成通										
胡叔達										
張巨川										
泰紹禹										
李春										
牛風雲										
段順奎										
王慶元										
崔來慶										
樊存厚										
李天明										
賈長雲										
吳翠英										
王輯國										

任懷文									
李寶辰									

說明：此表由各系統、各口統計報我軍管會；一次批鬥數犯，只填寫主要批鬥犯罪欄內，其他犯罪只
　　　劃同上標記。

54.鎮壓反革命公判大會標語口號（1971.06.26）

1 堅決貫徹落實偉大領袖毛主席親自批示「照辦」的中共中央三、五、六號文件！

2 堅決執行偉大領袖毛主席和林副主席親自批准的中共中央關於解決內蒙問題的決定！

3 堅決打擊反革命破壞活動！堅決鎮壓現行反革命！堅決打擊帝、修、反的「別動隊」！

4 堅決清查「五・一六」反革命陰謀集團！

5 堅決鎮壓美，蔣特務！

6 堅決鎮壓蘇、蒙修特務！

7 加強無產階級專政，堅決打擊一小撮階級敵人！

8 對於各種壞分子堅決實行無產階級專政！

9 堅決打擊貪污盜竊，投機倒把分子！

10 坦白從寬，抗拒從嚴！

11 打倒劉少奇！打倒烏蘭夫！

12 打倒美帝，打倒蘇修！打倒各國反動派！

13 無產階級專政萬歲！

14 團結起來，共同對敵！

15 團結起來，爭取更大的勝利！

16 提高警惕，保衛祖國！要準備打仗！

17 高舉毛澤東思想偉大紅旗，繼續完成黨的「九大」提出的各項戰鬥任務！

18 批修正風，深入進行思想和政治路線方面的教育！

19 搞好鬥、批、改，進一步鞏固和加強無產階級專政！

20 認真學習馬克思主義，列寧主義，毛澤東思想！繼續開展活學活用毛澤東著作的群眾運動！

21 偉大的，光榮的，正確的中國共產黨萬歲！

22 戰無不勝的毛澤東思想萬歲！

23 毛主席的無產階級革命路線勝利萬歲！

24 偉大的領袖毛主席萬歲！萬歲！萬萬歲！

中國人民解放軍托縣公安軍管組

一九七一年六月二十六日

55.公開信三（1971.09.07）

毛主席語錄

　　堅決地將一切反革命分子鎮壓下去，而使我們的革命專政大大地鞏固起來，以便將革命進行到底，達到建設偉大的社會主義國家的目的。

　　為了維護社會秩序和廣大人民的利益，對於那些盜竊犯、詐騙犯、殺人放火犯、流氓集團和各種嚴重破壞社會秩序的壞分子，也必須實行專政。

工人、貧下中農（牧）、紅衛兵小將、革命幹部、革命的知識分子、革命的同志們：

　　在黨的「九大」團結勝利路線的指引下，在內蒙，呼市兩級前指、二級黨委的正確領導下，我市各族革命人民，遵照毛主席「**認真看書學習，弄通馬克思主義**」的偉大教導，認真讀馬、列的書，讀毛主席的著作，深入開展批修整風，進行黨的基本路線教育，大大的提高了階級鬥爭、路線鬥爭和繼續革命的覺悟，增強了識別真假馬克思主義的能力，提高了執行和捍衛毛主席革命路線的自覺性，推動了鬥、批、改和「一打三反」運動的不斷深入，促進了工農業生產飛躍發展。無產階級專政更加鞏固。形勢一派大好，越來越好。

　　毛主席教導我們：「**我們已經取得了偉大的勝利。但是，失敗的階級還要掙扎。這些人還在，這個階級還在。所以，我們不能說最後的勝利。幾十年都不能說這個話，不能喪失警惕。**」一小撮階級敵人，決不甘心他們的失敗。他們採取各種手段搞反革命陰謀活動，抗拒改造，伺機翻案；行兇殺人，進行階級報復；煽動極「左」思潮，對抗「一打三反」運動；拉攏教唆青少年犯罪，擾亂社會治安。妄圖破壞「**抓革命，促生產，促工作，促戰備**」的順利進行，顛覆無產階級專政，復辟他們失去的天堂。他們的陰謀是永遠不會得逞的。

　　為了加強無產階級專政，堅決打擊一小撮階級敵人的破壞活動，根據市委指示，我們將再公判一批現行反革命分子和嚴重破壞社會秩序的刑事犯罪

分子。現將張雲根等二十一名罪犯的罪行材料發給你們，請各級黨組織，革委會，認真組織廣大革命群眾進行討論，聯繫本單位階級鬥爭的新動向，結合黨的基本路線教育，狠批他們的罪行，並提出處理意見。請各局、區、縣（旗）彙集討論情況，於九月十五日十八時前告知我們。

「**金猴奮起千鈞棒，玉宇澄清萬里埃。**」全市各族革命人民要立即行動起來，緊跟毛主席的偉大戰略部署，堅決完成黨的「九大」和九屆一中、二中全會提出的各項戰鬥任務，繼續深入「一打三反」運動，徹底清查「五‧一六」反革命陰謀集團。不斷掀起大檢舉、大揭發、大清查、大批判的新高潮，打一場圍殲反革命和各種刑事犯罪分子的人民戰爭，為進一步加強無產階級專政，誓把呼市地區建設成為反侵略戰爭的鋼鐵陣地而奮鬥。

（附：張雲根等二十一名罪犯的材料）。

此材料只發內部討論，不准張貼。

呼和浩特市革命委員會人民保衛部
中國人民解放軍呼和浩特市公安機關軍事管制委員會
一九七一年九月七日

現行反革命犯張雲根，男，五十一歲，漢族，本人成分兵痞，江蘇省蘇州市人。一九五四年因土匪罪判刑六年。一九六〇年元月刑滿就業戴反革命分子帽子；同年八月因散佈反動言論又勞教四年，一九六四年八月解除勞教，留廠就業。

張犯思想一貫反動，就業期間仍頑固堅持反動立場，抗拒改造。在無產階級文化大革命運動中，多次散佈反動言論，惡毒攻擊無產階級司令部和社會主義制度，誣衊中國人民解放軍，為叛徒、內奸、工賊劉少奇及其在內蒙的代理人烏蘭夫鳴冤叫屈，為蔣匪歌功頌德。

現行反革命犯劉志民，男，二十六歲，漢族，家庭出身惡霸地主，上海市人。其父一九四七年被我鎮壓，其叔父現在臺灣。

現行反革命犯楊福林，男，二十五歲，漢族，上海市人。其父珠寶商人，解放前逃往香港。其母地主出身，思想反動。其兄因反革命罪於一九六一年判

處管制三年。

現行反革命犯陳煥本，男，三十歲，漢族，廣東省南海縣人。一九六七年因強姦罪判刑七年。其父在國外為「環球馬戲團」老闆（已死）。

現行反革命犯戚耀勝，男，二十八歲，漢族，上海市人。其兄因反革命罪於一九六四年判刑五年。

同案犯史光顯，男，二十八歲，漢族，遼寧省法庫縣人。

同案犯曹春生，女，二十歲，漢族，山東省梁山縣人。

劉、楊、陳、戚等犯思想反動。一九六五年以來糾合在一起，進行反革命活動。經常收聽敵臺廣播，散佈反動言論，惡毒攻擊無產階級司令部和無產階級文化大革命，誣衊社會主義制，不恥吹捧帝、修、反，妄圖組織反革命集團，積極策劃外逃投敵。

此外，劉狂還書寫反動日記。積極參加策劃外逃，妄圖發展反革命組織。一九六七年劉、陳二犯，在陳的家竟用汽槍瞄準射擊，進行反革命活動。反革命氣焰囂張，罪行嚴重。

楊犯還在一九六六年九月書寫反動信件，攻擊社會主義制度。一九六九年元月勾結曹春生，冒充「群專」工作人員，詐騙現款3800餘元，糧票340餘斤，半導體收音機一台，作為判國的資金。罪行嚴重。

陳犯六七年在其家與劉犯竟用汽槍瞄準射擊，進行反革命活動。罪行嚴重。

戚犯還拍照反動照片，寫反動日記，攻擊社會主義制度和無產階級司令部。罪行嚴重，認罪態度較好。

史犯受資產階級思想侵蝕嚴重，對現實不滿，與上列四犯勾結在一起，進行了一些反革命活動。罪行較輕，認罪態度好。

曹犯被楊犯拉下水，對楊犯罪行不檢舉、不揭發，還隨同進行政治詐騙活動。在押受審中能積極檢舉，揭發，有悔改表現。

現行反革命犯李關，男，三十二歲，漢族，山西省渾源縣人。一九六二年因詐騙罪判刑五年。

現行反革命犯李維山，男，三十二歲，回族，呼和浩特市人。一九五八年因貪污和亂搞男女關係罪判刑兩年半。

上列二犯刑滿釋放後，對現實不滿，思想反動，於一九六七年底相勾結，多次預謀塗寫反革命標語，搶奪中國人民解放軍和公安人員的槍支，企圖外逃，叛國投敵。更為反動的是，於一九六八年元月二日下午四時許，李犯糾合李維山，書寫了惡毒攻擊無產階級司令部和我黨的反革命傳單十餘張，當晚九時許，在本市工人文化宮、工代會、呼市毛織廠、紅色劇場等處散發。

罪犯李關，勾引數人，企圖預謀組織反革命集團，妄圖顛覆無產階級專政；還道德敗壞，品質惡劣，於一九六八年六月以搞對象為名，將一名女青年騙姦致孕。後女方知李犯係勞改釋放犯，提出拒絕，李犯便懷恨在心，企圖行兇報復。在押受審中，態度惡劣，狡猾抵賴，散佈反動言論，攻擊無產階級司令部，攻擊我黨和社會主義制度，為大叛徒劉少奇翻案。

罪犯李維山，一貫道德敗壞，與兩名有夫之婦亂搞兩性關係，破壞他人家庭。

現行反革命犯額爾敦，男，四十二歲，蒙族，家庭出身富農，黑龍江省呼盟扎魯特旗人。

額犯思想反動。一九五八年以來書寫大量反動材料，惡毒攻擊、誣衊我黨和黨的民主政策，進行分裂祖國的罪惡活動。一九六一年以來，拉攏、勾結郝建國、那達木德等十餘人，大肆進行民主分裂活動，並提出要建立「蒙古勞動人民黨」反革命組織，草擬反動綱領（因郝不同意未成）。捕後拒不認罪，態度惡劣，反革命氣焰囂張。

現行反革命犯袁克剛，男，四十七歲，漢族，河北省唐山市人。

袁犯係極右份子、思想反動。一九六四年仇視活學活用毛主席著作的群眾運動，含沙射影地攻擊無產階級司令部。八屆十一中全會後，又惡毒攻擊無產階級專政。在無產階級文化大革命運動中，串通右派草擬、修改翻案材料，上竄下跳，進行反革命翻案活動，破壞群眾組織的革命大聯合。

現行反革命犯王奠基，男，四十一歲，漢族，內蒙古包頭市人。一九六五年因亂搞男女關係受行政降兩級處分。

王犯對給其處分極為不滿，文化大革命中以沉默不語等假象伺機反攻。一九七〇年進學習班後，公開為叛徒、內奸、工賊劉少奇及其在內蒙的代理人烏蘭夫翻案。當其被批判後，仍堅持反動立場，繼續散佈反動言論，惡毒攻擊無

產階級司令部,攻擊我黨和無產階級文化大革命。一九七〇年七月以來,數次侮辱婦女多人,嚴重地破壞了學習班的革命秩序,影響極壞。在押受審中,狡猾抵賴,拒不認罪。

盜竊犯張萬順,男,四十九歲,漢族,土左旗人。

張犯好逸惡勞,吸食毒品。解放後不務正業,惡習不改。一九六七年至一九七一年二月,盜竊內蒙古電線廠電線達28次,共計32305米,先後銷贓於土左旗善岱公社等地,獲取人民幣7458.93元,全部用於吸食、注射毒品、樟腦酊。此外,還出售大煙,牟取人民幣近百元。以及高價出售布票等違法犯罪活動。在押受審中,尚能認罪。

盜竊犯龔文征,男,二十八歲,漢族,呼和浩特市人。曾因盜竊被開除。

龔犯仍惡習不改。於一九六二年六月至一九七〇年七月,以撬門、賣糧偷牌等手段,先後在本市二中、體育場、機電公司、鹼灘糧站等處作案20餘次,盜竊錄音機、萬能表、糧食等大批物質,價值2000餘元。無產階級文化大革命以後,多次偷聽敵臺,散佈反動言論。在押受審中,拒不認罪。

盜竊詐騙犯郝玉寶,男,二十二歲,漢族,山西省忻縣人。

郝犯一九六五年至一九七〇年期間,冒充高幹、烈士子弟,國家幹部、司機、共產黨員等到處進行招搖撞騙,以給他人購物為名,共詐騙人民幣440餘元、糧票30餘斤;更為嚴重的是,於一九七一年三月十三日深夜,將本單位倉庫撬開,盜走工作服25套,大頭鞋23雙,雨衣2件等物,共折款920餘元。在押受審中,能坦白認罪。

偷竊犯劉強,男,二十歲,漢族,天津市人。其父劉華亭係反革命分子,現戴帽子監督改造。

劉犯一九六八年十二月以來,大肆進行流氓偷竊活動,先後由巴盟群專、包頭公安機關、呼市民兵營等單位拘押、集訓,但惡習不改,繼續勾結社會上流氓偷竊分子,流竄於大同、集寧、呼市、包頭等地鐵路沿線進行偷竊犯罪活動,作案50餘次,竊得人民幣800餘元,糧票270餘斤,布票120餘尺及各種票證等。並與流氓犯吳翠英亂搞兩性關係。在押受審中,在黨的政策感召下尚能坦白交代。

盜竊犯田綏生,男,二十歲,漢族,家庭出身地主,山西省平魯縣人。

其父系逃亡地主，無產階級文化大革命中被抄鬥，趕回原籍。田犯對此極為不滿，多次上訪告狀，為其父翻案。

田犯自由偷摸，雖經多次教育，但惡習不改。一九七〇年十月以來發展以撬門為手段，先後在內蒙古電機變壓器廠、內蒙古電線廠等單位家屬宿舍作案12起，盜竊大量衣物，價值1000餘元，以及各種票證等。上述罪行，性質嚴重，手段惡劣，嚴重破壞了抓革命、促生產的順利進行。在押受審中，認罪態度不好。

偷竊犯馬秀芝，女，二十五歲，回族，呼和浩特市人。一九六〇年、一九六三年因偷竊兩次送勞動教養。一九六五年又因偷竊致使被盜者急憤死亡，受到批評教育。

馬犯自幼偷竊成性，屢教不改，於一九七一年二月七日因偷竊被抓獲。經我公安機關對其家進行搜查，查獲贓款1290餘元，布票920餘尺，糧票390餘斤，各種票證200餘張及大量衣物。

馬犯長期活動於本市各公共場所進行偷竊犯罪活動，雖經多次教育，仍不悔改，繼續作案，實屬偷竊成性、屢教不改的刑事犯罪分子，且後果嚴重，手段惡劣，影響極壞，嚴重地破壞社會秩序。在押受審中態度一般。

姦污幼共犯石忠田，男，五十一歲，漢族，本人成分兵痞，山西省忻縣人。

石犯在日偽侵華時期，參加日偽警備隊、特工組等敵特組織。日降後，又加入國民黨地方反動武裝「愛鄉團」，繼續為非作歹。

解放後，不接受改造。近年來，先後姦污十二歲幼女三名，猥褻了九至十二歲幼女四名。嚴重摧殘了幼女的身心健康。在押受審中認罪不好。

姦污幼女犯狄有明，男，五十九歲，漢族，呼和浩特市人。

狄犯一九六八年八月至一九六九年期間，利用給錢，給瓜果等手段，將八歲幼女×××騙至家中，多次進行猥褻和姦污，嚴重的影響了幼女的身心健康。狄犯罪行嚴重，性質惡劣，影響極大。

自行車撞死人命犯武亮維，男，二十歲，漢族，呼和浩特市郊區人。

武犯自由散漫，思想落後，無視交通規則，騎「飛車」。於一九七一年六月二十二日下午六時三十分許，在舊城西河沿馬路上騎「飛車」將行人亢富撞倒，致亢富顱骨、右鎖骨骨折，經醫院搶救無效死亡。肇事後武犯曾企圖逃避

罪責，態度極其惡劣。在押受審中認罪態度較好，有悔改表現。

群眾討論處理意見、批判情況表

1971年9月7日

討論 單位			參加討論人數		參加批判人數		場次	
罪犯 姓名	處理意見					批鬥罪犯情況		
	處理 意見	人數	處理 意見	人數	處理 意見	人數	參加 單位數	場次	人次
張雲根									
劉志民									
楊福林									
陳煥本									
戚耀勝									
史光顯									
曹春生									
李關									
李維山									
額爾敦									
袁克剛									
王奠基									
張萬順									
龔文征									
郝玉寶									
劉強									
田綏生									
馬秀芝									
石忠田									
狄有明									
武亮維									

說明：此表由各局、區、縣（旗）統計報我軍管會；一次批鬥數犯，只填寫主要批鬥犯罪欄內，其他
犯罪只劃同上標記。

56.評因周惠彙報產生的（28）號文件八條（1981.12.07）

一、實事求是，還是欺上瞞下。

　　周惠同志在彙報一開始就說要彙報政治、經濟兩方面的問題，這實質上就是他個人要決定二百多萬蒙古民族的命運問題。這些問題都是民族問題。但是，他在彙報內容裡千方百計掩蓋在內蒙古存在的民族問題。

　　例一：周惠說：「一支具有一定水平的技術幹部，管理幹部和熟練工人的本民族職工隊伍初步形成」。但不說這裡邊蒙族等少數民族有多少？完全迴避了劉少奇同志在「八大」的政治報告中明確提出：「凡是在少數民族地區的工業，無論是中央國營或是地方工業，都必須注意幫助少數民族形成自己的工人階級，培養自己的科學技術幹部和企業管理幹部。只有這樣，少數民族在各方面的發展才能比較快地達到現代化的水平。」但是，「八大」閉幕以來已經25年了，內蒙古自治區的主體蒙古民族還沒有形成自己的民族工業，因此也就不可能形成一套本民族的工人階級、科技、企業管理幹部隊伍。在內蒙，蒙族聚居地區，每建工礦企業，都有外地配備漢族職工。這樣，蒙族落後於漢族的局面仍然沒有多大改變。在當前四化當中，如何實現蒙古民族的現代化？是急待解決的問題。但周惠同志卻把主要是漢族職工隊伍的形成說成「各民族職工隊伍初步形成」來隱瞞民族問題。這是典型的只重視漢族現代化，不重視蒙族現代化的具體表現。

　　例二：周說：「科學、文化、教育、衛生事業也有了較快的發展。內蒙有高等院校15所。」卻不說其中用蒙古語文授課的情況如何？也完全迴避了。內蒙古自治區成立已經三十四年了，用蒙古語文為主授課的大學一所也沒有。這能說蒙古民族的文化教育發展了嗎？不能。但周惠滿足於漢族文化教育的發展，卻不重視蒙族文化教育的發展。

　　例三：周惠的彙報是用個人名義彙報的。這樣重大的決策，決定蒙古民族

200萬人命運問題，不經過黨委集體討論，又不徵求廣大蒙古民族人民群眾的意見。完全由漢族書記一個人決定。這充分說明：人們所說的「內蒙古不是蒙古民族自治，而是由漢族治理蒙古民族，是漢族作主」。是完全符合實際的。不僅如此，在內蒙，蒙古民族幹部無權堅持馬列主義民族平等原則。誰堅持誰就被看成地方民族主義者，不能被重用，甚至被壓制，不起用。誰拍漢族書記的屁，誰就官運橫（亨）通，這能說蒙族自治了嗎？不能。蒙古民族，並沒真正自治。

　　不用再多舉例，完全可以看出，周惠同志的彙報是欺上瞞下。不僅如此，從以上幾個例子也可以看出：我們蒙古民族1947年6月1日成立內蒙古自治政府，後在1953年改為內蒙古自治區人民政府以來，在政治、經濟、文化、教育上遠沒有真正實現自治權，例如對民族自己的內部事務上還不能當家作主。蒙族還沒有完全獲得民族平等自治權利。

二、八條的問題：

　　周惠同志的彙報是欺上瞞下，根據這個彙報做出的八條規定，不可能全面正確。

　　第一條說：「總的說來，中央對內蒙古自治區這幾年的工作是滿意的。但是也要看到，內蒙古自治區的生產還比較落後，群眾生活上還有許多困難，進一步發展生產的任務還很艱巨，一定要振奮精神加強團結，謙虛謹慎再接再勵，去爭取新的勝利」。這一總結和概括性指示中只講發展生產，但不追究生產落後根源。實際上否定內蒙存在民族問題，從而取消了民族工作，什麼民族平等、民族自治都成為不必要了。難道在內蒙只存在生產問題，不存在民族關係問題了嗎？不是的，當前，在內蒙仍存在嚴重的民族矛盾，但為什麼完全迴避不提呢？這種用心是險惡的，即準備對那些提民族問題、要求民族平等自治活動的人，當做破壞民族團結的罪人來整，很值得警惕！

　　外蒙雖然受蘇聯的剝削和掠奪，但是形勢（式）還是獨立的。內蒙不是獨立國家，這方面不能比賽，但在處理內部事務的自治權方面也應當比賽才對，但八條卻迴避了，並且，這次比賽是內蒙1800萬人和外蒙150萬人比賽，這種

比賽，就處理蒙古民族問題來說，勝和敗都沒有什麼實際意義。並且，內蒙蒙族要趕外蒙蒙族，還必須等待漢族1600萬人的生活提高，還要養活像蝗蟲一樣流入的「盲流」。這就是說，蒙族從此不能再優先發展了，還要安排幾百萬「盲流」去搞牧業，就是放牧，這樣下去就是要奪取蒙古民族的經濟基礎了。還談什麼發展民族經濟呢？因此，這個比賽，對於蒙族人民來說，還不如不比賽更好些。因此這些比賽方法本身已經背離馬列主義民族平等原則了。不必再考驗了。

第三條：如何建設好內蒙問題上只講為增加工農業產值而奮鬥，卻不講增加人均收入，這是不完全的。特別是不講如何著重發展內蒙蒙古民族的經濟、竟（盡）發展漢族經濟。有朝一日趕超了外蒙，對解決民族問題來說有什麼意義呢？並沒有什麼意義。

第四條：以林牧業為主的多種經營的經濟建設方針，以及提出的主要任務是發展和擴大草原，保護草原，改良草原。這些都是正確的。我們完全擁護。但是，如何解決發展一億頭牲畜的草場和水利問題，沒有交待（代）清楚，和後邊的不堵「盲流」的方針來看由外邊講漢族來解決牧區的四化問題，這是內蒙蒙族人民過去、現在、將來都不能接受的方針，硬壓服接受就會挑起民族矛盾，破壞安定團結，這個民族問題如何解決？沒有下文，看來不論你蒙古人同意不同意，硬要進大批漢族來內蒙了。

這是以大壓小，以多欺少的霸道主義，並不是馬克思主義，而是典型的大漢族主義。

至於草場問題提到種樹種草來解決。但這在五年內不能見效。當前草場嚴重退化和草場面積因大批開荒日漸縮小問題，如何解決？都沒有交待（代）。這是不妥當的。我們的意見：從長遠來看種樹、種草都是對的，應當堅持下去，從當前來看，必須嚴禁開荒，違者懲罰，原來是草場，已經開的必須一律閉地，恢復草場。只有這樣才真正保護草原。但是28號文件輕描淡寫的說一句「不要開荒」就算完事了。這不是保護草原，而是假保護、真破壞草原的防空洞。

第五條問題既多又嚴重。例一說：「應該看到人口的自然活動是堵不住的。今後內蒙古的工作做的越好，人民生活越富裕，外省的人就會越往內蒙古

流」，這話未免離譜了（即離社會主義譜了）。我國是人民民主專政的社會主義國家，搞計劃經濟的。婦女生孩子問題都能搞計劃生育，堵住他們不生就不生了，何況人口流動呢？！我國遷移並不是自由的。問題在於堵不堵了。至於越富裕越會流來的說法也是站不住腳的。我國有些省市比內蒙還富裕能叫內蒙人向這些省市流動嗎？當地能給落戶嗎？都不能。不用說自然流動人口，即使1957年在中央被打成「右派」，下放到內蒙的人，漢族都可以回北京恢復工作落戶，蒙族就不能回北京恢復工作落戶。這就很清楚，所謂不堵「盲流」的方針是只考慮漢族利益，不考慮蒙族利益的錯誤方針，說穿了，就是不再用馬列主義民族平等原則處理民族問題，只用漢族人口學這個有利條件大批移入漢人吞沒蒙族，即強迫漢化來解決民族問題。但是就從根本上背叛了馬克思主義，不是嗎？

例二說：今後不向內蒙古移民的方針是對的。這話完全是假的，現在28號文件的墨跡未乾，國家組織的移民又來內蒙阿榮旗了。

看來28號文件為了實現強迫漢化的方針起碼的誠實也不講了。

第六條問題也很多。至少有以下幾個嚴重問題：

首先，說什麼「要繼續加強民族團結」，卻隻字不提繼續堅持民族平等原則，這是從根本上背離了六中全會決議強調的民族平等、自治、自主權的規定。中央號召大家貫徹執行六中全會精神，但中××××帶頭不執行並破壞六中全會決議，這實使人不能理解。按馬克××××觀點，只有堅持民族平等原則才能有民族團結，不主張民族平等的×××強民族團結是假團結真欺騙。說穿了就是叫少數民族服從大漢族，誰如果不服從漢族利益，提出要求實現民族平等自治權利，誰就是承擔破壞民族團結的責任。對於這個經驗教訓，我們少數民族夠了。大家回憶回憶吧！毛主席在1956年寫了《關於正確處理人民內部矛盾（的）問題》提出了：「國家的統一，人民的團結，國內各民族的團結，這是我們的事業必定要勝利的基本保證」。但在那樣重要的長篇論文裡卻隻字不提堅持民族平等原則的重要性。少數民族人民要求實現民族平等和真正自治，卻被當成地方民族主義對待，甚至在57年抓了很多民族「右派」。到了「文革」的十年中，林彪、「四人幫」別有用心的發揮了毛澤東思想，強調吃「共產主義飯」，不准吃「民族主義飯」，只允許說「加強民族團結」，絕不

允許說民族平等和民族自治。誰要提出民族問題，要求平等自治，誰要成為不可繞（饒）恕的民族分裂主義分子。無中生有的抓「內人黨」，屠殺少數民族的假案就是從強調民族團結開始的。滕海清，鄭維山，尤太忠都赤裸裸的推行了大漢族主義民族壓迫和不平等政策。周惠剛來時就大喊：「內蒙幹部是騾子是馬要蹓一蹓」。說了不少大話，也裝著執行三中全會決議，但他這次向中央的彙報提綱，完全是欺上瞞下，露出了對蒙古民族最陰險的嘴臉。其辦法仍然是迴避民族平等問題，只強調加強民族團結來準備整蒙族幹部。現在已經從內大巴圖校長那裡開刀了。對此所有蒙古族同胞必須警惕啊！

其次說什麼：「既照顧二百萬人口的『主體』民族蒙古族，又要照顧一千六百萬漢族和其他少數民族」。這是什麼意思呢？難道過去還存在不照顧漢族和其他少數民族的問題嗎？為什麼今天突然提出這樣雙照顧的問題呢？這裡，回顧一下過去的情況是必要的。過去毛主席為首的黨中央雖然沒有允許少數民族真正古（自）治，但是是得少數民族的心，強調漢族真誠的幫助少數民族。少數民族人民也享受了不少「特殊照顧」。正因為如此，五十年代民族關係上出現所謂的黃金時代。實質是培養了民族虛無主義。但自從五八年反所謂地方民族主義開始以來，逐漸不大照顧了。也就是只拿不給了。到了林彪「四人幫」橫行時期，不僅完全取消「照顧」，卻搞起民族壓迫來了。粉碎「四人幫」以後，特別是三中全會以後，黨中央恢復黨的民族政策，也要恢復漢族照顧少數民族的政策。例如：少數民族考生有降低條件或名額增加等照顧。但是，那些看到少數民族經濟文化落後的漢族幹部大喊大叫說什麼少數民族太特殊了等等。加上那些大漢族主義正統觀念根深蒂固的中央到地方的漢族領導也站在漢族一邊說話了。他們卻都忘了解放前，由於漢族以多數欺少數，硬把少數民族地方侵佔，把少數民族擠、趕到沙漠、草原去欠下的債了。世界上只有大的照顧小的，多的照顧少的道理，哪有小的照顧大的，少的照顧多的道理！因為大的多的，不用照顧他也能自力更生，生活的好，發展的不會慢。少的、小的自力更生有一定的困難，你不僅不照顧，還要剝削、掠奪？！不給他真正的自治權，他怎麼能自力更生發展繁榮呢？所以，有重點的雙照顧方針是錯誤的。說穿了今後要注意照顧自己漢族了。這就明明白白的意味著永遠保持少數民族落後於漢族的局面，以便由漢族控制少數民族的政治、經濟權力。

再其次，在幹部配備方面，說什麼：在少數民族聚居區，以少數民族為主，在漢族聚居區，以漢族為主，這個雙為主方針意味什麼呢？請看內蒙的情況吧！內蒙所有二十二個縣，在過去和現在都以漢族幹部為主組成了領導班子，誰為主問題早已解決了。現在為什麼又突然提出雙為主方針呢？其用意是要把解決現在以蒙族為主的市和旗的誰為主的問題了。那麼市和旗的誰為主的問題了。那麼市和旗的情況如何呢？就市來說，呼市由於是自治區首府，蒙族為主組成外，多數市基本上以漢族為主組成了領導班子。因此，雙為主的方針是針對呼市和各盟旗領導班子。大家知道，盟旗在解放當初除土旗以外，全部是蒙古人口占絕對多數。如西蘇旗當時共有二千人，全部是蒙族。有幾個漢人也是做買賣的旅蒙商人。但現在西蘇旗已成為漢族聚居區了。當前內蒙所有旗（共五十六個），除科右中，科左中二旗外，全部是漢族人口占絕對多數，即成為漢族聚居區了。這是在解放後毛主席採用的漢化政策的勝利。現在內蒙僅僅在形式上還保持者自治的樣子，所有旗的領導班子是以蒙族為主組成的，去年直接選舉，有些旗已經改成以漢族為主外，基本上還保持著蒙族為主，所以又要採取雙為主的方針的目的，就是把所有的領導權徹底奪在漢族幹部手中。這樣，蒙族在形式上的自治也就不存在了，這本來是極及敏感的問題，是公然挑起民族矛盾，破壞民族團結的問題，但也敢於28號文件裡明文規定了，這說明了什麼呢？說明漢族領導已經感到解放後大漢族人進入內蒙站住腳了，在人數上已占壓倒的多數了。內蒙的騎兵已徹底搞掉，從部隊裡把蒙族指戰員清理的也差不多了。所以，就不怕蒙族的反對了。這是什麼指導思想，這純屬大漢族霸權主義思想。完全背離了馬列主義的民族綱領。

第七條也有問題。只強調科研和發展一般教育事業，隻字未提蒙古民族的教育事業，又一次暴露了不重視發展蒙古民族教育的思想。

第八條，規定把28號文件發到省、市、自治區。表面看來看不出問題，其實不然，只要把第八條和第五條規定的不堵「盲流」的方針聯繫起來考慮，就使人很清楚了。這是號召外省、市從此可以合法的、大批的自由輸出「盲流」來內蒙爭奪蒙古民族的土地和經濟基礎了。

綜上所述，任何人都不能否認的至少有以下幾個錯誤：

一、周惠的彙報提綱是欺上瞞下，不用分析內蒙的政治情況，就拿人口和

面積來說，最清楚不過了。內蒙有一百一十八萬平方公里，人口一千八百七十多萬（不包括一百七、八十萬沒有戶口的黑戶）。每平方公里有十六人周卻彙報說每平方公里有十人。這樣簡單的數字問題上他還做文章，何況其他政治性問題呢？更不說老實話了。（人口現在就已超出了兩千萬）。

二、中央書記除對於周的彙報不做認真細緻的分析真偽，也不爭求更多的蒙族幹部的意見，只聽了一個漢族周惠的彙報，就做出二百多萬蒙族人民的命運的決定，如果不是過於輕率，就是過於相信漢族幹部，不相信蒙族人民了。規定以前，中央檢查團來內蒙檢查時，蒙族幹部和群眾也提出了許多民族問題，反映了蒙古民族人民的要求和意見。這說明中央檢查團完全站在漢族一邊向中央反映問題了。但中央未免過於相信檢查團和周惠了。這樣，不可能公正的解決民族關係問題。結果就是挑起民族矛盾。

三、六中全會決議明文規定堅持民族平等和民族區域自治的自主權，並且在建國三十多年來第一次響亮的提出要堅決反對破壞民族平等的言論行動。完全恢復了馬列主義民族綱領。受到五千八百萬少數民族人民的忠（衷）心擁護。這說明，堅持民族平等原則，比較空喊加強民族團結好百倍的能加強民族團結。但是，八條強調民族團結，不提堅持民族平等和自治原則，已經背離了六中全會決議，因而也背離了馬列主義民族綱領。

四、「盲流」（即所謂自由流入人口），大批來內蒙問題，實際上是解放前反動統治時期擠趕蒙族北移的民族壓迫的繼續。是蒙古族人民逐漸失去土地（生存空間）的大問題。因此，解放後，蒙古族人民是堅決反對的一個嚴重敏感性的民族問題。現在蒙族人民中百分之九十以上都是反對的（除個別沒有民族感情的高官厚祿者以外）但是，中央明明知道蒙族反對，也在28號文件中明文規定「不能堵」的方針，是為什麼呢？所說的自由流動人口是堵不住之理由也是完全不符合無產階級專政的社會主義計劃經濟的原則，根本站不住腳。但也硬要這樣規定，這說明中央如果不是過於考慮漢族利益，就是過早的想促進民族融合而採取強迫漢化的方針了。但這個方針是左傾機會主義的方針，仍然沒有擺脫毛澤東主席的「左」的錯誤，因而不能不激起蒙漢矛盾。

總之，28號文件規定的八條是不符合六中全會決議，不符合馬列主義。因此，我們要求中央聽一聽蒙族一般幹部和群眾的意見，不要只聽那些高高在

上，為個人升官發財奮鬥的「烏沙帽」主義者的意見。我們要求如下：

（1）強烈要求收回28號文件，必須按蒙古民族的意見，重新寫內蒙古問題的方針。

（2）周惠來內蒙後，蹓內蒙幹部是騾子是馬？蹓了別人幾年，現在內蒙的蒙古人民看出，周惠本人非騾子非馬，是個典型的毛驢，內蒙古各族人民不需要他請中央把他拉回去。

（3）中央既然認為內蒙古自治區機關以蒙族幹部為主，我們就要求由蒙族全體人民和全體蒙族黨員選出內蒙黨委第一書記和內蒙政府正、副主席的人選。

（4）中華人民共和國是五十多個民族的國家，不是一個漢族的國家，要改變大漢族專少數民族政的局面，要求中央書記處和國務院及其各部門必須由少數民族選出的代表占半數，不然就無法解決大漢族主義對少數民族的壓迫和剝削的問題。不如此解決，要想真正達到事實上的平等是永遠也不可能的。這就是考驗中國共產黨的真馬列主義還是假馬列主義的問題。

（5）要求盡快制定出內蒙古自治區條例和內蒙古民族法，這也是考驗真假馬列主義的問題。

57.錫林浩特蒙古族青年的宣言（1981.12.07）

錫林郭勒盟廣大蒙古族兄弟們！

在錫盟的其它盟的蒙古族兄弟們！

中央28號文件所提出的八條激起了蒙古民族的極大不滿。

英雄的呼和浩特蒙古族學生挺身而出開始反對它。在廣大的內蒙古草原上已經開始掀起了一場熱愛民族、保衛土地的鬥爭。這個鬥爭大大得到其它少數民族的支持。

連篇累牘的充滿大漢族主義的28號文件是對馬克思主義的修正。它公開侵犯民族自主，是對少數民族進行壓迫的事。「所謂自治只是名譽而已」。因此我們向錫林郭勒蒙古族青年呼籲，為了永遠保護祖先留下的我們出生的故鄉內蒙古，反對日益激化的民族壓迫，為支援英勇鬥爭的呼和浩特蒙古族學生的行動而站起來吧！

動員廣大蒙古民族，斬斷伸向蒙古地區民族自由的黑爪！

還我的故鄉內蒙古！

要收回去28號文件！

自由、自治、自主的內蒙古萬歲！

內蒙古文革檔案07　PC0964

新銳文創
INDEPENDENT & UNIQUE

挖內蒙古人民革命黨歷史
證據和社會動員（下冊）

主　　編	楊海英
責任編輯	尹懷君
圖文排版	莊皓云
封面設計	蔡瑋筠

出版策劃	新銳文創
發 行 人	宋政坤
法律顧問	毛國樑　律師
製作發行	秀威資訊科技股份有限公司
	114 台北市內湖區瑞光路76巷65號1樓
	電話：+886-2-2796-3638　傳真：+886-2-2796-1377
	服務信箱：service@showwe.com.tw
	http://www.showwe.com.tw
郵政劃撥	19563868　戶名：秀威資訊科技股份有限公司
展售門市	國家書店【松江門市】
	104 台北市中山區松江路209號1樓
	電話：+886-2-2518-0207　傳真：+886-2-2518-0778
網路訂購	秀威網路書店：https://store.showwe.tw
	國家網路書店：https://www.govbooks.com.tw

出版日期	2020年9月　BOD一版
定　　價	400元

Printed in Taiwan

國家圖書館出版品預行編目

挖內蒙古人民革命黨歷史證據和社會動員 / 楊海
英主編. -- 一版. -- 臺北市：新銳文創,
2020.09
  冊； 公分. -- (內蒙古文革檔案；6-7)
BOD版
  ISBN 978-986-5540-09-8(上冊：平裝). --
ISBN 978-986-5540-10-4(下冊：平裝). --
ISBN 978-986-5540-11-1(全套：平裝)

  1.文化大革命 2.內蒙古 3.種族滅絕 4.歷史檔
案 5.內蒙古自治區

628.75   109008827

讀 者 回 函 卡

感謝您購買本書，為提升服務品質，請填妥以下資料，將讀者回函卡直接寄回或傳真本公司，收到您的寶貴意見後，我們會收藏記錄及檢討，謝謝！
如您需要了解本公司最新出版書目、購書優惠或企劃活動，歡迎您上網查詢或下載相關資料：http:// www.showwe.com.tw

您購買的書名：_____

出生日期：_____年_____月_____日

學歷：□高中 (含) 以下　　□大專　　□研究所 (含) 以上

職業：□製造業　□金融業　□資訊業　□軍警　□傳播業　□自由業

　　　□服務業　□公務員　□教職　　□學生　□家管　　□其它_____

購書地點：□網路書店　□實體書店　□書展　□郵購　□贈閱　□其他

您從何得知本書的消息？

　　□網路書店　□實體書店　□網路搜尋　□電子報　□書訊　□雜誌

　　□傳播媒體　□親友推薦　□網站推薦　□部落格　□其他_____

您對本書的評價：（請填代號　1.非常滿意　2.滿意　3.尚可　4.再改進）

　　封面設計____　版面編排____　內容____　文／譯筆____　價格____

讀完書後您覺得：

　　□很有收穫　□有收穫　□收穫不多　□沒收穫

對我們的建議：_____

_____

_____

_____

11466
台北市內湖區瑞光路 76 巷 65 號 1 樓

秀威資訊科技股份有限公司　　　收

BOD 數位出版事業部

....

（請沿線對折寄回，謝謝！）

姓　　名：＿＿＿＿＿＿＿＿　年齡：＿＿＿＿　性別：□女　□男

郵遞區號：□□□□□

地　　址：＿＿＿＿＿＿＿＿＿＿＿＿＿＿＿＿＿＿＿

聯絡電話：(日) ＿＿＿＿＿＿＿＿＿ (夜) ＿＿＿＿＿＿＿＿＿

E-mail：＿＿＿＿＿＿＿＿＿＿＿＿＿＿＿＿＿＿＿